U0827081

21 世纪应用型人才培养新闻传播类规划教材

新闻发现与表达

欧阳霞 著

北京大学出版社
PEKING UNIVERSITY PRESS

内 容 简 介

本书紧密联系新闻实际，内容的选择及时反映新闻实践和学科发展的水平与趋势，以国内外新闻经典案例和最新案例贯穿始终，解释新闻的基本概念、原理和方法。让读者深刻理解新闻报道的产生过程，真实感受新闻发现与表达过程的欣喜和艰辛，充分享受研读新闻的乐趣。

本书具有鲜明的科学性与实用性，它将新闻采写理论与实践紧密结合，将应用新闻学的基本理论与新闻采写实践经验及优秀新闻作品赏析紧密结合。本书阐述的各类新闻发现与表达的具体原则、方法与技巧，都是经过实践反复检验过的确切知识。通过本书读者所接受的不再是从概念到概念的空洞的新闻学理论，而是接受最基本的新闻学原理、基本采写技能、基本价值观，获得发现新闻的方法和表达新闻的能力。另外，读者通过本书收益的不仅仅是新闻采写理论和技能层面的知识，而且也会对渗透其中的新闻职业道德和职业精神有所领悟。

本书可用做大学新闻与传播学科教材、新闻爱好者自学读物，也可供新闻工作者业务进修、提高之用。

图书在版编目(CIP)数据

新闻发现与表达/欧阳霞著. —北京：北京大学出版社，2009.9

（21世纪应用型人才培养新闻传播类规划教材）

ISBN 978-7-301-15423-6

Ⅰ. 新… Ⅱ. 欧… Ⅲ. ①新闻采访—高等学校—教材 ②新闻写作—高等学校—教材

Ⅳ. G212

中国版本图书馆 CIP 数据核字（2009）第105193号

书　　名：新闻发现与表达
著作责任者：欧阳霞　著
责 任 编 辑：桂　春
标 准 书 号：ISBN 978-7-301-15423-6/G・2633
出 版 发 行：北京大学出版社
地　　址：北京市海淀区成府路205号　100871
网　　址：http://www.pup.cn
电 子 邮 箱：zpup@pup.pku.edu.cn
电　　话：邮购部 62752015　发行部 62750672　编辑部 62765126
出版部 62754962
印　刷　者：北京飞达印刷有限责任公司
经　销　者：新华书店
720毫米×1020毫米　16开本　16.25印张　360千字
2009年9月第1版　2017年5月第3次印刷
定　　价：29.00元

（代前言）

给学生一个走向优秀的方向
——对新闻教学的浅思

欧阳霞

新闻学是一门不断发生变化的学科，新闻的采写特点、传播方式和受众都在不断发生着变化。今天新闻传播学教育面临的挑战是，以怎样的教学方式让学生领悟新闻价值、新闻原理和采访写作技能，使学生能够学到不断发生变化的新闻媒体所需要的真才实学。而传统的新闻学课堂还在以教授空洞的概念和僵化的教条理念抹杀着新闻学作为实践学科的存在意义，这样的新闻教育不仅难以成就新鲜的观念和优秀人才，也在逐渐磨灭新闻业界对新闻教育的信任。这一现状迫使新闻教育教学不得不进行深刻的改革。

为培养学生的创新意识和创新能力，新闻学的课堂尤其需要将静止不变的“封闭式”教学改变为动态的“开放式”教学，这就需要在教学内容上，重新审视现行的课程设置、大纲和教材，对现有的教学内容提炼、精简、创新，引导学生积极参与课堂教学及其他各个环节。所谓“开放式”教学模式，是相对于“封闭式”的教学模式而言，其特点是以学生为主体，以培养高素质人才为起点和终点，有指导地探索研究式自主学习的教学模式。在这种模式下，新闻课堂仅仅作为新闻知识传播者的角色将逐渐淡化，学生的自主探索研究和新闻实践能力将不断加强。

在新闻教学中构建和实施全新的独具特色的教学模式是全方位、多角度的。

一、开放的理念

新闻业是现代社会的神经和血液，它要求新闻人对其承担的社会角色及履行的使命要有充分的自觉。新闻的基本价值观、伦理道德观、公正原则是新闻工作者从业的基础。培养学生具有开放的、无偏见的头脑和寻求真理的精神，应该是新闻教育最本质的追求。

显然，作为培养未来新闻从业者的新闻教育，不仅要教授给学生理论知识、技能技巧，更要培养学生的新闻专业理念。具体地说，就是注重培养学生对公众负责，对社会负责，对历史负责的责任感；培养学生弘扬社会正气，鞭挞社会丑恶的正义感；树立学生真实、客观、公正的职业伦理观；培养学生的独立人格和坚定的新闻价值立场；教会将要走上社会的年轻人如何做一个真正的人。新闻专业理念教育是新闻教育中最不应该缺失的专业灵魂，它理应贯彻到所有的专业课程之中，让所有的专业内容都闪耀专业理念的精神光辉，让专业理念像一盏明灯点亮在每一个学生的内心深处，希望他们的生命经教育而更加情韵悠长，更加光明磊落。

二、开放的课堂

创新的教育价值观认为，教学的根本目的不是教会学生现成的答案、掌握固定结论，而是在掌握和解决问题的过程中锻炼思维、发展能力，从而使学生主动寻求和发现新问题[姚燕萍：创新教育呼唤教育创新，《教育研究》，2000（03）]。课堂的开放就是教学过程和教学空间的开放，打破以问题为起点，以结论为终点，以教师讲学生听为主的封闭式过程，建立课堂的开放过程。启发、讨论、探究、自主学习是开放教学的基本形式，因此新闻学专业的教师要引导学生积极参与课堂教学及其他各个环节。

1. 追踪和分析重大新闻

新闻工作的每一个环节尤其离不开的就是责任。新闻专业的学生必须了解大局、了解国情。为了培养学生关注新闻、思考新闻的职业心态和能力，在新闻学的教学中，应该设计“回顾重大时事新闻”环节，上课伊始 10～15 分钟追踪和评析本周国内国际政治、经济、文化各领域重大新闻，将新闻最前沿的内容注入课堂。启发和引导学生阅读、观察、思考、分析新闻；培养学生作为一个新闻人的宏观意识、宽广视野和社会责任感。打破局限于学校，局限于教室的教育空间概念，让课堂向社会延伸，向传媒延伸。通过时事新闻的学习，使同学们对新闻充满激情、具有社会责任感和敏锐的观察力，有强烈的好奇心、怀疑精神和批评态度。

2. 新闻现场教学

将新闻业界记者、编辑请进课堂，让同学们与媒体第一线的专家学者面对面交流，为学生提供开放学习的课堂。有效地把一线记者的知识与课堂知识密切结合，通过理论密切联系实际，向学生传授新闻学原理、新闻采访技巧与新闻写作艺术。给同学们带来最新的观察、思想、理论和方法，启发和教育学生具有丰富的想象力、创造力、强烈的求知欲；注重独立思考和创新能力。

3. 对话讨论教学

课堂上的对话讨论过程就是教师与学生之间充分互动的过程，也是营造民主教学氛围的过程。对话讨论可以激发学生思维，给予学生想象的空间，以平等的形态延展和维护学生的自主性。在这种对话交流中，师生共同获得灵感，从而使双方在思想和情感上产生共鸣，产生不一样的视角、观点、思想和知识。在新闻学课堂上，任课教师可以用基础性问题，步步深入，引导学生提出自己的问题，营造有利于学生自主学习、鼓励学生发现问题、提出问题，提倡平等自由讨论的宽松的学习环境，鼓励学生发展自己的个性与爱好。

4. 课堂训练

结合新闻实际，让学生快速分析新闻作品、判断新闻价值等，以培养学生的新闻实际操作能力和训练快速反应能力。

三、开放的实践

（一）情景模拟教学

长期以来，我国的新闻课堂教学缺乏理论性强又有实践操作性的全新教学方法。新闻学是实践性的学科，学生的学习如果离开实践便会成为无源之水、无本之木。学习模式决定教学模式，要使学生的学习过程更有效，就必须将现行的以教师讲授理论知识体系为核心、理论与实践分离的教学模式改变为以学生进行实践训练为主、在实践中领悟新闻的核心价值的知识体系。“情景模拟教学”是对高校新闻教育教学改革的有益探索，也是对新闻教学实践创新的尝试。

情景模拟式教学方法主要是通过对新闻事件发展的情景、环境、过程的模拟或虚拟再现，让受教育者身临其境，理解教学内容。情景模拟教学强调在模拟的新闻现场采访真实的故事、接触真实的人物、学习真实的本领。情景模拟教学目的在于寓教于乐，让同学们在模拟的新闻情景中领悟新闻学核心原理。

1. 模拟采访场景

在课堂上重现新闻实践中经典的采访场景，让学生模拟采访者和被采访者角色，再现采访过程，让学生既生动又深刻地学习和思考新闻采访的技巧。模拟采访场景包括古今中外经典采访片段。比如：《纽约时报》采访李鸿章、法拉奇采访邓小平、王志采访王岐山、鲁豫采访李银河等。

2. 模拟记者招待会

将新闻发布会搬进“新闻发现（采访）与表达（写作）”课堂。邀请专家学者作为新闻发言人，学生则模拟世界各大媒体记者，向新闻发言人提问，新闻发言人做出回答。不确定主题，提问范围涉及政治、经济、文化、社会等各领域。提问结束，新闻发言人和老师对提问进行点评，让学生在真实的新闻现场学习和牢固掌握新闻知识和技能。也可以由学生自己举办模拟记者招待会，根据当前的时事热点确定主题，发言人、主持人、记者全部由学生自己模拟。摸拟记者招待会结束，任课教师对会上的提问进行点评，给予学生专业指导。

3. 模拟人物采访

将社会名人请进课堂，营造人物采访的真实场景，确定采访主题，让学生模拟各媒体记者，围绕主题，步步深入地对人物进行采访，并有意识地设置采访难度，训练学生解决问题的能力。采访结束后，老师点评。

4. 模拟报纸操作

新闻采访写作、报刊编辑等新闻学专业课程，其最终的教学成果应该是一份由学生独立完成的正规报纸。因为一份报纸的完成过程能够充分展示学生将新闻学专业采、写、编、评全部知识融会贯通，将编辑出版学专业各个知识环节整体贯通的能力。

如果学生不能运用课堂上学到的新闻理论知识解决新闻实践中的具体问题，这种学习就是一种无效学习。情景模拟教学将实践性教学直接引入课堂教学，从而将本专业学生应具有的实际技能落实到每一门课程的每一部分教学内容上。在情景模拟式教学中，学生是整个教学活动的主体，教师的任务是将教学内容开发设计成实践探究式的活动或专题项目，并为学生提供资源支持。这样的教学过程使学生通过自己的实践研究，运用、检验和丰富书本知识，从而建立以经验为基础的知识体系，获得真知实学。

（二）专业实习

在教学中，一方面把著名专家、学者、记者请进课堂传经授道，另一方面将学生推荐到主流媒体学习和实践。通过专业实习，使学生进入新闻传播的实际工作程序，完整地参与新闻工作的全部环节，进行新闻采访、写作与编辑工作实践；理解媒体工作的现状、最新动态和发展趋势；了解媒体的性质、任务和组成；掌握媒体的组织系统和稿件的编审制度以及工作原则；学习媒体工作的经验，弥补课堂教学和书本知识的欠缺，加强学生的职业心态和职业技能，培养未来的具有宽广的新闻视野和强烈社会责任感的新闻人。

四、开放的教材

传统的新闻教育主要是继承式的、以讲授前人研究成熟的内容为主，教材内容强调理论知识体系的完整性，因而是相对封闭的，内容更新速度缓慢。新闻教育的内容本身就具有开放的属性，刻意追求体系的严密与稳定，追求课程要求与教学内容的统一，实质上是以静态的、封闭的形式来对应动态的、开放的内容，与新闻专业的实际相背离。培育创新素质，亟须打破教材内容的封闭。所以，新闻学专业的教材应该博采众家之长，紧密联系新闻实际，教材内容的选择必须及时反映社会实践和学科发展的水平和趋势，建立教材内容的更新机制，及时进行结构和内容的调整补充。用新闻的经典案例和最新案例贯穿教材始终，解释新闻的基本概念、原理和方法。用最新的突发新闻做样本，让学生作为职业记者来进行实地操作或模拟操作，让他们深刻理解新闻报道的产生过程。

总之，开放式教学既是一种先进的教学思想，又是一种教学策略。我们只有真正认识了它的思想内涵，并切实地实施于新闻学专业的教学过程中，才能充分发挥“开放式”教学思想的作用，体现它在新闻教学中的独特魅力。

也许再好的新闻教育也不可能直接从课堂诞生优秀的新闻工作者，但它至少应该给学生一个走向优秀的方向和基础；也许再好的新闻课堂也不可能教给学生一个解决实际问题的现成答案，但它至少应该教给学生一种解决问题的思维方式。

目　　录

导 语

当你走进新闻专业的课堂，当你为试图成为记者而努力的时候，你首先要学会询问的一个基本问题就是——“新闻在哪里？”，因为这个问题是新闻人的职业追问，也是新闻专业的学术追问。这个看似简单的问题包含着新闻人的职业追求，也包含着新闻学科核心理论。那么，去追寻和回答这个问题，就成为“新闻的发现和表达”的出发点和归宿。

“新闻在哪里？”追寻和回答的问题当然不仅仅是发现和表达新闻的技能技巧，因为新闻专业的实践特点，使得技能技巧是可以通过实践历练而获得。所以，新闻专业学生的核心竞争力应该在他们的坚定的专业理念上。事实上，在新闻业界，一个走得高远的，出色的新闻工作者他的核心竞争价值还不在于知识、技能，而在于他的思维方式、在于他的精神气质、在于他的眼界胸怀、在于他的道德品行。显然，作为培养未来新闻从业者的新闻教育，不仅要教授给学生理论知识、技能技巧，更重要的是要培养学生的新闻专业理念。新闻专业理念教育是新闻教育中最不应该缺失的专业灵魂。教会将要走上社会的年轻人如何做一个真正的人，培养学生具有开放的、无偏见的头脑和寻求真理的精神，应该是新闻教育最本质的追求。

希望我们对新闻的发现和表达更加辽远深刻，希望专业理念像一盏明灯点亮在学生的内心深处，希望他们的生命经教育而更加情韵悠长，更加光明磊落。

是谁在发现新闻？是谁在表达新闻？是记者。这是一个怎样的群体？这是一个怎样的职业？要想成为一名新闻记者，首先要认识记者这一职业。

第一章 记者，你是谁

美国一项职业自豪感调查显示，不到 75%的美国国会议员、81%的政府高级官员、92%的总统任命官员和 92%的记者在向别人谈论自己的职业时，有一种自豪感。美国早期的小说家霍桑曾说，他不愿意当律师，因为那要靠别人的悲哀生存；他也不愿意当医生，因为那要靠别人的病痛生存；他也不愿意当牧师，因为那要靠倾听别人的罪恶生存。对于霍桑来说，剩下的唯一职业就是写作。“如果你要向社会各个阶层传播你的文章、如果你要做社会发展的推动者、如果你要想抑制一个滥用职权的政府，新闻记者是这一切的开始”[1]。

新闻记者可能不会像其他职业那样会带来高报酬，但是它却闪耀着经久不息的诱人光芒。

记者是一种职业，这种职业是伴随着报纸的产生才出现的，但早在我国 3000 多年前的商周之际就出现了“采诗”、“采风”的采访活动。到春秋战国时代，朝廷里又出现了史官。这些史官侍奉在皇帝左右，班固《汉书·艺文志》中有“左史记言，右史记事”之说，说明那时就有了采访传播活动和记者的雏形，但没有史料证明报纸已经产生。据中国新闻史记载和新闻学家们多年的考证，我国最早的报纸是邸报，邸报是在唐玄宗开元年间出现的。是进奏院的进奏官传发至地方的原始状态的报纸。记载皇帝活动、召旨、官吏任免等。因此，可以说，当时办邸报的人就是记者，只不过那时不叫“记者”，老百姓称他们是“探听消息的人”。但新闻记者还远远没有作为一种职业单独分离出来。

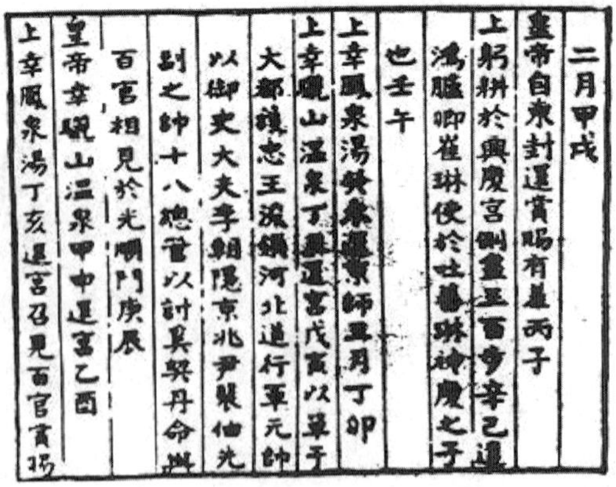
二月甲戌
皇帝自泉封還賞賜有差丙子
上躬耕於興慶宮側盡三百步辛巳還
鴻臚卿崔琳使於吐蕃琳神慶之子
也壬午
上幸鳳泉湯癸未還京師三月丁卯
上幸驪山溫泉丁丑還宮戊寅以單于
大都護忠王浚為河北道行軍元帥
以御史大夫李朝隱京兆尹裴伷先
副之帥十八總管以討奚契丹命與
百官相見於光順門庚辰
皇帝幸驪山溫泉甲申還宮乙酉
上幸鳳泉湯丁亥還宮召見百官賞賜

我国最早的报纸是邸报

记者作为一种专门的社会化的职业，在近代资本主义报刊形成之后，19 世纪末期和 20 世纪初正式诞生了。

在我国，“记者”的称谓是从西方引进的。是谁将“记者”称谓引进中国的呢？一种说法认为是梁启超在他主办的《清议报》上最早使用“记者”称谓；另一种说法是黄远生在上海《时报》的“北京通信”中首次使用“记者”作为自称的代名词。无论怎样，之后“记者”就成为从事报纸职业人员的普遍称呼了。

记者一般“泛指新闻从业人员，即编辑、记者、主笔、主编、发行人的总称”，也指“专跑外勤的新闻记者，即新闻事业机构中从事采访报道的专业人员”。[2]

可见，新闻记者这一专有名词，实际上包括广义和狭义两种解释。广义的新闻记者，泛指新闻工作者，即所有的新闻从业人员。它包括采写人员、编辑人员、评论员、广播电视主持人、资料人员、翻译人员、通联人员，以及总编辑、主编、主笔、社长、台长等。狭义的新闻记者，是指直接从事新闻采访和写作的专职人员。他们的主要工作职能就是从事采集新闻和专题报道，从事语言、文字、摄影、摄像等新闻采访活动，然后将报道在报纸上发表或在电台、电视台、新闻网站播发。

新闻记者主要是撰写有关时事问题的人，也就是时事的记录者。

媒体有着强大的传播功能，它的影响力源自对于新闻事实的深刻地关注和记录，并为社会实践中的人们提供充分的信息和知识支持。传媒的这一功能谁来实现？当然是新闻从业者。那么，媒体对于新闻人才提出了哪些关键性的要求呢？

一、记者，有品格的人

中国现代史上的报业巨子史量才说：“国有国格，报有报格，人有人格。三格不存，人将非人，报将非报，国将不国！”。“国有国格，报有报格，人有人格”，是史量才掷地有声的誓言。他执掌《申报》22年，始终坚守他对报纸独立品格的追求，并以他的办报思想和报业实践丰富、提升了中国新闻史。《申报》的宗旨明确宣告“无党无偏、言论自由、为民喉舌”。《申报》鞭挞社会、针砭时弊，深深触犯了最高当局。《申报》宣扬民主，批评政府，惹怒了蒋介石。据说蒋介石曾找史量才谈话。蒋说：“把我搞火了，我手下有一百万兵！”史冷冷地回答：“我手下也有一百万读者！”在中国报业史上也许没有比这段对话更惊心动魄的了，对话的双方一个是不可一世的枭雄，一个是报业巨子，这是枪杆子和笔杆子的一次对话。笔杆子拒绝了枪杆子的威胁，注定要为此付出血的代价。1934年11月13日下午，沪杭道上——浙江海宁翁家埠，史量才遭国民党军统特务有预谋的暗杀，终年五十四岁。史量才先生以

中国现代史上的报业巨子史量才

鲜血染红了《申报》，用他的生命捍卫了报格和人格。[3]

（一）境界、情怀、智慧

中国人民大学教授喻国明先生说，一个有影响力的传媒，最重要的是需要“一种俯仰天地的境界，一种悲天悯人的情怀，一种大彻大悟的智慧”。这是对传媒的要求，也是对记者的人格要求。

有传播学家认为，记者拥有的受众比世界上任何传教士、教师和政治演讲家都要多。传媒的社会形象实际上是新闻人的人格化体现。因此，优秀新闻人的第一特质是境界，是作为新闻工作者的专业主义追求。

新闻业的历史实践告诉我们：新闻工作者的职业荣誉在于深刻地关注和记录社会上正在发生和形成的历史，正是基于这种关注和记录，新闻工作者的职业成果才能有效地融入影响社会发展进程的力量潮流中去。显然，一篇真正意义上的好新闻永远是和时代发展的现实问题联系在一起的。事实上，一个优秀的新闻人的真正价值就在于真实地记录社会状态，揭示这一时代发展进程中的制约因素和问题，深刻地反映人类应对挑战的智慧及其成果。其实这也是一切试图成为主流传媒的新闻媒体所应追求的境界。[4]

所以，我们可以这样说，成就一篇好新闻，绝不仅仅需要漂亮的文字、敏锐的嗅觉和机巧的处理，最重要的是需要一种俯仰天地的境界、一种悲天悯人的情怀、一种大彻大悟的智慧。当这种境界、情怀和智慧面对社会发展进程的现实问题时，一篇好新闻也就应运而生了。[4]

（二）正义、使命、责任

明朝忠臣杨继盛一生为反强权，与奸臣严嵩对立，把生死置之度外。据说，在他第二次被诬陷下狱，临刑前在狱中墙上题了两句述志诗：“铁肩担道义，辣手著文章”。李大钊十分敬佩杨继盛的气节，将“铁肩担道义，辣手著文章”改为“铁肩担道义，妙手著文章”，早在 1913 年主编《晨报》副刊时，李大钊就在创刊号上选刊了“铁肩担道义”一句作为本期警语。民主革命时期的杰出新闻工作者邵飘萍把“铁肩担道义，妙手著文章”作为自己和全体《京报》工作人员的座右铭。

"铁肩担道义，妙手著文章"已成为我国新闻工作者百年来遵循的座右铭。

记录时事，书写历史是职业赋予记者神圣的使命，记者必须关注社会，关注人类发展。原新华社社长郭超人说:新闻工作者"笔下有财产万千，笔下有毁誉忠奸，笔下有是非曲直，笔下有人命关天。"。记者要真实地记录历史，记录影响人类生活和历史进程的一切重大事件，记者责任重大。因此，"坚持正义，追求真理"是记者应该具备的品质。

我国新闻前辈范长江把"要有操守，既不为金钱、利益、美女诱惑，又不为诽谤、诬蔑、威胁所吓倒，要能坚持真理"作为新闻记者的一条重要原则，而他本人也在自己的记者生涯中始终恪守着这条原则。

20 世纪 30 年代中后期，法国《世界报》的首任主编伯夫·梅里在担任驻布拉格的记者时，以自己反对纳粹德国染指捷克斯洛伐克的言行向世人充分展示了自己的正义立场。

美普利策说："倘若一个国家是一条航行在大海上的船，新闻记者就是船头的瞭望者。他要在一望无际的海面上观察一切，审视海上的不测风云和浅滩暗礁，及时发出警报。"作为社会的瞭望者和公共利益的守望者，新闻记者承担着重要的社会责任。因此，这就要求新闻记者在履行自己职责的时候具有比社会其他职业更高的使命感、崇高感和责任心。

链 接

美国报纸编辑协会（ASNE）原则声明

本文件自 1922 年开始作为《新闻记者规范》被采用，1975 年被修改，并重新命名为《原则声明》。

绪言

第一修正案保护言论自由不被任何法律剥夺，保证了人们通过媒体表达言论的宪法权利，并因此赋予报纸工作者一项特别的使命。所以新闻工作对其从业者，除了行业和知识的要求外，还要针对新闻工作者的特殊使命对其追求正直品质的情况有所要求。为此目的，美国报纸编辑协会制定本原则声明，作为职业表现和工作道德的最高标准。

第一条

责任。搜集和传播新闻与意见的最初目的是服务大众利益，将情况通知他们，使他们能对当时的情况作出判断。为个人私利或不值得的目的滥用自己专业工作者的力量的报人，将辜负公众的信任。美国新闻媒体是自由的，这不仅是为了告知大众，或作为一个争辩的论坛，也是为了能对社会中的力量，包括政府各级官员的行为，进行独立的检查。

第二条

新闻自由。新闻自由属于人民。必须保护新闻自由不受来自任何公共或私人集团的侵蚀与破坏。新闻记者必须时时警惕，关注公共事务是否在公开场合下讨论解决。他们必须同任何利用新闻媒体为自己牟私利的企图进行勇敢的斗争。

第三条

独立性。新闻记者必须避免任何表面或实质上的不适当、表面或实质上的利益冲突。他们既不应该收受任何东西，也不应该参加任何看起来有可能伤害他们正直性的活动。

第四条

真实与准确。来自读者的良好信任是优秀新闻的基础。应该不惜一切努力保证新闻的准确、没有偏见、平衡表达各方意见。社论、分析文章和评论，在准确性上应该与报道中的事实做同样的要求。严重的事实错误和疏忽产生的错误，都应该做最快的和突出的更正。

第五条

公正。公正并不意味着新闻媒体不应该进行质问，或者不应该发社论表示意见。但是，它却要求媒体在新闻报道和媒体意见之间为读者划出一个清晰的界线。其中有观点和个人意见的文章应被明确标识出来。

第六条

正义性。新闻记者应该尊重被报道的人们的权利，遵守普通的正派的标准，对其报道的准确性和正义性向公众负责。被公开指控的人应该在最早的时间得到做出反应的机会。保证为新闻来源保密是要花很大代价的，因此不应轻易承诺。除非有十分清楚和急切地要求为新闻来源保密，他们应该被明确指出来。

这些准则是为了保持、保护和加强联结美国新闻工作者和美国人民的信任和尊敬，这种联结对确保这个国家的创始人委托给美国新闻工作者和美国人民的言论自由事关重大。

（三）理性、建设性

理性、建设性是办报的理念也是记者应该有的基本风格。

《纽约时报》在创办伊始，其办报方针就是：要用一种简明动人的方式提供所有的新闻，用文明社会中慎重有礼的语言来提供所有的新闻；要不偏不倚、无私无畏地提供新闻，无论涉及什么政党、派别或权益。

要知道，《纽约时报》创办时的美国报业背景，当时美国报刊史上面向大众的《便士报》正在迅速发展，1883 年普利策买下《世界报》后，为了打开销路，采用了一些煽情手法来报道新闻。1895 年，鲁道夫·赫斯特购入《纽约新闻报》后为了和普利策竞争，毫不犹豫地迎合沙文主义和其他低级情调，使这场发行量之争在 1898 年达到了顶峰，期间两家报纸都滥用新闻这一工具，采用大胆、耸人听闻的标题，集中报道和性与暴力有关的犯罪活动，刊登刺激感官的照片，使这一时期成了不折不扣的黄色新闻时期。也就是在这个时期，鲁道夫·奥克斯买下了《纽约时报》，他既不在煽情主义上与赫斯特和普利策一争高下，也不以报纸内容的通俗化追赶那些大发行量的报业领袖。他坚决反对新闻事业的通俗化，拒绝刊登玩弄“噱头”的消息和连环漫画；他抨击黄色新闻记者，并且以“本报不会污染早餐桌布”的口号为《纽约时报》做广告，后来又选择“所有适于刊印的新闻”这句话登在头版报眼位置。奥克斯的努力获得了成功。《纽约时报》逐渐成了世界知名的、权威的严肃大报。《纽约时报》被誉为“权力机构的圣经”和“档案记录报”，它报道了 1912 年英国豪华客轮“泰坦尼克”号遇难事件；全文刊载了第一次世界大战《凡尔赛条约》；1945 年详尽报道了美国在日本广岛投掷原子弹……在普利策新闻奖的历次评选中，《纽约时报》遥遥领先。和《纽约时报》一样，《华盛顿邮报》也是坚持以维护正义为宗旨，直到现在仍然是全美最有影响力、发行量最大的报纸之一。[5]

“理性、建设性”，正是有责任感的新闻人应当有的基本风格：理性观察、建设性的出发点。它意味着不冲动、不破坏、不媚俗、不虚伪、不偏激、不炒作、不盲从、不骄傲，以务实、开放、求证的心态冷静观察社会走势，以建设性的视角来报道“一切值得报道的新闻”。一个优秀的传媒人负有正确传播社会价值观的责任，因此，他必须选择立场，不能因为有可能得罪谁而试图去左右逢源。[4]

今天，“理性、建设性”这五个字就印在《经济观察报》的报头上方。可见，在我国“理性，建设性”也正在成为年轻传媒业者的思想方法和行动准则。

小贴士

威廉·鲁道夫·赫斯特（William Randolph Hearst，1863—1951）

出身于一个非常富有的家庭，其父早年以采金、开矿创下了一份雄厚的家业。威廉·鲁道夫·赫斯特是这个家庭的独子。优越的生活条件、良好的教育，使幼年的赫斯特很早就显示出与一般孩子不同的兴趣。赫斯特中学毕业以后，进入哈佛大学攻读新闻，他很快便显露出驰骋这一领域的卓越才华。23 岁那年，在他的一再请求下，他的父亲终于同意将别人作为偿还债务转让给他的《旧金山检察官报》（San Francisco Examiner）交由年轻的威廉·鲁道夫·赫斯特管理。以此为发端，赫氏在此后的半个世纪里成功地建立起一个庞大的新闻帝国，成为全美报刊媒体的盟主。赫氏麾下曾拥有美国几十家报纸杂志以及其他传媒机构。

约瑟夫·普利策（Joesph Pulitzer，1847—1911）

出生于匈牙利布达佩斯，1864 年移居美国。1868 年开始从事新闻工作，他的一生对美国报纸的发展有着较大的影响，被人们誉为创办现代美国报纸的先驱者和示范者。1903 年，普利策写下遗嘱，决定出资兴办哥伦比亚新闻学院和建立普利策奖金，由哥伦比亚大学董事会掌管他遗赠的基金。1911 年 10 月 29 日普利策逝世。根据他的遗嘱，1912 年开办了哥伦比亚新闻学院，1917 年起设立了普利策奖，成为美国新闻界的一项最高荣誉奖，现在，不断完善的评选制度已使普利策奖成为全球性的一个奖项。

鲁道夫·奥克斯（Adolph Ochs，1858—1935）

鲁道夫·奥克斯的父母是来自德国的犹太移民。小学毕业后他成为一份报纸的印刷助手。19 岁时他借了 250 美元买下了一份报纸，成为其出版商。1896 年，36 岁的奥克斯再次借钱买下了当时在众多媒体竞争者逼迫下不断赔钱的《纽约时报》。他提倡客观报道，并及时将报纸的卖价降低。最终《纽约时报》获得了巨大的成功。1904 年奥克斯将《纽约时报》搬到了曼哈顿的一个新办公楼里，从此这个办公楼前的广场被命名为时报广场。奥克斯去世后，他的女婿索尔兹伯格成为《纽约时报》的出版商，此后他的外孙继任《纽约时报》出版商。

链　接

总有一种力量它让我们泪流满面

（1999 年 1 月 1 日南方周末新年贺词）

这是新年的第一天，这是我们与你见面的第 777 次。祝愿阳光打在你的脸上。

阳光打在你的脸上，温暖留在我们的心里。这是冬天里平常的一天。北方的树叶已经落尽，南方的树叶还留在枝上，人们在大街上懒洋洋地走着，或者急匆匆地跑着，每个人都怀着自己的希望，每个人都握紧自己的心事。

没有什么可以轻易把人打动，除了正义的号角。当你面对蒙冤无助的弱者，当你面对专横跋扈的恶人，当你面对足以影响人们一生的社会不公，你就明白正义需要多少代价，正义需要多少勇气。

没有什么可以轻易把人打动，除了内心的爱。没有什么可以轻易把人打动，除了前进的脚步……这是新年的第一天，就像平常一样，我们与你再次见面，为逝去的一年而感怀，为新来的一年作准备。祝愿阳光打在你的脸上。

阳光打在你的脸上，温暖留在我们的心里。有一种力量，正从你的指尖悄悄袭来，有一种关怀，正从你的眼中轻轻放出。在这个时刻，我们无言以对，唯有祝福：让无力者有力，让悲观者前行，让往前走的继续走，让幸福的人儿更幸福；而我们，则不停为你加油。

我们不停为你加油。因为你的希望就是我们的希望，因为你的苦难就是我们的苦难。我们看着你举起锄头，我们看着你舞动镰刀，我们看着你挥汗如雨，我们看着你谷满粮仓。我们看着你流离失所，我们看着你痛哭流涕，我们看着你中流击水，我们看着你重建家园。我们看着你无奈下岗，我们看着你咬紧牙关，我们看着你风雨度过，我们看着你笑逐颜开……我们看着你，我们不停为你加油，因为我们就是你们的一部分。

总有一种力量它让我们泪流满面，总有一种力量它让我们抖擞精神，总有一种力量他驱使我们不断寻求“正义、爱心、良知”。这种力量来自于你，来自于你们中间的每一个人。

所以，在这样的时候，在这新年的第一天，我们向你、向你身边的每一个人，说一声，“新年好”！祝愿阳光打在你的脸上。

因为有你，才有我们。

阳光打在你的脸上，温暖留在我们的心里。为什么我们总是眼含泪珠，因为我们爱得深沉；为什么我们总是精神抖擞，因为我们爱得深沉；为什么我们总在不断寻求，因为我们爱得深沉。爱这个国家，还有她的人民，他们善良，他们正直，他们懂得互相关怀。

二、记者，新闻敏感的人

第二次世界大战刚结束，一记者团到饱受战争伤害的日本和德国采访，呈现在记者们眼前的是同样的一片废墟焦土。大多记者采写了战后悲凉景象的报道，但其中有两位记者写出了不一般的新闻。一位记者在日本看见几个孩子蜷缩在废墟的石桌边晨读，他立刻拍下了这个珍贵的镜头，并相信从这些孩子的读书声中可以预见日本充满希望的未来。另一位美国随军记者去柏林贫民窟采访，发现一间在残壁断垣上用旧油毡破帆布搭建的棚屋旁，盛开着一盆鲜花，于是采写了题为《废墟上的鲜花》的消息，他相信从这盆废墟上的鲜花可以看见日耳曼民族坚韧的性格和顽强的精神，这个国家一定能很快抹去战争带来的创伤与耻辱，像花儿一样再度绽放……这两篇报道引起国际报界的轰动。正如记者预见的那样，日本和德国经济很快复兴，跻身于强国之列。为什么面对同样的景象，只有这两位记者采写了不同的新闻呢？有一个原因是肯定的，那就是他们具有更强的新闻敏感。

法国著名雕塑家罗丹曾说过这样一段名言："美是到处都有的。对于我们的眼睛，不是缺少美，而是缺少发现。"新闻 ，就是一种对有价值的事实的一种发现和发掘，没有发现就没有新闻，而这种发现仅有勤奋是不够的，记者还必须有足够的新闻敏感。

（一）新闻敏感是一种职业敏感

"新闻敏感"一词最早出现于西方新闻界，也称为"新闻鼻"。在我国，较早使用此说法的是邵飘萍、徐宝璜等人。

什么是新闻敏感？《新闻学大辞典》对它的解释是：新闻敏感是新闻工作者迅速、准确地判断有价值的新闻事实的能力，又称为"新闻嗅觉"、"新闻鼻"，是新闻工作者的一种职业敏感。

一个具有高度新闻敏感的记者，能够在没有新闻的地方发现新闻。《人民日报》前总编辑范敬宜在当记者时，有一次与另一个记者下乡采访，晚上他们住在公社办公室，一夜没有接到一个告状报案的电话，清晨也没有一位来堵门要粮要钱的社员。范敬宜问同伴：这一夜你发现新闻了吗？同伴说：什么事也没发生，当然没有新闻。范敬宜说：什么事也没发生就是新闻。于是写出了《两家子公社干部睡上安稳觉　夜无电话声早无堵门人》的消息。相反，记者若缺乏新闻敏感度，很可能就会漏掉重大新闻。西方新闻史上有一个经典的例子：有一位明星演员到某城市演出，《纽约时报》年轻记者迪姆士·泰勒受报社指派，晚上到剧院采访这位大明星。谁知演出突然取消，泰勒便心安理得地回家睡觉了。清晨，泰勒被电话铃声惊醒，是编辑打来的。编辑气冲冲地告诉他，其他报纸的头版头条新闻是这位演员自杀。编辑说："像这样一个名演员首场演出被取消，本身就是新闻。它的背后可能有更大的新闻。记住：以后你的'鼻子'（指'嗅觉'）不要再感冒堵塞了！"

（二）新闻敏感需要培养

对于新闻从业者来说，新闻敏感至关重要，它是记者的基本素质之一，直接关系到新闻报道的成败与优劣。

新闻敏感是记者的新闻生命。但新闻敏感看不见、摸不着，它是内在思维活动的结果，因此有学者认为新闻敏感是一种天生的鉴别力。从心理学的角度讲，新闻敏感是对事物的一种"直觉"。但这种"直觉"

只有与丰富的知识以及从实践中积累的经验相遇，才能擦出新闻敏感的“火花”。明末清初思想家陆桴亭（名世仪，号桴亭）曾说，敏感犹如石头里的火，不断敲击，火才出现。所以，新闻敏感并不能全靠天赋，而是要靠记者通过后天的努力，需要在平时的实践中训练、培养而习得。

1. 博学善学，积累经验

新闻敏感的培养不是一蹴而就的，需要记者在细致烦琐的工作当中点点滴滴地去积累、磨炼。记者的积累越丰富，思维的运转以及对于外界事物的反应也就越灵敏，发现新闻的能力就越强，而缺乏积累的记者，外界的信息再强烈、再珍贵，其思维的空间也是狭隘的，不容易产生联想，更难以产生创新思维。

凤凰卫视记者吴小莉，采访提问机智、犀利。在 1998 年“两会”的总理记者招待会上，朱镕基点名让吴小莉提问，有备而来的吴小莉提出了三个问题：第一个问题是：中国政府对香港经济的看法和政策。朱镕基“中央政府支持香港经济”的回答，使当天香港股市上升三百多点。第二个问题是外界对朱镕基铁面宰相、经济沙皇的评价，对此他本人有何看法。结果，当朱镕基听到经济沙皇这些评价时，立刻有感而言，说他不喜欢外界说他是中国的戈尔巴乔夫，经济沙皇。第三个问题是朱镕基推动改革的心路历程。这个问题让朱镕基发出感人肺腑的话语：“不管前面是地雷阵，还是万丈深渊，我都会勇往直前，义无反顾，鞠躬尽瘁，死而后已”，赢得了全场如雷的掌声。吴小莉在《“两会”的故事》中回忆道：“因为就我对记者招待会前半段的观察，他对媒体的提问听得很仔细，遇到特别有感想的部分，媒体不强调他也有感而发，所以我就提出两个问题，再以铁面宰相、经济沙皇为引子，问他心路历程。”

凤凰卫视记者 吴小莉

1998 年国家主席江泽民到马来西亚出席 APEC 会议。事先吴小莉也知道江泽民这次出访的姿态比较低调，不准备接受媒体采访。她当时就一直动脑筋，怎么才能获得采访机会。会议最后一天，江主席步出会场，她实在挤不到前面，情急之下，掏出一张 10 元面值的人民币在远处高高举起，大声提问：“江主席，我手上这张 10 元人民币明年还能值 10 元吗？”江主席听到了，并大声回答：“Of Course（当然）！人民币绝不会贬值。”接着简述了有关人民币不贬值的问题。后来这条消息发到香港后，香港的股市回升创下新高。

吴小莉的“灵机一动”、“情急之下”，竟想出如此绝妙的采访点子。

2001年11月25日，在浙江大学和学生们交流时，有学生问她为什么如此敏锐。她说："我觉得每一个事件的采访历程都是一个累积的过程，累积的过程不过是比别人付出几倍的时间多学点儿，认认真真做好每一天的工作。1998年的时候，我工作10年了，所以采访中迸发出的'火花'不是一下子发生的事情。……我一直相信，生命是能量的不断积累，每一个看似平淡的过程，都是你积累能量的机会，因为你永远不知道生命的列车什么时候会拐弯，但只要你的能量储备足了，当机会来了，你就能从容抓住机会，收获生活里最美的果实。"[6]

2. 增强政治敏感和社会责任感

政治敏感是一个记者政治水平和业务能力的集中表现与综合体现，是新闻敏感的核心。记者的政治敏感，集中表现在对于政策的把握上，政治敏感度高的人未必新闻敏感强，但一个新闻敏感性强的人，一定要有相应的政治敏感。只要记者不断加强政治理论、方针政策学习，他的政治敏感度就会不断提高。

获得第九届中国新闻奖二等奖的消息《克林顿公开重申对台湾"三不"原则》，是记者对新闻事实的及时发现和成功传播的范例，说明记者具有很强的新闻敏感性。据介绍，这篇消息虽然只有375个字，但短小精悍，突出报道了克林顿在1998年6月底至7月初访华期间，第一次公开明确地阐述美国对台湾问题的"三不"政策，即：美国不支持台湾独立；不支持"一中一台"、"两个中国"；不支持台湾加入任何必须由主权国家才能参加的国际组织。这也是"三不"原则第一次出自美国总统之口，它集中体现了涉及中美关系中最敏感、最重要的核心问题以及在国际舆论所关注的这个焦点问题上美国的最新承诺。然而这条主题重大、影响巨大的重要稿件的采写，是新华社记者邹春义、周解蓉从克林顿在上海图书馆与市民座谈时即席发表的大量言论中捕捉到的。虽然这场不起眼的活动事先没有列入发稿计划，但记者一听到克林顿说出此话，就立即一面用手机向总社报告，一面根据笔记很快整理成稿，请在场的外交部负责人转有关领导核实、审定，并在第一时间拿到了审定稿，又及时发至总社，使总社得以及时以中、英等6种文字抢先发出。稿件播发之后，引起台湾当局、美国朝野、国际社会和海内外媒体的广泛关注，全球大多主流报纸几乎都在显著位置刊登了这条消息。[6]

记者的政治敏感源于强烈的社会责任感和对时局政策的准确把握。社会责任感是记者对党、对国家、对人民负责的一种强烈冲动，虽然其本身并不能去直接捕捉新闻，但是对记者捕捉新闻起着关键的作用。记者具有高度的社会责任感，也就具备了勤于思考、善于发现、勇于创新、乐于奉献的精神支柱和动力源泉。记者只有对国家强弱、人民贫富怀着忧患意识，才会随时关注时下党的方针、政策、路线，才会对周围群众关心的一切事物保持高度的敏感，才能敏锐地发现那些震撼人心、感人肺腑的新闻事实，才能迅速地用手中的笔真实地记录下历史的瞬间。

3. 深入生活，奔赴现场

新闻工作是实践性很强的劳动，所以在新闻业界把采访发现新闻称为“跑新闻”，只有“跑”，只有深入生活，奔赴现场，才会触发新闻敏感，才能发现新闻。一个优秀的敏锐的记者，一定是“深入生活，奔赴现场”的记者。

奥莉阿娜·法拉奇是 20 世纪最为著名的新闻工作者、战地记者和小说家之一，享有极高的国际声誉。法拉奇的著名，不仅是因为她的新闻报道写得风格独特，也不仅是因为她有办法采访到各国高层领导人，更是因为她具有为实现采访而不计代价的精神。

这个个子纤小，相貌美丽，灰蓝色的大眼睛充满忧郁的女子却有着勇士般的采访作风。1967 年，她作为《欧洲人》的记者，为获得越战的真实情况，主动要求去越南，开始了长达 8 年的战地采访生涯，身处血腥的战火之中，她身着迷彩服、头戴钢盔的照片令她看起来就像个孩子一样矮小、脆弱。她既采访越共领导又采访普通士兵，数次履险，有时炮火就在身旁，却发回大量精彩报道。

她曾在早年的一篇描写佛罗伦萨野鸽的文章里，这样描写实施了灭鸽政策之后的野鸽：

> ……它们像退伍军人一样警觉清醒，像靠救济金度日的市民一样贫困潦倒，像一家之父一样忧心忡忡。他们很清楚自己肩上担负着悲惨和不公正的命运。

她在采访记中这样描写沙特阿拉伯石油部长亚马尼的眼睛：

> 那双眼睛能欺骗你、爱抚你和刺痛你，因为他向你投过来的那道目光，常常突然由温柔变得冷酷，而冷酷中仍含着温柔。那双眼睛能洞察一切。

在越南战场，她得知越共不由分说地杀死成批的人时，一向亲越共的她这样表达自己的感受：

> 我们似乎身处集中营，观看犹太人被屠杀的场面。世界并没有发生变化……人也是。不管他们的皮肤和旗帜是什么颜色。

在观察野鸽时，她让它们成为有血有肉的人，从而透射出人类的残忍；在解读控制着大量石油、可以影响西方经济的亚马尼时，她详尽地“读”了他的眼睛，敏锐而细腻地描绘出了亚马尼的复杂和不一致；在记录越战中关于屠杀的感受时，她穿过时空，触及了人类的共同主题。……这些独特的视觉触角，来自现场，来自记者的眼睛和心灵，也来自深厚的文学底蕴、人文精神。[7]

奥莉阿娜·法拉奇

有记者问中央电视台记者柴静：为什么一定要进 SARS 病房？一定要去现场？柴静说："我到新疆喀什地震现场，当我看到一个老人光着脚，在零下 12 度的黑夜里赶路，到救灾的卡车前领出一双北京大街上常见的比他的脚大一号的黄色皮鞋，套在脚上，颤巍巍地走时，我知道这就是赈灾。两个喀什的小女孩带着我到她们住的地方，房子全都垮了，她们就睡在地上，当我把手伸进她们的被窝里，感觉到里面的冰冷、潮湿时，我知道了什么是安顿灾民。我现在仍然清晰地记得，人民医院急诊科主任周继红带着我们去人民医院天井，她蹲下身子把门锁打开，那一刻我突然明白什么叫现场，什么叫新闻。以前我也采访专家，采访学者，当然那也是新闻。但是，当人民医院天井的灯光大亮，我看到天井里所有的椅套上写着星期四，黑板上写着 4 月 7 日最后被转走的二十多个患者的名字，面对当时慌乱撤离留下的场景时，我强烈地被震动，想要知道那时到底发生了什么。……"[8]

1992 年，中央人民广播电台记者胡家麒在云南边陲瑞丽市采访改革开放后小城的变化。在采访了很多人和事之后，他却总是不满意，觉得这些事例不能深刻反映小城的变化，表现方式也与其他报道雷同。于是，胡家麒到街上"闲逛"。在买西瓜时，他听到的是河南话；在理发摊上，他听到的却是上海腔；在卖工艺品的小店里，他见到的又是印度人、巴基斯坦人……无意中一个灵感跳了出来：南腔北调，这不正是往日封闭的小城在今天改革开放形势下的写照吗？于是，他用录音机记录下了这丰富多彩的音响，用 7 种声调组成了现场报道《南腔北调瑞丽边贸街》。这个报道获得当年中国广播奖现场报道一等奖。[6]

如果没有足够的知识经验积累、深入深入再深入的采访作风，即使再有价值的新闻出现在身边，记者也只会视而不见、充耳不闻。只有深入生活、奔赴现场，面对新事物、新问题，记者才能够迅速激发新闻敏感，捕捉最有价值的事实信息。

导 语

达纳在1869年至1897年主管过《纽约太阳报》，他说："新闻是'社会上大多数人感兴趣，而且在此以前从未对它注意过的那些事情'"1882年达纳属下的采访主任约翰·B·博加特对一个青年记者说："狗咬人，不是新闻；人咬狗，才是新闻。"这也成了新闻史上关于新闻概念的经典性的一句话。

20世纪30年代初期《纽约先驱论坛报》的采编主任斯坦利·瓦利克尔说，新闻是建立在三个"W"的基础上："妇女（Women）、金钱（Wampum）和坏事（Wrongdoing）"。

当然，这些表述并非新闻的科学定义，它只是反映了新闻的某些价值要素。那么到底新闻是什么？当记者准备开始动手采访写作之前，首先要清楚这个基本概念。

第二章　新闻，到底是什么

尽管新闻事业已经如此繁荣，尽管现代社会几乎人人都离不开新闻，对新闻并不陌生。然而，在今天给新闻下个定义仍然困难。

对于受众而言，新闻是一篇篇报道，他们通过报道获得周围世界的变动信息；对于政治家和公共关系人员而言，新闻是一种话语，是能发表意见的讲台，掌握新闻就等于掌握了话语权；对于新闻媒体而言，新闻是等待检验的产品……新闻可能是对不同人有不同兴趣的信息。

一、新闻没有完美的定义

什么是新闻？历来说法不一。新闻定义的争议伴随着新闻学的研究，已走过一个多世纪的岁月。

1927 年，美国新闻界征集新闻的定义，名列榜首的是长达 190 字的“华拉定义”：“新闻是一种商品，由报纸分配，供给识字者消遣，每天把新鲜的东西送到市场上，但是具有腐败性；新闻从智力方面、情绪方面、兴趣方面用文字将世界、国家、省、州及都市所发生的事件表现出来。这些事件，不论是社会的、经济的、政治的、科学的或个人的，都须有引起多数人注意的重要性才行。其制造的慎重、品质的优良以及目的的纯正与否，均能反映制造者的名誉可以信任与否。若以虚伪代表真物，或者捏造消息，都是欺骗公众的信任，对于一般人心的健康，不啻是一种威胁。”

美国记者戴纳说：“只有那些正在发生的、有人情味的、足以吸引大众、至少是相当一部分人的事实，才能构成新闻。”

日本新闻研究者小泉秀雄在《新闻学原理》一书中提出：“新闻是根据自己的使命对具有现实性的事实的报道和批判。”

美国哥伦比亚大学教授麦尔文·曼彻尔提出：“新闻是关于突破事物正常轨道或出乎意料的事件的情况。”

前苏联《真理报》消息部主编哥捷夫说：“新闻是有共同兴趣的、有典型意义的事实。”

德国柏林大学新闻学教授比法特在他的《新闻学》第一卷中，对新闻定义作了这样的阐述：“新闻就是把最新的事实现象在最短的时间距离内连续地介绍给最广泛的公众。”

美国堪萨斯州《阿契生市环球报》主编爱德华·贺说：“凡是能让女人喊一声‘啊呀，我的天哪’的东西，就是新闻。”

英国《牛津字典》的解释是：新闻是“新鲜报道”。

在中国，“新闻”这个词最早出现在《新唐书》。《新唐书》记载：初唐神龙年间（公元705年前后），有一个叫孙处玄的文人曾说过：“恨天下无书以广新闻”。孙处玄的这句议论竟被载入《新唐书》，说明尽管唐代还未完全具备传播新闻的条件，但人们已意识到需要报道新闻的传播工具。“新闻”一词在这里是指“最近消息”。

《申报》在1872年提出：“新闻则书今日之事。”徐宝璜1919年在《新闻学》一书中指出：“新闻者，乃多阅读者所注意之最近事实也。”

邵飘萍在其《新闻学总论》中说：“新闻者，最近时间内所发生认识一切关系于社会人生的兴趣、实益之事物现象也。”

戈公振在《中国报学史》中认为：“新闻者，读者所欲知之事物也。”“新闻者，有人类之兴趣，与人类之生活上及幸福上能发生影响之一切事件及观念等相关之原质的事实也。”

李大钊在1922年《北大记者同志会上的演说词》中提出：“新闻是新的、活的、社会状况的写真。”

1943年9月陆定一提出：“新闻就是新近发生的事实的报道。”胡乔木1946年在《人人都要学会写新闻》中提出：“新闻是一种新的，重要的事实。”

“文化大革命”期间流传着这样的新闻定义：“我们讲新闻是宣传马列主义、毛泽东思想的，体现革命群众的首创精神与集体智慧的，歌颂社会主义新生事物的客观问题的准确及时的报道。”

1981年8月中宣部在京召开全国十八大城市的报纸工作座谈会，其会议纪要对新闻定义作了新的诠释：“新闻反映新发生的、重要的、有意义的、能引起广泛兴趣的事实，具有迅速、明了、简短的特点，是一种最有效的宣传形式。”

《现代汉语词典》释“新闻”为：①报纸或广播电台等报道的国内外消息：新闻广播／采访新闻。②指社会上最近发生的新事情。

《辞海》对新闻的解释是：①报社、通讯社、广播电台、电视台等新闻机构对当前政治事件或社会事件所作的报道。要求迅速、及时，真实，言简意赅，以事实说话。形式有消息、通讯、特写、记者通信、调查报告、新闻图片、电视新闻等。②指被人当做谈资的新奇事情。如《红楼梦》第一回：“众人当做一件新闻传说。”

上述种种新闻定义，有的强调新鲜感，有的强调教育性，有的强调趣味性，在这些定义中我们无法找到完全令人满意的对新闻的简短描述。国内外学界、业界，给新闻下了170多种定义，却没有一个完整的、能被普通接受的定义。为什么？原因很明显：实际上并没有，也不可能有一个关于新闻的完美的定义，因为新闻随着时代的发展在不断地发生着变化。所以，记者只有从实践中学习，只有不断地去发现和表达新闻，才可能和真正的新闻相遇、相识，才能真正懂得什么是新闻。

我国新闻学界比较认同的是陆定一的关于新闻的定义，即：新闻“是新近发生的事实的报道”。但这个定义仍然有局限性，例如，现在的新闻由于传输设备的现代化，报道速度越来越快，正在发生的事件尚未出现结局就已经被报道出来。对一个事件连续追踪报道，甚至进行实况转播，让报道和事件的发生发展同时进行。在这个定义中并没有包括“正在发生的事实”。

另外，新闻报道的对象未必都是新近发生的事件。有些早已发生的事件，由于种种原因在当时不为人们所知，虽已时过境迁，但一旦被发现，它仍然有很高的报道价值，这样的事件仍然可以被作为新闻报道出来。例如英国最大的反对党领袖、有望成为下任首相的戴维·卡梅伦，在2007年2月11日成为英国各大媒体头版人物。这个一直与丑闻绝缘的政界人士终于破例，传出曾在学生时代吸食大麻、还险遭开除的经历。英国《独立报》援引传记《新保守党人的崛起》话说，卡梅伦进入牛津大学后，还“不时吸食含有大麻的香烟”。是否吸食过毒品立刻成为卡梅伦被外界追问的话题，令他陷入尴尬境地。这件25年前的往事算是“旧闻”了，但由于是刚刚发现的，仍能给人以新鲜感。所以新闻报道也少不了这样的类型。

因此，有学者将新闻定义补充为：新闻是对新近已经发生和正在发生、或者早已发生却是新近发现的有价值的事实的及时报道。

这个定义将新近发生区分为“已经发生”和“正在发生”两种情况。前者是已经结束了的事件，后者是正在发展变动尚未出现结局的事件。另外，并不是所有的事件都值得报道，所以这个定义强调新闻报道的事件必须是有价值的。当然，这个定义也点明：事实本身并不天然就是新闻，有价值的事件，还必须通过“报道”才能成为新闻。

这个定义的确较为完整，但无论怎样补充和完善新闻的定义，仅仅凭定义，我们很难真正认识和理解新闻，因为各种新闻定义终究“缺乏对人的积极的态度”，“冷冰冰地盯着物态世界”。[9]要真实感受新闻，懂得新闻，就必须穿越新闻肤浅的概念抵达它的本质。

二、新闻的深层本质和功能

1957年钱谷融先生根据高尔基的观点提出“文学是人学”这个朴素无华却闪烁着真理之光的命题。他强调文学是写人的，是写给人看的，是以影响人的思想感情为目的的，因此要真正懂得文学，研究文学，必须首先做一个心地坦荡、人品磊落的人，因为只有一个真诚的人，才能感受和欣赏真的美。那么，新闻是不是“人学”呢？当然是，因为新闻不仅是人写的，是写给人看的，而且是以表现人的行动为主的。新闻是人的精神需要的产物，它不应该缺乏对人的关怀。

（一）人是新闻力量的源泉

新闻的力量和冲击力在于人。只有体现“人”的新闻，才是有生命、有温度的新闻。

优秀的记者在报道重大新闻时，总是从某个个人的视角出发，以小见大、贴近读者，从而顺其自然地引出对重大新闻的报道。在报道中，无论这种新闻是长篇特稿、通讯、专栏、会议新闻，还是领导人会见的消息，都至少需要一张有血有肉的人的面孔。[10]

但我们的新闻媒体越是在报道重大的新闻，越是没有人的出现，没有故事的冲突。请看这两篇新闻报道：

闽中南发生大暴雨　晋江出现超警戒水位洪水

新华网福州8月14日电　受低涡切变影响，福建省中南部部分地区发生大暴雨，晋江上游发生超警戒水位的洪水。

据福建省防汛办统计，从13日8时到14日5时，福建全省最大降雨量在1～24毫米的有36个县市区，25～49毫米的有21个县市区，50～99毫米的有18个县市区，超过100毫米的有永定101毫米、南靖116毫米、永春122毫米、平和143毫米、安溪194毫米等6个县。

受强降雨影响，晋江西溪上游安溪县湖头13日22时5分出现超警戒水位0.59米的洪水，晋江东溪上游永春县13日21时45分出现超警戒水位0.4米的洪水，大樟溪上游德化县凤洋13日22时40分出现超警戒水位0.22米的洪水。大暴雨引发安溪县局部地区山体滑坡，导致少量民房倒塌。

据省气象台14日早晨预报，未来两天福建省中南部地区有较明显降水，南部地区有暴雨，局部乡镇有大暴雨。

阳山旱情严重　全县倾力抗灾

本报阳山讯　连日来，阳山全力开展抗旱保苗和抢收抢插抢种工作。据统计，截至本月8日止，该县已筹集抗旱资金共200多万元，迅速购买了一批设备投入抗旱，加上维修好的原有设备，每天投入抗旱的机械达394台，出动干部群众5.3万人。

从7月8日起阳山范围内持续高温燥热无雨，全县受旱灾的农作物面积共17万亩，果树3225亩，其他经济作物3885亩，多座水库和山塘都已干涸，经济作物损失达6746万元。面对遍及全县的干旱灾情，阳山县有关领导先后部署抗旱工作并批示调拨抗旱专用资金，分别深入到有关乡镇抗旱现场指导抗旱工作，要求各乡镇带领广大干部群众充分抓住有利时机抗旱保苗抢收抢插，同时已规划把因旱无法插秧的2万亩农田改种其他经济作物，一些行动快的乡镇如阳城、七拱、黎埠、青莲等镇的群众已陆续抓紧改种经济作物，争取做到上造损失下造补、大旱之年不减收。

这两条新闻没有丝毫的冲击力，问题出在哪里？“没有一张血有肉的人的面孔”，当灾难不幸降临的时候，媒体表达的却是一些毫无生机的冰冷数字以及在新闻报道中依次罗列着的一大堆大小官员的名字。天灾人祸带给人们的本来是一出“悲剧”，但一些报道硬把它演化成一曲“颂歌”。没有人的新闻是抽象的、冰冷的、缺乏善意的。

类似这种写法的新闻在我们的传播媒介中可谓俯拾皆是。

同样反映自然界的灾害，我们再看一篇新闻作品：

美国大兵比卡尼克和他的妻子成了住房短缺的牺牲品

三十三岁的美国大兵柯尼斯·比卡尼克和他的妻子三十岁的艾琳成了住房短缺的牺牲品。

他们一家住在凑合着搭起来的房子里。昨天大雨倾盆，比卡尼克家旁边的一株四十英尺高的树倒了。紧接着，被水泡松了的山坡塌了下来。泥土压在他们的房子上，结果两个孩子——十二岁的艾利森和他三岁半的小妹妹朱迪安，被活埋在十二英尺厚的废墟下面。

他们的邻居查利·福特夫妇听到轰然一声响，赶快从家里跑了出来，只见比卡尼克像发了疯似的用手扒又湿又重的泥土。后来发现，在土堆的重压之下，孩子们的卧室塌陷到地下室里去了。

比卡尼克在干嚎：“孩子啊，孩子啊，快出来吧！”福特费了好大气力才把另一房间的门挖开，进去后，他发现比卡尼克夫人木然地站在那里，瞧着孩子房间塌陷下去的大洞发呆。

她目瞪口呆，絮絮叨叨地说：“孩子们能支持多久？多久？多久？有人来救他们吗？

消防队和铁路抢救队闻讯赶到，他们动用推土机干了十二个小时，才把废墟和泥土清除干净，找到了孩子们的尸体。

在被砸坏的床上，两个孩子并排睡在一起，男孩子用胳臂护着小妹妹。两个孩子的头上盖着床单，看来，他们在生命的最后一刻想用这床单挡住不断落下来的泥土。

（来源：黎信、曹文秀选编的《西方新闻作品选读》）

中西方记者在新闻写作中表现了极大的差异，就这种差异本身而言，我们屡见不鲜。

当然，这种差异的形成，有诸如历史、文化、价值观、世界观等复杂的原因。

《中西新闻比较论》（童兵，中国人民大学出版社）一书在论及中西新闻思维对悲剧事件表达的两种结构时说：“我们注意到，面对悲剧，西方记者注重极其仔细地描摹事实，强调行动，轰轰烈烈的行动，这行动带着冲动的强度和力感，也带着感情浓烈的宣泄以及宣泄后的毁灭感。而中国文化氛围下的中国记者，则习惯于‘哀而不伤’，他们暴露人的生存困境，也有强烈的询问和怀疑，但最终又去弥合这种询问和怀疑，习惯于以超然的、了悟一切的、历史的态度看待痛苦，信奉痛苦终将过去，一切不过是一个过程的信条。因而，总是以一种超然的态度，俯视情感与意识的挣扎。”

在西方，记者在反映重大新闻时，往往以个人的视角切入，聚焦个人的生存环境和生存状态，以具体的个例反映普遍的社会问题。以 1979 年设立的普利策特稿写作奖为例，在 1979—1997 年的 19 篇获奖作品中有 15 篇是通过个例来反映社会问题的。

在《美国大兵比卡尼克和他的妻子成了住房短缺的牺牲品》中，比卡尼克的干嚎——“孩子啊，孩子啊，快出来吧”，成为外国新闻作品中动人心魄的一笔。这正是我国新闻作品所缺乏的。我们呼唤新闻中“人”的觉醒，只有在新闻作品中唤醒“人”，新闻报道才能得到高度的、深层的发展。

值得庆幸的是，我国新闻界毕竟开始了人的觉醒。对于在新闻作品中如何确定个人与社会的价值，许多新闻工作者有了新的思考。

2000 年 12 月 25 日圣诞之夜，河南洛阳一家歌舞厅突发大火。《羊城晚报》在第二天 A 8 版上以《圣诞舞会，数百人火海中生死不明》为题对这场火灾进行综合报道，其中对一位“从火灾现场逃生的王女士”的遭遇进行了这样的描述：她的先生奋力将她推上一个窗口，她从一个阳台上侥幸逃生。她满脸烟黑，手上流血，但不肯包扎，说等到天明也要等到先生出来。随后几天，该报接连推出《零星几人智寻出路逃出鬼门关》等重头稿件，对受害个体的经历、命运进行了追忆。《南方都市报》对火灾中的生命个体也作了异乎寻常的关注：推出了《生还者追忆逃生经历》等重头稿件，在头版刊发了“生死相隔”、“我找到了妹妹”两张震撼人心的大幅照片。《广州日报》还在 12 月 28 日 A3 版上刊登了一张醒目的、令人心酸的凸显一名妇女痛失亲人后悲痛万分的照片。在洛阳火灾的报道中，新闻媒体对弱势群体生命个体的空前关注、深切同情，让人们看到了生命在灾难中的真实情状：无助、恐惧、呻吟、受创与毁灭。[11]

2008 年 5 月 12 日 14 时 28 分四川汶川发生 8 级大地震，发生之后不到 20 分钟，新华社就发布了消息，此后，包括电视、网络、报纸、广播等在内的中国各类新闻媒体各尽所能，详尽客观地报道了地震破坏的程度，及时更新伤亡人数，涌现了一大批有血有肉的充满人文关怀的新闻报道。

我们看看《解放军报》综合新华社等媒体报道的一篇新闻：

大地震感人瞬间：叔叔我是不是最勇敢的

灾难面前，人的生命或许是脆弱的。但人的精神，一种永不屈服、永不放弃的精神，却是那么的充满力量。无论是救援队员，还是灾区群众，他们都在这种精神信念的支撑下，顽强地同天灾搏斗，演绎出了一个个感人的瞬间。这些含着泪的故事，直抵人性的真善美，让我们的心灵得到净化。

请记住这些感人的瞬间！

——编者

妈妈临死前把乳头放进了女儿嘴里

在都江堰一处救援现场，一个令人震惊的场景出现在人们眼前：一名年轻的妈妈双手怀抱着一个三四个月大的婴儿蜷缩在废墟中，她低着头，上衣向上掀起，已经停止了呼吸，怀里的女婴依然惬意地含着母亲的乳头，吮吸着。红扑扑的小脸与母亲沾满灰尘的双乳形成了鲜明的对比。

救援人员小心地将女婴抱起，离开母亲的乳头时，她立刻哭闹起来。在场的人无法想象，一个死去的妈妈还在为自己的孩子喂奶。从母亲抱孩子的姿势可以看出，她是很刻意地在保护自己的孩子，或许就是在临死前，她把乳头放进了女儿的嘴里。

18 分钟的网络婚礼

一个在四川青川的抗震救灾一线，一个在辽宁沈阳，一对同穿消防绿的情侣，5 月 17 日在沈阳市新民市举行了一个特殊的婚礼：新郎并不在场。

震区刚刚抢通的网络提供了宝贵的 18 分钟，让这对新人跨越万水千山完成爱的约定。当天上午 9 时 2 分，网络连接上了，投影仪上出现了身穿抢险救援服的新郎！婚礼现场掌声雷动。

眼噙热泪的新娘，轻轻地吻了一下投影板上的新郎。婚礼大厅则久久回荡着动听的歌声："我愿意为你，我愿意为你，我愿意为你被放逐天际。"9 时 20 分，网络中断。儿女情长只在这 18 分钟内，为了抢救更多的生命，新郎完婚后立即赶赴新的受灾村镇。

阿姨快出去吧，这里危险

德阳市东汽中学救援现场，抢救幸存女孩秦静文的工作进展得十分艰难。

救援人员张艳君小心地避过障碍物，探身进去给秦静文注射救护针剂。小姑娘非常配合地把胳膊伸向她，打完针后她用微弱的声音说："谢谢阿姨，你快出去吧，这里危险。"张艳君的眼泪夺眶而出！

他张开双臂护住 4 个学生

"那四个娃儿真的都活了吗？昨天晚上就听说有个老师救了 4 个娃儿，我哪知道就是你……"张关蓉扑到丈夫的遗体上放声恸哭。张关蓉的丈夫叫谭千秋，四川省德阳市东汽中学老师。

地震发生的一刹那，正在给学生讲课的谭千秋像童话里的那个天使，张开双臂趴在课桌上，身下 4 个学生得救了，他却不幸遇难，献出了 51 岁的生命。

瓦砾下传来中国儿童都熟悉的歌

地震后将近两天，救援队在北川县一处幼儿园的废墟中，发现了一个被困的小女孩。孩子双脚被卡住，下半身沾满鲜血，生命危在旦夕。

就在此时，救援队突然听到小女孩的声音，"叔叔，我不怕，你们不要担心。"小女孩反倒安慰起救援队员。救援队因工具简陋，救援速度很慢，就在大家着急时，却听到孩子唱起歌来。获救后，小女孩说："我唱歌就不会觉得痛。"

这个小女孩名叫思雨，她在瓦砾中哼唱着《两只老虎》这首童谣。当瓦砾下传来这首中国儿童都熟悉的旋律时，小思雨她感动了整个中国。

“叔叔，我是不是最勇敢的”

15日上午，救援人员在北川县曲山小学发现7名被埋学生。其中，12岁的女孩李月由于左腿被楼板死死地压住，小腿部分已经变成黑色，而在她的后面还有几个孩子等待着救援。

救援持续24小时后，专家确定月月的腿已经坏死，只能进行截肢手术救援。截肢手术开始前，救援人员用布条蒙上了月月的双眼。20分钟后，月月的腿被截肢，被抬出了废墟。她身后的同学也先后被顺利救出。在被救援人员抬出废墟的最后一刻，坚强的月月问道：“叔叔，我是不是最勇敢的？”（本报综合新华社等媒体报道）

（来源：2008年5月20日《解放军报》）

“人”是任何新闻报道中最重要的因素，人的故事，特别是普通人的故事，往往最吸引受众。即使是重大事件，也只有通过个人化的故事和感受报道，才能产生最大的传播效果。

2008年是中国改革开放30周年，国内各媒体都进行了大规模的报道，无论是平面媒体、电子媒体、网络媒体大都设立了“纪念改革开放30年专题”。打开这些专题，你会发现空话、大话少了，更多的是一些真实的、个人化的、亲切的报道。比如：《4位普通人的生活变迁折射改革开放30年历史》、《改革开放30年从“头”说——大麻花辫到“爆炸头”》、《30年从“吃饭要粮票”到“顾客是上帝”》、《30年，从小游戏变化说大时代变迁》、《八大“热词”折射中国农村改革开放三十年》、《30年，结婚照的变迁——从黑白到个性》、《从词典的变迁看改革开放30年民族地区变化》……

《南方都市报》推出的《见证——中国改革开放三十年口述史》

中国改革开放30年，这种重大报道的冲击力不是来自对上层领导、纪念会议、纪念活动和专家学者的报道，而是来自普通百姓个人对改革开放30年变化的感受以及改革开放对普通百姓的生活的影响和对命运的改变。比如《南方都市报》斥巨资推出的纪念30年改革开放系列报道，包括人物、事件、政论、论坛四个组成部分。在选题上，政经文农工商并举。在地域上从广东出发，遍及全国。报道既有30年改革成功者勇往直前的再现，也有失败者无奈落寞的摹写。既有重大改革节点事件调查，也有改革命题启示宏论。不仅为成功者立传竖碑，也为失败者续写尊敬。通过三十年来若干具有标志性人物的私人记忆，来还原这场波澜壮阔的洪流中那些真实而鲜活的细节，通过每一个个体的生命历程与波折，浓缩国家与民族的历史和命运。

（二）新闻是心灵的沟通手段

在现代信息社会中，人与人之间潜在的心灵交换、比较和相互评价的愿望更多地依赖新闻所传递的信息来实现。新闻学的创始人卡尔·布克尔说“新闻是心灵的沟通手段”，而在新闻实践中随时都可以找到事例来证明卡尔·布克尔的观点。

请看这篇报道——

汉思先生的忧和喜

68岁的澳大利亚游客汉思日前来中国旅游，在上海街头被一名鲁莽的“骑手”撞得右手、右脚鲜血直流，撞人者却扬长而去。此事在理发店被一位王女士发现，她找来翻译，弄清了事情的原委。理发店的员工当即给汉思买了消炎药，留下了他在上海的地址。

第二天，热心的王女士还开车陪他去就医，连续三天陪他打吊针。

汉思对自己在上海的境遇喜忧参半。他说：“上海人对游客很热情，你们都对我太好了，但是，为什么那个撞我的人连句道歉的话都没有呢？”王女士于是打电话给《新民晚报》，希望撞人者能够站出来，向汉思道个歉。

汉思是准备带着遗憾离开上海的。不料，8月25日《新民晚报》刊出《撞人者，站出来道个歉吧》的新闻后，事情发生了戏剧性的变化。第二天，很多读者来电表示：如果撞人者没有勇气站出来，他们愿意代表上海人，向汉思先生道歉，让他带着美好的印象回国。

……

让人高兴的是，撞人的“骑手”——外地来沪务工的王先生终于站了出来。他看了报道后，致电《新民晚报》，说自己心里非常内疚，希望借这个机会向汉思说声对不起，不让汉思把遗憾带回澳大利亚。道歉虽然迟了几天，但知过而改、公开道歉的勇气可嘉。汉思先生收下了迟到的“对不起”，转忧为喜。他将刊登这些新闻的报纸留在身边，还说，希望有机会能请撞他的王先生一起吃顿饭。

……

（来源：2006年09月14日《人民日报》）

可见，通过新闻，人们的确得到了更多的沟通渠道，获得更大的心灵生存空间。

（三）新闻是社会批判工具

新闻的社会批判性质，在当下的生活中是通过“舆论监督”这一词语间接表达出来。新闻舆论监督的本质在于它的批评性，正是这种批评性形成了新闻报道的锋芒，使得新闻富有战斗性。但新闻的社会批判并不意味着单纯的揭露社会阴暗面，这种揭露和质疑，必须是站在时代的高度，以最广大人民的根本利益为重，真实，客观、公正、准确地对社会热点问题、敏感问题进行分析，并提出解决问题的方法和渠道。新闻的社会批评最终应为营造安定、团结、稳定的社会局面作出贡献。

新闻的批判质疑当然不仅仅是新闻评论的任务，事实上，所有的新闻都有参与社会批判的功能，但新闻参与社会批判的主要方式并不是议论，而是陈述事实，所谓“事实胜于雄辩”。进入 21 世纪以后，中央电视台著名的栏目《焦点访谈》有一个小变化，就是栏目口号的改变，由原来的“时事追踪报道、新闻背景分析、社会热点透视、大众话题评说”变为简洁明了的一句话“用事实说话”。字数虽少，其内涵却扩大，这是一个媒体不断走向理性和成熟的标志。大家都知道，《焦点访谈》栏目以善于批评而成名，这次对自身的“微调”使受众对“批评”有了新认识，也回答了新时期媒体究竟如何行使好监督和批评的权力，那就是以事实为依托，以理性说话，不能为了曝光而曝光。[12]

导 语

新闻是新近发生的事实，可是新近发生的事实并不都能成为新闻。比如，你此时比平时多吃了一个馒头，也是新近发生的事实，但对此记者会采写，媒体会传播吗？当然不会。为什么呢？很简单，这个事实没有价值。也就是你“多吃一个馒头”的事实不能满足新闻传播的需要。事实必须通过价值尺度的衡量，才能确定它能否通过报道成为新闻。所以，记者在采写新闻时，对事实要进行新闻价值判断。所谓新闻价值“是选择和衡量新闻事实的客观标准，即事实本身所具有的足以构成新闻的特殊素质的总和。素质的级数越丰富越高，价值就越大。”（《新闻学辞典》余家庆主编）

第三章　学会判断新闻的价值

新闻价值理论是伴随着近现代新闻业的形成和发展而提出的。1690年，德国人托亚斯·朴瑟（Tobias Peucer），在一篇论文中指出选择新闻的主要标准是异常性和重要性，就此“新闻价值”获得了最早的回答。另一位德国学者卡斯帕·斯蒂勒（K.Stieler）在 1695 年还提出了新闻价值的新鲜性、接近性、显要性及消极性等。德国学者确立了新闻价值理论的最初形态，而新闻价值的概念及其理论的真正形成，是在 19 世纪 30 年代的美国。[13]1903 年，美国学者休曼出版的新闻学专著《实用新闻学》正式使用了“新闻价值”（news value）这一概念。他认为新闻价值具备三个要素，即当乎其时（时宜性）、有兴趣者（趣味性）、最新之新闻（及时性）。后经美国和日本的新闻学者研究，新闻价值理论越来越完善。尽管对于新闻价值的标准，学者们的观点有一些差异，但基本上认同了时新性、重要性、显著性、接近性、新奇性和趣味性（人情味）等是判断新闻价值的要素。

一、构成新闻价值的要素

（一）时新性

新闻是时间的“易碎品”，新闻贵在“新”，英文的“新闻”——news就是“新”——new 一词演变而来的。美国《纽约时报》前副总编辑罗伯特·赖斯特说：“最没有生命的事物莫过于几小时以前发生的新闻。”客观世界每时每刻都在发生变化，而新闻的价值往往与新闻报道反映这些新事物的速度有直接的关系。正是基于这一要旨，作为新闻，它既要求所反映的事实是新鲜的，同时又要求其传播速度越快越好，因为只有“快”才能保“鲜”，所谓“抢新闻”就是为了缩短新闻事实发生与新闻报道之间的时间差，从而将信息迅速传达给受众。麦尔文·曼彻尔说：“媒体是一种商业机构，以其将易碎品迅速传递给人们的能力为基础来出售时间和版面。市场奖励那些快速的信息传递者。虽然与电子媒体相比，报纸对速度不是那么强调，但是一份向读者提供老调重弹式的新闻的报纸是生存不下去的。当电视捕获了大部分听众时，一直在为自己的葬礼做准备的广播也恢复了全天候、全新闻的电台。”新闻的魅力就在于它蓬勃的生机和新鲜感。

随着网络媒体的崛起，日趋激烈的媒体竞争又赋予“新闻是易碎品”以新的意义，重视新闻的时效性比以往显得更为必要而迫切。在新闻界，往往是快新闻淘汰慢新闻，而不是好新闻淘汰坏新闻。例如：英国伦敦2005年7月6日在新加坡申办竞选中获胜，成为2012年奥运会主办城市，7日全城人沉浸在申奥成功的喜悦中，这对于全世界的新闻媒体来说都是重要新闻。然而，下午在伦敦的地铁、公交车上发生了7起恐怖爆炸袭击。这是更新的新闻，媒体和受众的目光立刻转向了这个更新的新闻。

记者对某一问题认识较早，对某一事物的变动产生敏感较快，而且采写和发布又抢在别人前面，那么你的报道肯定在时效上就占了先机。新闻只有及时才会有效。所以，当记者或编辑判断一条新闻能否进入报道时，首先要问的一个问题是：“它是否及时？”一则新闻之所以成为“新”闻，全在于认识、发现、采写和播发过程中的时效把握。

在新闻实践中，新鲜性是自在的，而时效性则是记者编辑自为的。我们的媒体总希望新闻的报道距离事件发生越近越好，但有些时候，新闻距离事件的发生时间虽然不算近，但通过记者、编辑对新闻报道角度进行选择和调整，同样也可以产生新鲜的传播效果。

时新性包括两层含义，即时间新、内容新。

时间新即事实应当是“新近发生的”。新闻报道，就是要以最快的速度把最新的事实告诉读者。美国新闻学学者希伯特说：“我们常说，没有比昨天的报纸更老的东西了。报纸的新闻只有一天的寿命。过了一天，新闻就要加上新的消息加以改写。”在新闻写作中，如果所报道的事实时过境迁，则要从新闻事件发展中努力挖掘全新的新闻依据。当然，不是随时报道都可以有新的新闻依据，要选择适当的时机。

如：《文汇报》报道《收养法》的实施情况

——**本报讯** 出生才8个月的弃女婴唐易半，昨天有了金发碧眼的“洋父母”——来自美国费城的莫尔德夫妇。她是自1992年4月《收养法》颁布以来上海第100名被外国公民收养的小孩子。

（来源：1995年11月14日《文汇报》）

记者从外国人收养婴儿的角度，报道了《收养法》的实施情况，等到昨天“第100名”出现时，就找到了新闻发布的新依据。

“内容新”即事实应有新意。一件事情，如果令人耳目一新，或者是亘古未有的，人们往往愿意了解，因而就会有好的传播效果。所以，有些时间上稍陈旧的新闻事实，只要内容新，受众依然会有关注热情。

例如：

知情老农临终宝藏泄密：日军10吨黄金藏身太平洋岛国

半个多世纪前，入侵东南亚的日军疯狂洗劫了被侵略国家的财富，但在战败投降时，许多价值连城的财宝却下落不明，引得世界各地的无数冒险家频频出没于东南亚的深山密林中，甚至一些国家的政府也加入到了寻宝队伍中。

10月7日，澳大利亚和巴布亚新几内亚的主流媒体传出一条令人震惊的消息：太平洋岛国巴布亚新几内亚政府在该国偏僻的山区发现了当年日军隐藏在此地重达10吨的黄金，大批军警已经前往藏宝地。这对于深陷经济危机困境的巴布亚新几内亚政府来说如同一针强心剂，于是立即启动相关程序，调派军警赶赴现场，确保这笔巨额财产不落入私人手里。

新爱尔兰省政府官员透露，当地有知情老村民多年来一直严守日军藏宝的秘密。数周前，当他快死的时候就把这个消息透露给其他村民。没想到这一消息被传给了外人。结果很快引来很多人带着挖掘工具赶来，他们招了大量的当地村民当劳工，潜入深山寻宝。许多国防军的高级军官们也悄然组建公司，准备挖掘日军埋藏的黄金。在这种情况下，巴布亚新几内亚政府决定调动大批军警，目前他们已经驻扎在藏金洞四周，准备挖掘这个传说中藏宝上亿美元的山洞。

（来源：2003年10月18日青岛新闻网）

“日军10吨黄金藏身太平洋岛国”的事实在时间上已经过去半个多世纪，但这一事实却有新意，记者用“知情老农临终宝藏泄密”的事实来作为新闻的“新”根据，让这条“旧闻”具有新闻的品格。

需要注意的是不能为了抢新闻而违背新闻真实性的原则，新闻的及时不能以牺牲新闻的真实为代价。1981年12月，美国发射航天飞机“哥伦比亚”号在第二次发射时出现临时故障，《底特律新闻》为了抢先，估计故障会及时排出，便写出了“哥伦比亚”升空的新闻，并且冒险开印。不料“哥伦比亚”号却在升空前的21秒忽然停止，该报慌忙停机，但已印了3万份，而且有三百份报纸已经售卖，造成了大笑话。

真实是新闻的生命，也是新闻的底线，不能让真实成为时效的牺牲品。当突发事件发生时，记者与编辑应该谨慎核实，在不能确定其真实性的情况下，宁可放慢传播。

2003年3月20日伊拉克战争打响，中央电视台主持人鲁健播出第一条新闻：“伊拉克首都巴格达遭到空袭。”这条新闻比CNN慢了一分钟，央视海外中心新闻部国际组组长王跃华解释说：“这是我们为核对这一新闻是否真实付出的时间。”[14]

所以，要求新闻的及时快捷一定要在确保真实的前提下。

缺乏及时的消息，是老化而失去生命的新闻。但新闻的时效性，对不同的新闻体裁而言，并不能一概而论。比如，相对来说，通讯、特写等体裁承受时间压力的能力较强。

（二）重要性

重要性是指新闻事实具有震撼人心，能在某种程度和范围内产生较大影响的特质。一个事实所具有的重要性，同它发生作用的范围是大是小，产生影响的程度是深是浅成正比。换言之，某一事实与越多的人有关系，这种关系就越深、越大，就越具备重要性。

重要性是新闻价值的核心要素。一切战争风云、政局变化、经济涨落、自然灾害等都是人们所关心的问题。比如："9·11"恐怖袭击、伊拉克战争爆发、香港澳门回归祖国、汶川大地震、奥运会……都是关乎国际国内民生的大事，触及社会问题的诸多方面，具有相当的震撼力，显然，这些报道是重要的，因而具有新闻价值。

可以说，重大的事件发生的时候，就是产生优秀新闻作品的好时机。2001 年的"9·11"恐怖袭击事件和阿富汗反恐战争成为 2002 年度美国普利策新闻奖的绝对主题，在 14 个新闻奖项中，8 个奖项的作品都是有关"9·11"恐怖袭击和阿富汗战争的文字报道或照片。2004 年度中国新闻奖获奖作品中有关 2003 年抗击非典的报道也占据了相当的比例，其中 31 篇一等奖作品中与非典有关的作品就有 7 篇。

有些事件虽然具有重要性，但往往由于出现频率过多，使其新闻价值减弱，比如领导人接近普通群众，这在民主社会里司空见惯，一般很难出新闻，但是如果变换一下报道角度就会产生不同的传播效果。2003 年 10 月 24 日，在重庆云阳县考察三峡库区移民情况的温家宝总理在路过龙泉村时临时决定要去看望一下村里的乡亲们。领导人到农家访贫问苦，这本是一件小事，但重庆电视台记者从小事情上做出了大文章。"总理为农民讨工钱"几乎成为爆炸性新闻被其他媒体竞相转载。

链 接

这张摄于 2003 年 10 月 24 日的照片将会使熊德明和她的全家终身难忘。一个是十几亿人口的大国总理，一个是刚刚劳作完一天连手都没有来得及洗的重庆市云阳县龙泉村的普通农家妇女熊德明。当时温家宝总理在重庆云阳视察的时候，在农家，见到照片上这个女主人公熊德明,总理要和她握手,但是熊德明因为手上的泥土还没有洗干净,往回缩，但是总理没有客气还是重重地握住了她的

温家宝总理与农家妇女熊德明握手

手。这个照片就反应了这个细节。但是在这张照片的背后，总理帮助熊得明做农民工的丈夫讨回工资的新闻比这张照片还知名。

在详细地询问了村民们的生产生活状况之后，温家宝总理问道："大家还有什么困难？有什么需要我们做的？"

这时略微有一些腼腆和胆小的熊德明向总理提出了自己在城里打工的丈夫辛辛苦苦一年却拿不到工钱的事。总理当即表示："一会儿回到县里，这事我一定要给县长说，欠农民的钱一定要还！"

温家宝说："好多事啊，在县里、在地区都认为是小事，在老百姓来说都是大事。"

10月27日，"总理为农民讨工钱"的新闻经媒体披露后几乎被所有人所关注，这其中自然包括遍布在全国各个大中城市总数约一亿的农村打工者，他们或许可以从这则新闻中体会到一种久违的温暖情感。……

（来源：2003年11月03日央视国际　文字有调整、删节）

（三）显著性

显著性是指新闻人物或新闻事件具有引人注目的特质。人物或事件越具有引人注目的特质，新闻价值就越大。

西方新闻学家认为，百万富翁的子女结婚，当为多数人所爱读；名人的一举一动、一言一行，都有很好的传播效果。

著名人物的一举一动的确具有非同一般的价值。政界名流、影视明星的一举一动都有可能成为公众关注的焦点。名人的趣闻逸事、桃色事件乃至其他各种丑闻都会成为媒体追逐的内容。凤凰网新闻《杨锦麟讲述"有报天天读"台前幕后》、《海峡都市报》消息《我就是那个"深喉"——水门事件神秘线人现身》等就是名人或与名人有关的新闻，具有显著性。这就是我们所说的名人效应。

普通人不具备显著性，能否成为新闻报道的对象？当然可以。如果普通人做了不普通的事，由于事件所具有的显著性，也就构成了新闻价值。我们所宣传的许多英雄人物，在成名前，实际上都是普通人物，但他们做出了普通人难以做到的事情，像许振超、葛路、魏青刚……人物的显著性与事件的显著性是相辅相成的。美国新闻学家杰克·海敦说："美国总统的手指割破了是新闻；你在滑雪时摔断了腿就不是新闻。不过，如果你从五层楼上掉下来只摔断了一条腿，那就是新闻了。汽车碰弯了保险杠不是新闻，但是，如果这种事故牵涉到本州的州长，那就是新闻了。"[15]

上述这段话，还可以用西方流行一时的新闻数学公式表示：

平常人＋平常事＝0，如：一个妈妈生了一个孩子，这算不了新闻。

不平常人＋平常事＝新闻，如：英国王子查尔斯得子，报界称为"喜获麟儿"。

平常人＋不平常事＝新闻，如：东北海林市一妈妈生四胞龙凤胎，中央电视台也报道过。

上述"数学公式"简明扼要，很好地说明了人物显著性与事件显著性构成的价值关系。[16]

（四）接近性

这一新闻价值要素表现的是新闻与受众在地理上、心理上的关联程度。关联程度越紧密，读者对此越关注，新闻价值也就越高。新闻学家徐宝璜曾说：新闻价值与读者的距离成反比例。这个"读者距离"，实际上包括了地理距离和心理距离。

对此，杰克·海敦也有很形象的解说："如果在智利发生飞机失事中死了三个人，那就不是新闻。但是，如果你居住的区里发生了飞机失事，死了三个人的话，那就是新闻了。或者说，如果在智利的飞机失事中丧生的三个人中有一个是本市人的话，那也可能成为新闻。"[15]11

徐宝璜也有过类似的表述：美国芝加哥城中，有一著名富翁，今年病故，是最近事实。芝加哥的报纸均登载此事于新闻栏中，中国的报纸也可视为新闻吗？否。因为读者平时未闻其名，所以不会注意其生死之事，报纸登之，殊无味也。但若此富翁临终前之一遗嘱，将其所有财产，全部捐赠，在中国设一大博物院，这样中国报纸可视为新闻而登之。

新闻事实在地理上接近或在心理上接近受众生活，就会具有报道价值。《青岛日报》报道青岛房价涨跌消息，会引起青岛市民的关注，因为这一新闻无论在地理距离还是心理距离上与青岛人是接近的。而对于远离青岛的西宁读者就未必会感兴趣。但如果有西宁人想要移居青岛或有亲人在青岛或在青岛有房产，这一新闻与这些读者立刻就会发生心理上的接近，并引起他们的关注。

（五）新奇性（异常性）

事实如果对现状有非常明确的变动，偏离常规和日常经验，就越显异常。“空前”、“绝后”、“罕见”、“唯一”、“第一”、“最后”等现象和事件都是符合异常性的要素，而异常的事情很容易激起受众兴趣。像巧合、悬殊、新奇的生存方式、异乎寻常的习惯和迷信等，所有这些对读者都有着莫大的吸引力。

例如：

美国怀孕变性人自然分娩诞下女儿

中新网7月4日电 综合报道，美国人托马斯·贝蒂本是女儿身，通过实施变性手术过上了男人生活。后通过人工授精代妻怀“孕”，3 日自然分娩诞下一女儿。

告别“女人”身份，保留“怀孕权”

现年34岁的贝蒂，原名特蕾西·纳古蒂，曾经是夏威夷的选美皇后。十年前，她切除了乳房，并通过注射睾丸激素维持男性特征，从而拥有了男人身份，但是他保留其女性生殖器官。这意味着，他为自己保留了“怀孕的权利”。

代妻怀“孕”

变性后的托马斯·贝蒂和南希结婚。可南希因严重的子宫内膜异位，在20年前切除了子宫，托马斯又不可能提供精子，怀孕对这对夫妻而言，决非易事。

期盼儿女的两人决定，依靠人工授精，由托马斯代替妻子怀孕。托马斯说，他两年前停止注射睾丸激素，4个月后，停止多年的月经得以恢复。

漫漫求“精”路

在寻求人工授精的道路上，托马斯夫妇却屡遭波折。一年里，他们找了 9 个医生，但没有一人愿意帮助托马斯完成人工授精。托马斯说，他找到的第一个医生要他把胡子刮干净，还让他和南希去看心理医生，以确保他们“适合生孩子”。然而，夫妻俩花了上千美元后，这名医生还是拒绝了他。迫于无奈，他们只好匿名从精子银行买回精子，自己在家人工授精。

很快，托马斯怀上了一对三胞胎，却因胎位不正而流产。他回忆说：“我兄弟知道我流产时说，‘挺好，谁知道那是什么怪胎’。”

他们的“孕”事遭到了家人、朋友及医生的强烈反对。

非凡怀孕传记

在接受欧普拉·弗瑞脱口秀的采访时，托马斯表示："我是一个人，我有权利拥有一个生物学意义上的孩子。"他还补充说："爱成就家庭，这才是至关重要的。"

此前有报道称，托马斯与圣马丁出版集团签订了合约，计划在今年9月出版一本有关他生活经历的传记，书名为"爱成就家庭：一本关于困苦、康复及一次非凡怀孕的传记"。

现在的他已经而且是一个拥有非凡生育能力的男人。

（来源： http://news.sina.com.cn/w/2008-07-04/093715871309.shtml，2008年7月4日，作者不详）

诸如此类的事实是如此新颖、奇特，以致大众对自然法则都会产生疑问。

（六）趣味性（人情味）

指能够引起人们感情共鸣，富有人情味和生活情趣的事实，会引人入胜。西方新闻界虽然对趣味性的含义有不同的理解，但是一般都把社会学所研究的内容，如犯罪、道德伦理、人口、人生、婚姻、家庭、人间真情、金钱和色情等作为趣味性的主要内容，因为这些内容具有浓郁的人情味，易于激起读者或欣喜或愤慨或悲哀或惊讶等多种的情感，从而唤起强烈的共鸣。

比如《北京青年报》的消息《法警背起生病被告》、《南方都市报》新闻稿《河南打工妹网恋铸就奇缘，新郎居然是波兰准总统》等富有人情味的新闻往往以感人的故事打动读者。 西方记者更是善于捕捉新闻中有趣味性的细节，美联社记者在报道当年美国前总统里根遇刺事件时，写道："……'亲爱的，我忘了躲闪了。'当里根在担架车上被推进手术室时对他的夫人说。"这样的报道给新闻增添了趣味，使原本很严肃的重大事件，看起来比较轻松而富有可读性。

链 接

法警背起生病被告

本报记者杨永辉、**实习记者**王雪莲、**通讯员**吴怡：前天，西城法院正常开庭。法警11083号把一个行动不便的女被告背上了三楼的法庭。当旁听的市民见到法警背上来一个戴着手铐的被告时，大厅立刻安静下来。据目击者吴小姐介绍，她在1月29日去西城区法院办事时就看到过这一幕。当时女被告深埋着头，不时地发出啜泣声。背进三楼休息室时，法警的额头已渗出了汗水，女被告则流出了眼泪。

昨天，女被告告诉记者，今年6月她被确诊患有椎管狭窄症，两腿走路十分困难。被法警背起时，她问过法警的姓名，可法警没回答。

11083号法警叫贾文家，今年26岁，在西城法院已工作6年。昨天，记者采访了他。“我没觉得这个举动有啥大不了，她一个老太太，得了病走路很困难，虽然是被告人，但作为法警帮她这个忙是我的职责。”据他介绍，那天背着老太太从楼下上来时，正赶上大厅里有50多个等候旁听的市民。见他背着个戴手铐的，本来乱哄哄的大厅顿时安静下来。“那会儿，我听见背上的老太太哭了，我能感觉到她低下头，把脸靠在我肩膀上。”

目前，该妇女已被宣判犯有贪污罪，判处有期徒刑1年。宣判结束后，已成犯人的老太太仍由法警一步步地背下楼梯。

记者注意到，在此之前，我国司法界连续出现了一些意义深远的变化。诸如：罪犯在未受到法院判决前一律改称犯罪嫌疑人，抚顺推出了“零口供”；有些地方刷有“坦白从宽，抗拒从严”字样的墙壁被画上了山水画等。这从一个侧面昭示了我国司法制度正在进行着一场前所未有的变革。

为此，本报记者采访了最高人民检察院民事行政检察厅杨立新厅长。杨厅长认为，从犯罪到犯罪嫌疑人称谓的改变以及法警背着行动不便的被告人到庭，反映了我国司法体制改革的进程，更重要的是体现了对人的人格的尊重。

（来源：2000年12月16日《北京青年报》）

《法警背起生病被告》是第十一届中国新闻奖一等奖的获奖作品，这条消息仅有七百多字，却写得十分动人。据说在新闻奖的评选中，很多评委在阅评此稿时，流下了眼泪。消息的作者不仅以生动的笔触对新闻事实进行了具体的现场描述，还多侧面地进行解读；不仅让人看到了法警的形象和职业道德的进步，更从这件小事中折射和反映出司法制度的改革和创新的重大主题。

构成人情味的新闻价值因素，如：同情、悬念、名人、弱势群体，还有动物的智慧、勇敢、忠诚、舐犊之情等，也很容易像引起受众的关注、同情和兴趣。

例如：

天津街头一只流浪狗护送刺猬过马路

昨日凌晨2时许，多位读者报料称，一只黑白花的流浪狗正保护着一只小刺猬过马路，场面十分感人。据目击者称，当时流浪狗正在马路边溜达，当发现前方一只小刺猬从便道边朝左拐，一点点向马路上挪动时，流浪狗马上跑过去。两个小家伙一左一右并排穿行马路，小刺猬走走停停，流浪狗同样走走停停。每当有车经过，流浪狗都会叫两声“示意”小刺猬停下。一些过路的司机看到此幕后，为了不打扰它们，纷纷将车速放慢。在流浪狗的精心“护送”下，十多分钟后，小刺猬安全通过了6米宽的马路。

2时40分许，两个小家伙终于靠近了便道，但小刺猬无法登上台阶，它们停了下来。大约1分钟后，流浪狗独自离开，只留下小刺猬在道边。2分钟后，流浪狗返回，引导着小刺猬向右侧几米外的一处斜坡走去，并最终于2时42分带领小刺猬爬上斜坡。流浪狗又护送着小刺猬前行了大约十几米后，独自离开。

（来源：2004年8月18日《城市快报》）

二、媒体的新闻价值取向

新闻价值取向，是指实践主体在进行新闻的采访、制作、编辑等活动中遵循的以相应价值为衡量标准的判断和决策方向。也就是说，是对新闻价值因素（重要性、接近性、及时性、趣味性等）之间的侧重与取舍。处于不同国家和不同新闻传播体系中的新闻工作者，受到传统、历史、文化及新闻传播体系的性质、构成、变化过程的制约，其新闻价值取向是有差别的。

网上流传着一则虚拟的新闻，内容是：一大娘在街头摔倒后，中国内地、中国香港、中国台湾和美国的四家报纸分别对其进行报道，虽是同一件事情，但呈现出的新闻却有着明显差异。虽说每一篇虚拟新闻都有夸张之处，但亦形象地表现出媒体新闻价值取向的差异。

《××日报》：

今日一大娘在街头摔倒

本报讯 今日一大娘出门买菜时，一不留神摔倒，随后被路人扶起，后有人拨打110，110民警马上赶到，将大娘就近送到医院，民警忙前忙后，并且为大娘垫付了医药费。经医生诊治，只是掉了一颗门牙，没有生命危险。民警没有留下姓名悄悄走了。

记者几经周折，终于找到了这两个做好事不留姓名的民警，两个小伙子羞涩地说，这是我们应该做的，任何一个民警见到都会这样做的。

记者在医院见到已经逐渐康复的大娘，大娘和家人激动地对记者说，真是要感谢110，感谢党和政府，感谢现在的好社会，感谢改革开放，要是在旧社会，这样摔一下，至少要摔掉三个门牙。病房里的老人纷纷感慨，真是遇到好社会了，要是换旧社会，别说三个门牙，恐怕连一个也剩不下了。

××市老年人协会会长、××市门牙医院门牙科主任提醒全市的老年朋友，出门应该留神脚下。不要轻易摔倒，老年人腿脚不便，门牙松动，特别容易摔掉。××市政府社会主义精神文明办公室对记者说，这是在市委市政府正确领导下涌出的现出的好人好事，是学习“三个代表”的具体体现，说明我市的“三讲”工作做得好，做得扎实。

正在国外访问的市领导接受电话采访时指出，从这样事情看出，我市的精神文明建设取得了巨大的成就，也是改革开放的成就，是我们团结在党中央周围所取得的巨大成就。不过，在这一事件中，也说明了我们的工作还是有不足之处，有的领导对群众出行的安全重视的不够。领导最后语重心长地指出，今后群众再摔倒的时候，绝不让一颗门牙摔掉！

中国香港《明报》：

今晨一老妪摔掉门牙

（**本报讯**）今晨一老妪出行时，因路面不平扑倒，摔掉门牙。路人将其扶起，对老妪的不幸表示同情。并纷纷指责港府近年来整治道路不力，在税收上使用上和公共设施的改善上工作不力，导致市民摔倒事件发生。据记者了解，数月来，此处已有多名市民摔倒，严重的需要到医院医治。

对市民摔倒事件的发生，各界反映不一。虽然港府发言人和特首已向摔倒市民致歉，并由公共事业局立即开始公共设施改善的工作，但各界仍有微词。自今年年初以来，港府不仅在公共设施的投资上出现很多贻误，而且在教育以及公共卫生事业上，都显得不够主动和积极，引起市民不满。虽然在港府的努力下，经济有了复苏迹象，但由于去年港内发生巨贾被绑架事件，港府及警方的行动不力，使得在市民中的形象大打折扣，令市民缺乏安全感。

中国台湾《××早报》：

老妪摔脱大牙　党棍再起争端

（**本报讯**）今晨一陈姓老妪，出行不慎摔倒，送医院诊治时，发现门牙已不见，恐遗落在现场，针对近期多数老年人在同一处摔倒而致伤，公用局官员虽然已做出解释，但今日的摔伤事件又增加了市民的愤怒，纷纷指责公用局光吃饭不干事，挥霍纳税人的钱财，有挪用修缮资金的嫌疑。

市民要求公用局负责道路维修的官员引咎辞职，立即公开道路修缮资金的去向，并且迁怒于自民党，指责自民党纵容党徒不务正业，致使民众受到伤害，出行缺乏安全感。而自民党发言提示市民不要轻信谣言，认为是国民党的栽赃陷害，小题大做。而国民党代主席在午间的记者招待会上却公开指责自民党不仅工作不力，更是对民众严重缺乏同情心，并且公开说：“试试摔脱你老母的大牙，看你心疼不心疼。”矛头直指自民党主席。

自民党晚间立刻也召开记者招待会，向记者详细解释了老妪摔倒事件是件普通的出行伤害事件，认为，国民党不负责任的指责完全是丧失理智的行为，并再次提出去年国民党与台岛黑社会以及民进党政治黑金事件有染的嫌疑。民进党当晚也发表言论，强烈指责国民党和自民党大放厥词，发言人情绪激动，使用了“满嘴喷粪”这样的字眼。

台岛廉政公署明日将开始着手调查公用局的道路修缮资金的使用问题。并令公用局负责道路修缮的官员停职，接受调查，不久将给公众一个满意答复。

美国《纽约时报》：

六十老妪状告白官

60岁的珍尼女士，在华盛顿的街道上摔倒，门牙当场摔掉。经医生诊治，绝无修复可能，一怒之下，珍尼在征求律师的意见后，准备状告美国政府保护公民不力。要求美国政府对她摔掉的门牙予以1.3亿美金的赔偿。

联邦法院已于昨天收到诉状，根据经验，这场官司至少需要耗费五到十五年的时间。但珍尼女士表示非常有信心，并且委托加州大学物理学研究专家，仔细研究了门牙从撞击地面到从牙床脱落的全过程，得出结论，摔倒并撞掉门牙肯定和路面的不平有着必然的联系，而路面的建设和修理完全由美国政府负责。而美国的司法专家对珍尼在这场官司中的前景表示担忧，认为，导致珍尼摔倒并掉牙的原因有很多，而不光是路面的原因，并且拿出很多数据，证明一个60岁的女人摔倒在大街上的概率非常之多，美国有记载的每年摔倒并且导致门牙脱落的60岁的妇女共有13441人，其中因为晕眩导致摔倒的占30.34%，受外力撞击而导致摔倒的占43.33%，其他等各种原因占20.63%，完全能够证明是由路面不平导致摔倒并致门牙脱落的只有5.6%。这一数据显然对珍尼女士不利。

但珍尼获得了美国女权主义者的支持，全美牙医协会也表示对珍妮的支持和同情，美国的妇女组织表态，通过珍尼的事件，可以达到促进美国政府更加关心美国人民的目的，而且，支持珍尼向美国政府索取巨额赔偿，该妇女组织发言人在演讲中声称，牙的作用不光是用来吃饭和美观的，它对提高我们的生活质量起到了巨大的作用，无法想象珍尼戴着假牙生活的境遇，该发言人还指出，如果莱温斯基小姐像珍尼女士一样少一颗门牙，或者戴着假牙，克林顿总统还会对她有兴趣吗，她还做的了白宫的实习生吗？

全美劳动和就业者协会也对珍妮事件发表了看法，举出少一颗门牙将严重影响珍妮未来的就业机会，全美医疗救助者协会认为牙治疗价格过高，要求美国政府在这方面加大财政拨款，减少军费开支。全美假牙协会发表看法，认为假牙确实只是权益之计，不能取代真牙在生活中的地位和作用。

演讲结束后，共有三百多名美国妇女举着提高妇女地位的牌子以及珍妮摔掉的那颗门牙在白宫前面游行。

昨天，白宫发言人在一次非正式的讲话中，提到珍妮女士的事件，对珍妮女士的遭遇表示了极大的同情和遗憾，表示，美国宪法规定，美国政府必须为保护每一个美国公民的生命和财产而不懈努力，珍妮女士的门牙不光是珍妮生命的一部分也是财产的一部分，肯定要受到巨大的尊重。

希拉里发表讲话，同情珍妮的遭遇，并且希望能够成立全美老年门牙保护基金会，但对妇女组织关于莱温斯基的言论表示了不同意见。

珍尼的诉讼引起了好莱坞的浓厚兴趣，21世纪福克斯公司计划投资五亿美金拍摄一部动画片，片名叫《珍尼门牙旅行记》。

报道的差异在哪里？中国内地媒体的报道淡化大娘摔倒所受到的伤害，突出送大娘去医院的人，宣传助人为乐的事迹——“今日一大娘出门买菜时，一不留神摔倒，随后被路人扶起，后有人拨打110，110×××马上赶到，将大娘就近送到医院。×××忙前忙后，并且为大娘垫付了医药费。经医生诊治，只是掉了一颗门牙，没有生命危险。×××没有留下姓名悄悄走了”，并且进一步和精神文明建设联系起来——“正在国外访问的市领导接受电话采访时指出，从这件事情看出，我市的精神文明建设取得了巨大的成就，也是改革开放的成就，是我们团结在党中央周围所取得的巨大成就”。

中国香港媒体的报道中指责港府办事不力，进而质问公共设施的投资情况——“今晨一老妪出行时，因路面不平扑倒，摔掉门牙。路人将其扶起，对老妪的不幸表示同情。并纷纷指责港府近年来整治道路不力，在税收的使用上和公共设施的改善上工作不力，导致市民摔倒事件发生”。并采访各界人士，适时地对政府进行批评——“自今年年初以来，港府不仅在公共设施的投资上出现很多贻误，而且在教育以及公共卫生事业上，都显得不够主动和积极，引起市民不满”。

中国台湾媒体的报道也是以批评监督的角度进行报道——“针对近期多数老年人在同一处摔倒而致伤，公用局官员虽然已做出解释，但今日的摔伤事件又增加了市民的愤怒，纷纷指责公用局光吃饭不干事，挥霍钱财，有挪用修缮资金的嫌疑”。但与香港媒体的不同在于，即使是大娘摔倒这件小事，也能被党派斗争利用，成为两党相互诋毁的证据——“市民要求公用局负责道路维修的官员引咎辞职，立即公开道路修缮资金的去向，并且迁怒于自民党，指责自民党纵容党徒不务正业，致使民众受到伤害，出行缺乏安全感。而自民党发言提示市民不要轻信谣言，认为是国民党的栽赃陷害，小题大做”。

美国媒体在报道中则是大量引用具体数据佐证，用数据和事实说话。报道中体现出美国公民的自由意识以及个人权利意识——“一怒之下，珍尼（摔掉门牙的老妪）在征求律师的意见后，准备状告美国政府保护公民不力。要求美国政府对她摔掉的门牙予以1.3亿美金的赔偿”。

美国等西方国家的文化整体上崇尚以强调感性个体为特征的个体本位论，而中国等东方国家的文化整体上崇尚以强调理性整体为特征的社会本位论。中西方两种截然不同的文化，必然要影响到作为观念形态的新闻作品。所以在美国新闻中，往往把注意力置于单个的人，把个人的事件放在社会背景和制度下来分析，他们从个人出发，以个人作为报道的起点和终点，既剖析了问题的根源，又突出了人的个性。而我国新闻作品中缺乏个体意识的觉醒。

香港和台湾媒体由于社会历史原因，在新闻价值取向上与美国较为接近，都比较关注制度文明，但又各具特色。

“大娘在街头摔倒”虽是虚拟新闻，但它反映的价值取向差异在真实的新闻报道中也不难见到。2003年2月25日，北大、清华两校在中午午餐时间分别发生了食堂爆炸事件，此事当然具有新闻价值，但比较新华社和《纽约时报》对此事的报道，可以发现它们在什么是最重要的这一问题上差异明显。新华社的新闻标题是《清华、北大在爆炸发生后校园基本保持平静》；《纽约时报》的新闻标题是《北京二高校炸弹爆炸致伤9人》。前者的导语是：25日几乎同时发生爆炸的中国最著名的两所高校——清华大学和北京大学，在事件发生后的几个小时内，迅速恢复正常秩序，校园基本保持平静态势。《纽约时报》的导语是：今天中午午餐时间，在中国两所著名高校的食堂，发生了自制炸弹爆炸事件，中国官员和学生说，至少9人受伤。我们看到，新华社的报道重点是爆炸发生后的“平静”，《纽约时报》的报道重点是“爆炸，伤9人”。而“爆炸致伤9人”这一信息在新华社新闻中的第4段才交代。这里面显然存在着新闻价值观的差异，并且与新闻工作者的意识形态立场相关。[13]64

又如，2004年9月1日，俄罗斯北奥塞梯发生人质事件，9月5日俄政府军实施了解救措施。关于这件事的报道，美联社的标题是《俄军突袭学校：7人被杀》，突出了句子末尾的信息“7人被杀”，而且和前面的“施事者”相连；新华社的新闻标题则是《俄军解救人质和消灭绑匪行动结束》，这里强调了句末信息“行动结束”。前者未指出行动的结果（成功或者失败，或者是否仍在进行），后者没有描述行动的代价，而且两者的不同之处正是对方强调的重点。前者的“7人被杀”是行动导致的后果，包含有一种“行动失败”暗示；后者的“行动结束”则相反，暗示人质危机已经过去，包含有“任务完成”意味。[13]64

新闻价值取向的确立从属于一定社会新闻传播体系，受到新闻传播体系的性质、构成、变化过程的制约。同时，社会政治、经济、文化的差异也为新闻价值取向的不同提供了宏观而深刻的内在依据。新闻价值取向反映了社会话语在经济、政治和意识形态的价值观。

新闻价值取向不同是无法避免的，全球媒体各有自己已形成的新闻价值取向标准。

作为中国媒体，由于长期以来过分强调新闻的宣传价值，只从指导性、工作性出发取舍新闻，造成了新闻功能的单一化。新闻的协调社会关系、传播信息、服务受众生活等多种功能一度被忽视。受众在接受新闻的时候，需要的是平等的对话和自由的交流。在全球经济一体化的背景下，我们的媒体应该更为开放。

所幸的是在我国新闻改革的过程中，新闻的单向的指导性也开始逐渐转变为双向的沟通，既有指导，又有监督。我国新闻界毕竟开始了人的觉醒。在新闻中如何确定个人与社会的价值，许多新闻工作者有了新的思考。随着市场经济的发展，使得国内的媒体开始面对市场和日趋激烈的市场竞争，由此带来了媒体对新闻规律的关注和新闻向“受众本位”的回归。但一些媒体在新闻价值取向上却又出现了矫枉过正的偏差，表现为新闻对以迎合大众趣味为目标的接近性、趣味性的过度追求。由于媒介种类的迅速增加，信息节奏急剧加快，信息量骤然增长，独家新闻的获得越来越难，为了争夺受众的“注意力”，一些媒体竞相在新奇性、时效性方面加大力度，导致了新闻价值取向上误区的出现。

新闻价值是重要的，但并不是第一位的。记者在追求新闻价值的同时，还需要思考新闻报道所带来的社会效果。新闻媒体除了提供信息、娱乐之外，还有重要的舆论引导功能，所以，媒体必须要站在国家和公众的立场，对社会的健康发展担当一定的责任。毋庸置疑，新闻事业与其他以盈利为目的的企业不同，媒体不仅需要考虑自身的经济价值，更需要考虑其社会价值，在新闻价值取向上实现社会效果的最优化。

总之，新时期的媒体要从实际出发，调整好新闻价值取向，在受众与传者意识间寻找到一个平衡点，才能获得新闻的最佳传播效果。

导 语

受众在报纸上看到的新闻，必须经过采访、写作、编辑、组版、印刷等环节才会呈现在报纸版面上。采访是新闻活动的起点，一切新闻活动都是从采访迈出第一步的。

新闻采访是新闻材料的采集与对采访对象的访问的合称。在我国，对于采访的记载始于东晋史学家、文学家干宝（公元？—336）的《搜神记序》，这本书是他编辑的神灵怪异的故事。《晋书干宝传》中曰："宝撰授神化，因作序曰，若使采访近世之事，苟有虚错，欲与先贤前儒分类讥谤。"[17]

新闻采访是新闻工作者必备的职业能力，采访最为鲜明地体现了新闻记者职业活动的特点。

如果要给新闻采访一个定义，我们可以表述为：新闻工作者为了报道新闻，而对新闻事实进行的调查研究活动的总称。

新闻采访是一种复杂系统的活动，是一个由许多环节构成的动态过程，其中每一个环节都相互支持又相互制约，每一个环节又都有其规范和要求。采访既是一种职业技能，也是一种职业艺术。只有掌握了新闻采访技艺，记者才可能更为顺利更为出色地完成新闻报道。

当然要真正学会采访，掌握高超的采访技巧，必须要通过新闻实践的磨炼和积累。当然通过对新闻实践经验的总结和学习，能给你更多的启示、灵感和方向。

采访活动是从发现新闻线索开始的。

第四章　从发现新闻线索开始

新闻线索是新闻记者发掘题材的一种凭据，也是新闻记者进行采访活动的出发点。它是新闻报道的可能状态，是对新闻记者的召唤。这种召唤以它的多种可能性等待着我们，我们就从这里出发吧。

一、新闻线索在哪里

（一）什么是新闻线索

新闻线索也称采访线索、报道线索，是指新近发生或发现的事实表现出的某些信号或迹象。新闻线索不是新闻事实的全部，是有待证实、扩展和深化的信息，它只是新闻事实个别片段在记者头脑中的反映，记者通过新闻敏感捕捉到了事物中有新闻价值的片段，就形成了新闻线索。

新闻线索一般比较简略，甚至只是一个片段，要素不全，但它昭示着新闻在哪里，为记者的采访提示了方向。有经验的记者会从这些零散片段中追寻，从而追根寻源，发掘出更重要、完整的新闻事实来。

发现新闻线索要求记者有高度的新闻敏感与新闻价值观念，要求记者有穷追不舍，寻根溯源的专业素养和精神。

那么，当我们发现新闻线索，它会表现出怎样的特点呢？

1. 事实简略，要素不全

新闻线索不等于新闻事实，相对于新闻事实，新闻线索往往是比较零碎的，信息是不完整的。它往往比较简略，新闻要素不全，如有人物，却确定不了时间、地点、原因等。新闻线索提供的信息也往往没有事物的全貌和全部过程，常常只是一个片断或概况，或有头无尾，或有尾无头。

新闻线索这一特点启示我们，新闻线索虽然比较零碎，信息不完整，但不能轻易放弃，而是要进一步去寻找去发现，从而进一步了解完整的新闻事实。

2. 事实概括，不具体

新闻线索所提供的新闻事实信息一般较为概括，只是事实的大概，不具体，没有细节。

例如：20 世纪 80 年代，《广州日报》记者采写了一条独家新闻《唯一的失踪者找到了》，这条新闻的线索具有概括、不具体的特点。1982 年的一天，一架民航机刚在广州机场着陆，即起火燃烧。广州日报两名记者去现场采访。在记者招待会上，新闻发言人提到有一旅客失踪了，后来又找到了。仅此一句，没有详细介绍，既无人物的姓名，也无事实的原因和过程，但记者敏锐地感到其中可能有新闻，一散会，就立即打听到这位旅客的住址，通过采访，了解了整个事实的过程，成就了一条独家报道。原来，在飞机着陆起火后，这位乘客立刻从机舱口跳了下来，并主动参加抢救工作。在匆忙中，机场人员没问底细，以为他是“混”进机场来的，立即把他赶走，这位旅客便不辞而别了。

新闻线索的这一特点启示我们，仅凭一条新闻线索还是无法写出新闻报道的，必须通过深入采访才能得到新闻的具体的内容和生动的细节。

3. 事实不确定，真假不明

新闻线索真假未定、价值未定。新闻线索涉及较多的是表象，可能确有其事，也可能只是假象，或者是真假混杂。其可靠性有待记者进一步去核实。所以，对所得到的新闻线索，首先就是要认真核实其确有性、可靠性。如果对新闻线索不加核实和深入采访，就很容易制造假新闻。

例如：“从西安飞往武汉的客机在陕西商南县发生空难！”2006 年 4 月 28 日上午 10 时 30 分，《楚天金报》热线电话骤然响起。

报料人段先生是一名商人，经常往返于西安与武汉间，当日 10 时 18 分，他在陕西商南县的朋友胡先生打电话称：一架飞往武汉的客机在商南县青山乡坠毁。

记者马上与胡先生取得了联系。胡称，坠机之事也是听说的，具体情况不详，但事发地点的确发生了巨响并有物体坠落，当地还传闻有 100 多人遇难。

了解到此情况，编辑部立即派车直奔商南。但 11 时 40 分，连线民航的记者接到好消息：被疑失事的航班已到达武汉天河机场，飞机和乘客均安然无恙。

记者又与离商南最近的省内媒体十堰日报社和十堰晚报联系，十堰媒体迅速让在河南紫荆关的朋友，骑摩托车赶到传闻坠机的事发点——

商南县青山乡跃进村，发现事发地只有几块大小不一的金属碎片，并没有见到尸体及其他物品。

直到中午 1 时整，记者终于从陕西媒体及政府方面得到确切消息，坠物系头一天早上在太原卫星发射中心发射“遥感卫星一号”的运载火箭的推进器部件。

消息传到编辑部，大家都长长地舒了一口气。幸亏反复核实，否则一则假新闻会对社会秩序造成危害。[18]

另外，新闻线索的不确定，还表现为，新闻线索的价值会出现多种变化。有的很有价值；有的有一定的价值；有的暂不显示新闻价值；有的线索与实际情况距离很大。

新闻线索的这一特点启示我们，对待新闻线索，既不能轻易放过，也不可轻易相信。

记者的采访活动是从寻找新闻线索开始，然后依据线索提示找到知情人采访，在采访中弄清全部新闻事实。从采访的全过程来看，记者寻找新闻线索是采访的第一步。

（二）新闻线索从何而来

新闻线索从何而来？从大的方面说，一是来自政府有关机关发布的信息。政府是最权威的信息源，正因为如此，政府在第一时间发布的新闻信息，会成为可靠的新闻线索，来自这个渠道的线索，具有较高的新闻价值和真实性。比如，在“5·12 汶川大地震”的新闻报道中，国务院新闻办和各省级新闻办的新闻发布会成为世界各媒体的重要新闻线索来源。地震发生后的第二天 16 时，国务院新闻办就汶川地震灾害和抗震救灾进展情况举行首次新闻发布会，中国地震局新闻发言人张宏卫、民政部副部长罗平飞将地震灾情和政府行动在第一时间通报世界。抗震救灾中的医疗救援、灾区农产品供应、人民解放军和武警部队抗震救灾情况、抗震救灾的通信保障、设备工具保障情况和救灾供电情况、地震灾区群众生活安排情况、中央企业抗震救灾总体情况等等，逐一通过国务院新闻办的新闻发布会向全社会公开。

而以四川省人民政府新闻办公室为代表的各省市新闻发布机构，是发布灾区一线状态及救援进展的主要渠道。

又如，奥运新闻中心的新闻发布会，不仅成为奥运信息发布单位的权威发布平台，而且也成为境内外媒体获取北京奥运信息的主要来源，更成为他们寻找新闻线索和报道题材的主要渠道。

二是来自基层通讯员和受众提供的线索。这是一条获得新闻线索的广泛渠道。记者的活动面和时间、精力有限，如果仅凭记者自己去发现新闻线索，必然会使不少有价值的新闻线索遗漏。为此，各媒体和记者要加强同社会各方面的联系，培养通讯员，设立热线电话，使媒体的触角延伸到社会各个层面，这条渠道畅通了，新闻线索就会源源不断。

2000年度中国新闻奖一等奖获奖作品《法警背起生病被告》的新闻线索就是从通讯员来稿中发现的。当看到通讯员吴怡拍摄的法警把一名行动不便的女被告背上法庭的照片时，北京青年报的值班编辑严峻如获至宝。编辑部将线索转给经验丰富的记者杨永辉，杨永辉立刻奔赴现场，采访到了当事人、有关部门、最高人民检察院的一位厅长，采写了题为《法警背起生病被告》的消息，通过一件真实感人的小事，表现了法警对人权的尊重，体现了司法体制改革的进步。

三是来自记者发现、寻找、挖掘。通过前两条渠道获得的新闻，是等来的新闻，如果记者只靠等别人送线索，工作就会很被动。寻找新闻线索更多意义上说，是强调记者自己的发现，自己的寻找，自己的挖掘。记者寻找新闻线索的渠道很多，在新闻实践中比较常用的有以下几种：

1. 利用互联网寻找新闻线索

根据CNNIC（中国互联网络信息中心）提供的统计数字显示，2009年第一季度中国网民新增1620万人，中国网民数量达3.16亿人，仍保持全球第一的地位。同时，中文网站数量达287.8万个。网络的普及使得信息源更为多元化，网络成为记者寻找新闻线索的最便捷的渠道。特别是对刚入行的年轻记者，他们认识人不多，对报道领域不熟悉，苦于不知到哪里寻找新闻线索，那么，如果能够利用好互联网，还是能寻找到新闻线索的。

记者可以进入聊天室、论坛、博客等，看看最近网民都在关注什么？哪些帖子点击率最高，跟帖最多?哪些内容是当前大家都在关心，并且还没有结论的？这些都可以成为新闻线索，只要发现有值得去挖掘的信息，就可以进一步进行采访、追踪，查个水落石出。网上还有各地的新闻报道，也可以提示某些信息，尽管信息可能不准确，不全面，但可以作为新闻线索，引导记者深入调查。一些突发新闻事件有可能最快在社区、博客等网络平台上传递，只要记者迅速做出反映，赶往现场采访，也不失为最便利的寻找新闻线索的方法。

例如："5·12汶川大地震"抗震救灾期间，为汶川灾民运送物资的直升机找不到适合的降落地点。"我是汶川人，有个地方特别适合空降！"2008年5月14日上午10时，网上突然出现一个题为《希望大家顶起来！》的帖子，一瞬间，帖子被发入各个QQ群中广泛传播。该网友称，距离

2008 年 5 月 14 日上午 9 时 18 分，成都军区某陆航团四架直升机满载帐篷、矿泉水等灾区急需物资从成都凤凰山机场起飞，10 时 45 分抵达四川大地震震中汶川县。图为汶川县灾民搬运救灾物资。张雷 黄龙摄

汶川县城往成都方向仅 7 公里的七盘沟村山顶特别适合空降。

“我用尽所有办法也只能发到这里了。谢谢，请救救我的亲人。”汶川女孩左婷在指点直升机停机地点的帖子里留下了自己的手机号码，3 秒钟后，她就收到了第一条短信：“信息是真的吗？”当晚，她不停地接听电话，而短信也像潮水般涌来——最多的时候有 4000 多条。帖子一瞬间被顶了起来，15 日上午，在都江堰采访的《新闻晨报》记者在 QQ 里看到了此消息，迅速把消息传达到了四川省抗震救灾指挥中心，15 日四川省抗震救灾临时指挥中心军方指挥层电话联系了这位发帖人——茂县女孩张琪，核实情况后根据帖子信息迅速展开勘查，并最终成功空降汶川。

各媒体根据这一线索，奔赴新闻现场，找到新闻当事人，对新闻进行深入采访，从各个角度报道了这条新闻。

又如：2007 年 1 月 24 日上午，题为《救命呀！病人需要输血!!》的帖子出现在青岛新闻网青岛社区的各大论坛上。一位青岛网友在网上寻找一种稀有血型，希望能够在青岛找到相同血型的热心市民，拯救他在天津病情危机的 72 岁的老姨夫。

青岛新闻网记者看到帖子后，立刻意识到其中一定有故事，于是根据帖子上留下的电话号码联系到新闻知情人进行核实、采访。发帖人路先生介绍说，其姨夫名叫杨克智，曾在青岛远洋船员学院工作过的一位老船长，也是青岛的第一位领航员，现在已经 72 岁高龄。由于身患绝症，日前和家人从青岛到天津就医，现在正在天津进行手术，但由于老人血型十分罕有，是 A 型血的 RH 阴型血，手术过程中已经将天津当地血库中存留的该血型用尽，接下来的手术过程中还需要这种救命血才能继续治疗。一家人在万般焦急中想到在家乡的青岛新闻网上发帖求助血。

青岛新闻网记者据此采写了题为《社区发帖急需救命稀有血 网友热心联系直送天津》的新闻，报道发出不久，就有不少青岛热心网友帮助联系青岛市中心血站，救命血有望直送天津。

互联网是强大的信息传播渠道，守住网络寻找线索，应该成为现代记者的重要选择。

链 接

美国报纸撒“网”博客 从博客中寻找新闻线索

全世界每天有大量新博客（网络日志）诞生，美国新闻界人士甚至预测，15 年后，世界一半以上的新闻将由“市民记者”采写。网络围攻之下，一些传统媒体记者也开始放下“正统派”的架子，从博客中寻找新闻线索，而美国一些媒体也正试图开发博客这座金矿。

法新社 3 日援引美国报业协会的统计数据报道说，报纸越来越难吸引年轻读者，这些读者年岁增长后也不愿意看报。2005 年，18 岁到 34 岁的美国人中每天读报的还不足 40%。美国皮尤研究中心上月公布的一项调查结果显示，互联网已超过报纸，成为美国成年人了解新闻的第二大来源。

身陷“网”中，报纸不是力图破网而出，而是撒下了自己的“网”。一些报纸开始创建在线社区，在那里，博客作者可以分享地方新闻和观点，而报纸也可以从博客中获取新闻。

凯尔·波普兰是加利福尼亚州《布拉夫顿今天报》的执行编辑。他一年前在只有 1.8 万人的布拉夫顿办了一份免费小报，这家报纸还办了个网站，目的是给这个小镇的每位居民都开博客并把这个网站当成社区公告板。

这个网站相当热闹，学校校长通过网站给学生家长发信息，养狗者通过网站组织非正式宠物选美比赛，博客作者们为一个繁忙路口该不该装红绿灯而争论不休……

“我们的这个系统让读者告诉我们什么重要，让我们别错过新闻，”波普兰说，“我认为它有效，因为它严肃对待读者。”

起初，网站主办者担心会有人在博客中发布虚假或有偏见的信息，但后来发现这些担心纯属多余。波普兰说，到目前为止只有一个人因发布虚假信息遭封杀，博客作者们会互相监督。

丹佛报业机构副总裁弗兰·威尔斯负责互动式新闻和新闻产品发展，《丹佛邮报》和《落基山新闻》就由他所在的机构出版，他也支持报纸办博客。“作为社会之声，这真的加强你在社会中的领导地位，”他说。

威尔斯 2 日在报纸技术大会上说，网上新闻更愿意将目光放在小环境中，而不是关心大都会在发生什么，这令读者和广告商感兴趣。人们可以在网站上分享一些地方主要报纸不适合刊登的“小新闻”，像烧烤会、红辣椒竞赛什么的。

波普兰和威尔斯都认为博客作者不会取代传统记者。威尔斯说：“当读者在一个主题上有争论时，他们都期待了解传统消息来源怎么说。”

（来源：2006年4月6日《潇湘晨报》）

2. 从其他新闻媒体中发现新闻线索

已经刊发的新闻中还有新闻线索吗？答案是肯定的。在新闻实践中，记者从同行的报道中寻找线索是很普遍的现象。比如，电子媒体记者从报纸信息中寻找线索，报纸媒体记者从广播、电视中寻找新闻线索，然后重新进行采访，挖掘出事实的新内容、新视点、新思想。所以记者在读报纸、听电台、看电视时，不仅仅是在接收新闻信息，更是在敏锐地捕捉这一新闻信息报道的不全面和欠缺之处，细心揣摩新闻背景，预测新闻发展的方向。对于那些较肤浅、表面化的报道，记者可以对其进行跟踪补充报道；变换角度，变换思路进行深入挖掘，重新报道。在别人的稿件里发现“新闻”也是一种惊喜，记者工作的乐趣就在于不断地发现与创新。

例如：1960年2月3日，山西平陆县发生民工中毒事件。不久，新华社发了一条几百字的简讯，表扬了北京特种药品门市部的职工在春节期间为抢救民工而设法火速送药的事迹。《中国青年报》记者王石等人在《北京晚报》上读到这则消息后，立即意识到这是一条难得的新闻线索，有进一步深入报道的价值，于是在编委会、主管部门的协助下，记者深入当地重新采访完成了题为《为了六十一个阶级兄弟》这一影响深远的通讯报道，新闻主题也上升为颂扬共产主义的协作精神。

又如：新华社对汶川大地震报道高度重视。要求记者在抓好抗震救灾动态反映的同时，要注意发现和塑造在抗震救灾中涌现出的典型，特别是要善于从普通典型中发现和塑造感人至深、具有代表性的重大典型。要求记者重点采访表现突出的解放军武警部队官兵、公安干警、医护人员、教师、基层干部等群体，注重从中挖掘感人细节。

新华社抗震救灾应急报道领导小组从所掌握的各种线索中，研究确定了九个重大典型，即为抢救学生而牺牲、“摘下我的翅膀，送给你飞翔”的汶川县映秀镇小学教师张米亚；在生命的最后时刻用身体护住4名学生的德阳市东汽中学教师谭千秋；为抢救学生而牺牲自己孩子的汶川县映秀镇幼儿园老师聂晓燕；率部队冒雨徒步行军首先进入映秀镇的某集团军军长许勇；率部首先进入汶川县城的武警某师参谋长王毅；率领官兵打通理县至汶川道路的武警水电三总队总工程师陶然；带领各族人民勇抗灾害的阿坝藏族羌族自治州藏族州长张东升；失去 15 位亲人之后仍然坚持工作抢救他人的北川县民政局局长王洪发；失去 10 位亲人后坚守在抗震救灾一线的彭州市女民警蒋敏。这些典型人物的线索是从其他媒体或各种渠道获知的。新华社根据记者分布，任务具体落实到记者人头上，要求他们对已报道过的继续深入挖掘，对没有报道过的抓紧联系采访。记者们落实得力，在此后几天里陆续发回了《将军突击——记挺进震中映秀镇的某集团军军长许勇》、《在生死之间，他选择永恒——映秀镇小学教师张米亚追记》、《那一刻，泪飞如雨——谭千秋老师采访札记》等报道，感动了一大批读者。[19]

同一个新闻线索，只要选择不同的采访对象，转变报道角度，增加新闻的背景材料，都能够使旧闻成新闻。

3. 通过新闻线人获取新闻线索

通过新闻线人获取新闻线索是最有效，也是最生动的新闻线索渠道之一。对于记者而言，新闻线索、人际网络极其重要，所以一个记者从进入新闻这个行业的第一天起，就要有意识培养、构建自己的人际关系网。记者在社会上广泛地结交一些朋友，就好像把新闻的触角伸向社会的四面八方，这样社会上一旦出现了新的动态，就能通过他人迅速传递给记者。所以，记者应当经常与一定数量的新闻线人保持联系，依靠他们的力量来弥补自身活动范围的不足，时刻与现实社会保持着最短的距离，从而及时报道各行各业的重大新闻。

现在，越来越多的媒体相继打出了“重奖征集新闻线索”的口号，于是也随之出现了一批以此为生的人，他们总是最先出现在事故的第一现场，他们总是事件的直接目击者，他们总是第一个打进新闻热线电话的人，他们就是距离新闻最近的人——新闻线人。为了更快地获取新闻资源，很多媒体用物质利益来吸引社会人员提供新闻线索。

新闻线人或称“新闻报料人”，是指非新闻专业的从业人员有意识地去寻找、挖掘新闻线索以提供给新闻从业人员，从而获取媒体给予的相应报酬的一类人。新闻线人目前已遍布中国各主要城市。他们或者兼职，或者专职，每天为当地媒体“报料”。

以北京为例，为争夺新闻资源，京城几乎所有媒体都推出了“报料有奖”的活动。按照提供线索的价值高低，报社给这些“新闻线人”的奖金一般每条在 50 元到 2000 元不等，而《法制晚报》打出的口号更加诱人：“奖金上不封顶！”甚至新华社也加入了抢占新闻资源的行列，四处网罗线人。2003 年 3 月 20 日凌晨，当巴格达市民还都在睡梦中时，市区上空响起了让人撕心裂肺的警报，伊拉克人贾迈勒首先意识到这是战争开始的信号，于是迅速通过海事卫星电话给新华社中东总分社拨电话："巴格达响起空袭警报。"总分社的工作人员立刻将这一快讯用英文特急稿的形式发出，报告了伊拉克战争爆发的消息。几分钟后，贾迈勒听到了大街上的爆炸声，他再次通过电话把这一消息传给总部。就在这短暂的一瞬间，新华社通过新华网连发两条特急稿，从而以提前 10 秒钟的优势领跑了全世界所有媒体。2003 年 12 月 9 日，这位让新华社在伊拉克战争报道中领先全球 10 秒的新闻线人，前来新华社北京总部接受了新华社颁发的最高奖——社长总编辑奖[20]。新华社运用"线人"模式让中国媒体首次实现了世界领先。京城各主要都市报的热线版新闻有80%来自线人报料。他们会不断向媒体报料，并获得相应的报酬。

新闻线人包括通讯员、非职业新闻线人和职业新闻线人三种。

通讯员：通讯员应该属于广义的新闻线人的范围。通讯员通常是政府部门里的工作人员，而非新闻从业人员。在媒体，每个跑口记者都有一批自己的通讯员。这些通讯员分布在政府的各个机关内部或其他单位，由于他们熟悉各行业的情况，所以往往能提供给记者最新最快的政策、部门动态等，有的还会写好成稿给记者。

非职业新闻线人：这些人往往是一些对社会现象有自己理解的热心市民。这一群体是最广泛的新闻线索的来源。

职业新闻线人：掌握大量有价值的新闻线索，有意识地向媒体提供，赚取线索费并以此为业的人就是职业新闻线人。职业新闻线人数量不大，但他们拥有丰富的社会资源，有敏锐的新闻意识，他们了解各媒体的特点和工作流程，能够按照各个媒体的要求提供新闻线索。这部分报料人提供的新闻线索比较成熟，但并不一定是独家的。

新闻线人的出现让记者寻找新闻线索的机会越来越多，信息网络也越来越宽广，但新闻线人也存在一些隐患，线人判断新闻价值的素质不够专业，记者对其提供的信息判断的途径有限，可能会影响媒体的工作效率。另外，新闻线人还可能为了个人的利益误导媒体，提供虚假或者片面强调对自己有利的信息。[21]

面对存在的种种问题，应及时出台相关的法律规范，对"新闻线人"的职业要求、思想道德素质、人身安全及保障等都应有相应的规范。

4. 从热线电话中得到新闻线索

要重视热线电话、读者来信，因为这都是媒体获取新闻线索，收集读者反馈，解决群众问题的直通渠道。这条渠道畅通，媒体的新闻线索就多，大众关注媒体的程度就高。

中央电视台的《焦点访谈》节目，大量的新闻线索来自群众反映：有寄信、打热线电话、发电子邮件反映问题的，甚至有守在中央电视台门口反映情况的。《焦点访谈》根据群众反映的问题深入采访，做出的节目才更受群众关注。

20 世纪 90 年代都市类媒体出现以后，热线电话、热线新闻日益增多，新闻源得以拓展，热线新闻占据着媒体新闻的“半壁江山”，中央和地方报纸也基本上都设有“新闻热线”等版面或栏目。据统计，一周内，北京各主要都市报的热线版新闻有 80%来自热线报料，其中《北京晚报》热线新闻部每天 24 小时有一百多个热线电话，95%来自群众日常生活的社会实际。[22]1982 年元旦《羊城晚报》第一个在我国正式开通 24 小时报料热线时，“热线”仅仅意味着热线电话，而随着这 20 多年来的信息技术革命的实现，“热线”的含义就变得更为广泛，除了热线电话，还包括电子邮件、手机（可用其发送照片）、传真、BBS 论坛等新媒体方式。例如，“南京零距离”、“1860 新闻眼”向民众提供了新闻热线电话，并且在“西祠胡同”网站上建立了“南京零距离”和“1860 新闻眼”论坛，众多网友在这些论坛上提供民生新闻的话题或线索，比如，建邺区文体路中段的违章建筑和噪音的问题，假耐克在雨花巷出现的情况等。“南京零距离”设有 4 部热线电话，并招聘了 10 个接线员通宵值班，24 小时接听电话。如果新闻播出了，其新闻线索提供者可获得 50～1000 元的信息费，这更增大了热线电话的拨打率，以致“南京零距离”有一半的新闻来自市民提供的热线线索。“直播南京”有 7 部热线电话，每天平均接到 300 多个电话，有价值的最少有 50 多个，做成新闻的亦有 20 个上下。[23]

12版 新闻 110 武汉晚报

哥哥珠宝店遭抢 妹妹飞车夺失物

兄妹齐心勇斗持“枪”劫匪

82333333

重庆客商 2 万元失而复得

展会盗窃团伙昨落入警方“口袋阵”

工厂氯气泄漏 7 工人中毒

昨夜最新

车队加油连环撞车 1 死 4 伤

空军医院整形美容中心

“五一”平价整形大型会诊活动

活动时间：即日起至5月15日 请提前3—5天预约手术项目与专家

美丽热线：027-82881888

《武汉晚报》“新闻 110”版

“新闻 110”是近年来风行的一种获取新闻线索的方式，新闻 110 采访车上街，推出“新闻招手停”。新闻热线借用“110”的名称进行创新，可提高影响力，扩大新闻线索来源。在一些城市，新闻媒体作为“110”联动单位，纳入政府部门协调的范围。有的媒体为了防止以往办新闻热线不成功的情况，在操作规范、具体措施上下工夫。如《武汉晚报》在 1999 年 5 月 30 日开通湖北省第一家“新闻 110”后，经过一段时间的运作，成立了新闻 110 部。在 110 部下面设立热线组，分三班 24 小时接听 3 部电话，并配备两台新闻车。一版每天固定位置专门刊发“新闻 110”稿件。以往头版可读性差，“新闻 110”设立后，这种状况得到明显改变，一版 110 的新闻占有四分之一。[24] 这样做是出于抢新闻和做好独家新闻的考虑，同时，由于市民提供的新闻都是发生在自己身边的事，这种社会新闻在体现亲和力和贴近性上占有优势。

二、怎样发现新闻线索

怎么才能及时发现新闻线索呢？事实上，许多新闻线索就藏在人们的生活中，藏在某个人的讲话中，藏在与朋友的闲聊之中。只要我们对生活充满热情，对身边发生的事情都有浓厚的兴趣，不放过耳闻目睹的每一个新鲜事，就会找到新闻线索。

（一）在闲谈中捕捉新闻线索

通过与读者、亲戚朋友的接触，在同他们的交谈中获取新闻线索，这是记者获取新闻线索的一个充满活力的源泉。与读者、亲戚朋友的接触会为记者发现新闻线索开拓了崭新的空间。据说，抗日战争期间，著名的战地记者陆诒去重庆找周恩来，谈及新闻线索缺少时，周恩来对他说：“当你在新闻线索实在贫乏之时，不妨到茶馆里去坐坐，听听群众在谈论什么，想些什么。”陆诒深受启发，立刻去访问几个擦皮鞋的儿童、嘉陵江渡口的船夫和公共汽车售票员，写了不少访问记和特写，受到读者欢迎。

例如：2003 年媒体热炒的奇事——北大学子落魄街头卖肉事件，也是记者从闲聊中很偶然发现的线索。一次，陆步轩的一位高中同学和西安一家电视媒体的记者吃饭，这位同学无意中说起陆步轩的遭遇。说者无心，听者有意，于是这家媒体依据线索找到陆步轩并对他进行了采访。节目播出后，陆步轩的“眼镜肉店”顾客盈门，生意奇好，清晨进的 500 斤肉，不到中午就全部卖光了。当地媒体的报道迅速引起了广泛关注，全国各地媒体记者纷至沓来。陆步轩一夜成了新闻人物。陆步轩曾经高兴地说："这两天手机几乎被打爆了，几分钟一个电话。已经有 100 多家省内外的单位想让我过去工作呢!"陕西的一个县级市和西安一个中学生作文编辑部更是派人"三顾茅庐"，盛邀陆步轩到他们那儿工作。接连不断的好消息把陆步轩乐坏了。他感慨道："瞎折腾了这么多年还是个卖肉的，没想到媒体的力量这么大，几篇报道就把我的命运给改变了。"

每一个记者都应该养成无论在什么地方、什么时候随时采访的习惯。有一句话说：我不在采访，就在采访的路上。这就是记者的职业心态和职业作为。

（二）在联想中发现新闻线索

记者观察的视野要开阔，要善于从大的社会环境中观察捕捉事实，把单个新闻事件与整个社会生活联系起来进行考察，根据自身对社会整体状况的认知，展开联想，触类旁通，由此及彼，由表及里，根据事物内在特征找到与其他相关事物联系的契合点，挖掘到新闻背后隐藏的更有价值的信息。

例如：1982 年 11 月 10 日早晨，勃列日涅夫猝然逝世，但当时苏联官方未宣布。而路透社、美联社驻莫斯科记者却通过两点不为人注意之处，发现了其中的疑点。一是莫斯科电视台晚上预定播出的冰球赛被取消，被严肃的古典音乐所取代；二是苏联在给安哥拉的贺电中没有勃列日涅夫的名字。这两位记者根据种种迹象作出"勃列日涅夫逝世"的判断和猜测，很快被证实了。

又如：英国记者露丝·史密斯看到一条消息里讲，钢铁和羊毛股票要上涨了。本来这只是一条很平常的消息，可是从这条消息中，她却联想到"马上要打仗了"。因为生产武器要用钢铁，做军服要用羊毛，如果不是就要打仗，就不需要多生产武器，也不需要多生产军服，现在钢铁、羊毛都涨价了，这正是要爆发战争的前兆。于是，她就从准备打仗的方面，采访到了许多重要的新闻。

这种看似"踏破铁鞋无觅处，得来全不费工夫"的现象，实际上就得益于记者的发现力。而要做到这一点，就必须处处留心，时时比别人多思考多联想。采访不能拘泥常规，更不能只为完成规定的采访任务。一切闻所未闻、见所未见的事物，都不能轻易放过。

（三）在对比中找到新闻线索

发现新闻线索，一个常用的手段是把事实放在特定的环境中来观察，通过观察，许多相似的、相同的、相反的特点都会凸显出来，新闻是来自新与旧的对比中。新生事物层出不穷，记者判断事物的新旧就得求助于认真细致的比较，并及时准确地发现新闻线索。

例如：2000 年 6 月，朝鲜和韩国领导人在平壤举行战后首次会晤，这是举世瞩目的新闻。但在会晤前，有关安排，包括朝方将由谁到机场迎接来访的韩国总统金大中，都没有透露。金大中抵达当日，新华社记者到机场采访。这位记者从机场正在播出的欢迎仪式的注意事项中，敏锐地意识到金正日将亲自到机场迎接金大中。因为按照过去的做法，只有金正日亲临机场迎接来访者，才会安排群众欢迎的场面。记者马上找到朝方官员证实。然后打电话给新华社驻平壤分社值班的记者，让他通知总社做好准备（朝鲜没有移动通讯设备）。同时，他的一个同伴记者则守在机场的公用电话间。当金正日出现在机场时，这位记者隔着停机坪和候机室的玻璃门等在电话间门口的记者做手势。后者迅速打电话回分社。几分钟后，金正日亲自到机场迎接金大中的快讯就发了出去。新华社记者离开电话间时，见到朝中社的记者才急匆匆地赶来。这一次，新华社又抢发了这条有重要新闻价值的独家新闻。发稿速度之快，令其他新闻同行羡慕。[25]这也是记者在比较中抓到的新闻线索。

（四）在细节中抓到新闻线索

事实上，蕴涵信息量最大、新闻价值最高的事实可能是最细小的、不起眼的“次要事实”。

例如：1996 年维也纳举行一年一度新年音乐会，不少记者受到邀请。音乐会开始前，世界十大著名指挥家之一的马泽尔出人意料地用汉语向观众说了一句：“新年好！”现场顿时爆发出雷鸣般的掌声。因为这不是一句普通的问候，它代表的意义重大，表现了中国国际地位的提高。《人民日报》记者迅速捕捉到这一富有趣味性和意义的细节性事实，发回了报道《维也纳传来的信息》，在国内外引起了很好的社会反响。记者抓取的事实虽然不是主体性新闻事实，但丝毫不显琐碎，反而凸显出记者独特的观察视角和对有价值事实的敏锐感知。[26]

又如：1986 年 9 月 2 日，美国著名的电视新闻访谈节目《60 分钟》主持人迈克·华莱士在中南海紫光阁采访邓小平在采访过程中，录像带用完需要更换，华莱士请邓小平先休息一下。邓小平不慌不忙地从桌上的一包“熊猫”牌香烟中抽出了一根，很礼貌地对华莱士说：“我抽烟可以吧？“可以。能给我一支吗？”华莱士一边说，一边欠身向邓小平伸出一只手。邓小平递给他一支，华莱士仔细看了看，把这支烟掰断，惊奇地发现过滤嘴的长度超过烟丝的长度，他的摄像师很机敏，把这个镜头也拍了下来。邓小平微笑着说：这是他们为了对付我，让我少抽烟，特制的这种香烟。由此，我们才知道中央领导人抽的香烟是特制的。国内那么多报道都没有报过这个细节，这么好的细节却让华莱士发现了。[27]

新闻细节明示或隐藏或关联着新闻事实。在开掘新闻事实过程中，记者抓住了细节，就可以更好地发现新闻，认识事实。

没有发现就没有新闻，优秀新闻作品大多始于记者的发现，记者的生命力其实就是发现力，发现力是一种奇妙的力量。从这个意义上说，新闻记者的第一技能不是写作而是发现。

美国哥伦比亚大学教授麦尔文·曼彻尔说："记者必须学会用孩童般的眼睛观察世界，他把每件事都看做是新鲜的、各具特色的；同时，他必须用聪明长者的眼光洞察世界，能够区分出有意义的东西和无意义的东西。"[28]

链　接

一条重大新闻线索的发现与追寻

——《荣成，有位尘封半个世纪的"刘胡兰"》一文发掘报道的前后

王士波

我与徐洪强、孙宗勇、田宏耀 4 人合作采写的长篇通讯《荣成，有位尘封半个世纪的"刘胡兰"》一文，在山东省第五届精神文明建设"精品工程"评选中受到专家和评委的肯定，被评为"新闻精品"奖。现将发掘报道体会奉献给读者。

1999 年 3 月 2 日，我正在审阅通联部送来的百余篇稿件时，有一封来自河南日报社老干部处写给本报的信，启开一看，不觉眼前一亮。寄信人是原河南日报社资深编辑王秉亭。这位建国前从山东荣成参加革命的老党员，在信中提供了一条重要新闻线索：58 年前，荣成县（现为荣成市，属威海地级市管辖）曾发生一件悲壮的事件，那就是荣成县俚岛区峨石乡自卫团团部脱产干事、刘胡兰式的巾帼英烈、时年 15 岁的张晶麟被日伪军杀害。

信中说："这位比山西刘胡兰还早 5 年牺牲的少年英烈，因为当时胶东抗日根据地被日伪军据点分割，当时的延安《解放日报》、山东《大众日报》等都未能及时发现、宣传报道。在庆祝中华人民共和国 50 周年的时候，我们不能忘记在革命战争年代为中华民族的彻底解放，为共和国的诞生而牺牲的先烈……"

令我感动的是，王秉亭老人在来信中还附上了荣成籍老党员、最高人民法院审判林彪、江青反革命集团案主犯特别法庭审判员、原上海市高级人民法院审判委员会委员、刑事审判庭庭长王文正老人所著的《藏村——荣成——胶东

见闻录》中关于张晶麟烈士的片断资料复印件。

这封沉甸甸的来信，震撼了我的心。怎样的发掘才能揭示事件真正的内涵？我陷入了痛苦的思索当中……一种使命感涌上了我的心头，作为《威海日报》的一名记者，凭着对历史负责、对人民负责、对子孙后代负责的政治责任感，深感挖掘报道任务责任重大。

为了弄清张晶麟烈士的真实情况，并能准确、生动形象地将这一尘封了半个多世纪的历史人物发掘报道出来，我立即给王秉亭和王文正老人写信、打电话，向二老进一步问明了信中的情况。

王文正老人在电话里激动地说："张晶麟的名字在我的心中已经装了整整58年了，无论走到哪里，我都把她的事迹宣传到哪里。她的英雄事迹的确感人至深，催人泪下。她的牺牲比刘胡兰还早5年……"

很快，一个粗线条的采访方案形成了。3月4日中午，我约本报记者徐洪强同志交谈，我们认为这个事件完全可以写成一篇好报道，并且是第一次公开报道张晶麟烈士事迹，必将引起人们的注目。时间紧、任务重、责任大。

进山入村挖掘"珍宝"：3月6日上午，我们怀着敬仰的心情，开始追寻巾帼英雄张晶麟生活与战斗历程的采访。

张晶麟烈士的故乡——荣成市寻山镇青安屯村（原荣成县俚岛区青安屯村）是我们采访计划中的重要一站。

……

在荣成的采访活动，市党史部门为我们提供了宝贵的资料。市委宣传部新闻科张震亚同志陪同我们采访调查，鉴于当时的俚岛区现已分为寻山、俚岛两个镇，经过分头联络，终于得知张晶麟烈士还有一个比她小5岁的堂弟健在。消息传来，我们如获至宝，决定马上前去拜访这位老人。

吉普车直驶青安屯，村委会主任张敬先和张晶麟烈士的堂弟张敬麟迎了出来。

我们急迫地说明了来意，一提起张晶麟，老人心里仍免不了难过。

"几十年来，我最痛苦的就是一直不知道堂姐的具体出生月份。"还是老人先打破了沉默，把我们的思绪拉回了70多年前的烽火岁月……

听说张晶麟烈士的故居还在，我们前去瞻仰了烈士故居。在烈士故居，老人介绍说，村里好多知情人都已过世，现在只有73岁的老支书、伤残军人张守仁还了解一些情况。

我们来到了张守仁老人的家，老人回忆说："我与张晶麟烈士同年出生，她比我参加革命工作早。我是1945年参加革命的，在一次激烈的战斗中右臂被炸去了半截，左手被炸得只剩了两个手指，是捡了一条命回来的。1949年转业回家后，担任了20多年村支书。我在60年代初参与调查收集张晶麟烈士的事迹……"

告别张守仁老人，我们驱车赶往俚岛镇探寻烈士战斗的足迹。

车到东烟墩山下的俚岛镇俚岛村，我们在村中心丁字大街南侧的友谊照相馆买胶卷，顺便向店主打听有关张晶麟烈士就义的地点，看店主年龄不到40岁，本没抱多大希望，但没想到这名叫杨振福的个体业主竟主动提出给我们当向导，他说："我小时候常听父亲讲张晶麟的故事，她的事迹在我们村几乎家喻户晓。"

说完，他把生意交代给妻子，带领我们来到了烈士牺牲的山坡上，给我们讲述从他父亲那里听到的烈士事迹。

随后，杨振福又领我们凭吊了烈士墓遗址。他说："张晶麟牺牲后，日伪军把她的头颅挂在村南示众，乡亲们不忍心烈士的遗体曝晒山野，深夜趁敌人不备，悄悄地把张晶麟的遗体安葬了……

1968年12月9日，俚岛公社为张晶麟烈士立了碑。我上学时，每年清明节，学校都组织师生来给烈士扫墓。后来，荣成市政府把烈士墓迁到了青山烈士陵园。至今俚岛仍有许多人在清明时节来这里祭奠烈士英灵……"

吉普车沿着崎岖的山路，一直向前行驶，穿过八里庵、高家庵、黄家庄等曾留下张晶麟战斗足迹的村庄，来到了大横山脚下。

虎础寺遗址，就坐落在大横山的山腰。下了车，我们一行踏着荆棘丛生、人迹罕至的羊肠小道，艰难地爬上了山腰。

眼前是一片狼藉：五六十平方米的遗址上，残砖、乱石、碎瓦成堆，杂草、荆棘、青藤丛生、苍松、刺柏、楸树参天……

就是在这里，张晶麟率领群众粉碎了日伪军的险恶阴谋。就是在这里，为了掩护群众安全转移，张晶麟不幸被捕……

车轮返回俚岛村，我们拜访了杨振福78岁的老母亲。杨大妈激动而深情地回忆说："张晶麟烈士可不是个凡人哪，她英勇就义时，天空发生了日食，一下子，天地间一片昏暗……"

我们返回荣成市区时，已是华灯初放。晚上整理采访笔记，几天来的所见所闻像过电影似的在脑海中一幕幕浮现，我们都躺不下去，彻夜难眠。

……

亲临当年烈士足迹追踪采访，一件完整的革命烈士悲壮牺牲的事件，在我们脑海里形成了：张晶麟，一位15岁的少女，一个仅有17个月"军龄"的战士，在58年前，在抗击日本侵略者的斗争中，机智勇敢，为我地下党放哨、送信，使当地的党组织多次化险为夷。由于汉奸告密，她落入日寇魔掌，受尽折磨，宁死不屈，为了民族的解放和尊严而牺牲了自己的青春和生命。

烈士英名传遍华夏大地：3月10日下午，我们返回报社后，向总编辑金志涛作了详细汇报，得到了他的支持。当我们投入到紧张的写作中后，感到手中的笔沉得难以下落，张晶麟烈士的事迹太感人了，但我们只好强迫有时是含着泪将激情融于笔端，将素材优中选精，9000多字的长篇通讯《荣成，有位尘封半个世纪的“刘胡兰”》一气呵成。并于4月4日《威海日报》以一个整版的篇幅推出，因无历史照片，我怀着对烈士的敬仰，专门创作了一幅水粉肖像画配文刊发。

……

6月13日，新华社播发的消息说：“山东一位刘胡兰式的女英雄张晶麟烈士的事迹在尘封58年后，被威海日报记者发掘整理出来，并大力进行了弘扬宣传。感人至深的烈士事迹在新的时代重现异彩……”一时间，前往烈士故乡采访的新闻记者络绎不绝，成为轰动一时的荣成新闻热点。

烈士的精神激励我们工作。我们采写的这篇通讯得到了社会承认和肯定，虽然我们为历史的久远无法了解张晶麟烈士的重要的生活细节而遗憾，但我们所受的鼓舞还是很大的，特别是一想起整个的采写过程，就思绪万千。

我们深深地体会到，没有深入的采访，就不会有成功的新闻“精品”。为了写好《荣成，有位尘封半个世纪的“刘胡兰”》，我们数次深入烈士故乡，先后追踪采访了20多人，拍摄了6卷图片资料，拥有了2盘录音带。我们还在荣成蜊江宾馆专门组织召集了以王文正老人（从上海专程赶来）为主的当事人（见证人）座谈会。曾与张晶麟并肩战斗的原峨石乡自卫团团长刘锡卿，原俚岛区儿童团团长徐耀，荣成市二轻局原局长沈福进、交通局原局长李大松等建国前参加革命的老党员、老干部，有的亲眼目睹了张晶麟烈士遇害的悲壮场面，有的与张晶麟一起参加了拆除虎础寺的战斗，有的亲身经历了镇压汉奸孙克文的过程。正是通过这些革命前辈，我们进一步发掘采访了张晶麟从参加革命到英勇牺牲的战斗历程。

整个采写过程，同时也是使我们接受教育提高认识的过程。可以说，是烈士的事迹激励着我们来完成这件“精品”的制作，是烈士家乡的人民那种对革命英烈的认识，给了我们很大的启示，使我们几位团结协作，在较短的时间里就把烈士的事迹报道了出来。这也是我们聊以自慰的事情，感到我们在共和国50华诞到来之际做了一件最有意义的工作。

（来源：中国新闻研究中心，作者为《威海日报社》记者，内容有删减）

导 语

发现新闻线索后，记者便要寻着线索的指示进入采访了。采访是记者与采访对象进行交流的活动。当然，这一切的开始，首先是记者要找到采访对象，接近他们，并且让采访对象同意接受采访，只有赢得采访机会，之后的采访活动才有可能进行。所以，善于寻找和接近采访对象，是记者采访的先决条件。

因为采访对象的情况各有不同，所以接近采访对象并不是一件容易的事。有些人是媒体追逐的焦点人物，很难接近；有些人行踪不定，很难找到；有些人顾虑重重，躲避记者采访；有些人个性鲜明，拒绝接受采访……正因为采访对象有许多不确定性，这就要求记者在接近采访对象时，不仅要有应变能力，更要有不放弃的执著精神。

第五章 接近你的采访对象

一般情况下，记者采访新闻人物或新闻事件的知情人，不能贸然登门采访，如果不给采访对象准备的时间，即不礼貌也很难得到充分的新闻材料。所以，通常记者要与采访对象事先预约。预约方式可以是电话预约或通过电子邮件预约。事先预约采访是让采访对象有时间做思考准备，让采访对象有时间查阅相关资料，更准确地回答记者的问题。

但有时候采访活动不具备预约条件，比如：突发事件发生是时，记者来不及预约采访；遇到不接受采访的人，记者很难预约采访；重大活动现场，记者无法预约采访……在这种情况下，记者更需要用采访智慧和职业精神赢得采访机会。

一、“抢”，必然的追求

重大历史事件、大型活动、大型会议等，有众多新闻媒体参与报道，新闻现场记者云集，想要接近采访对象，赢得采访机会谈何容易。在这样的场合，如果记者不抢问、抢拍是无法接近采访对象赢得采访机会的。

1. 抢问问题

重大新闻事件中的新闻人物是众多记者们追逐的焦点，他们不可能接受那么多记者的采访，记者要采访他们，最好的方法或者说唯一的办法就是抢问问题，好的问题才可能引起采访对象的注意，记者也才有可能接近采访对象，赢得采访机会。

中央电视台记者王小丫从 2000 年就开始跑两会，她总结了一套参加两会新闻发布会的窍门儿：“起床要早，抢个好位置；穿着尽量醒目，容易被发现；举手尽量高点儿，但不要在最高峰时举，会被齐刷刷手的丛林淹没掉。”可是，在跑两会的几年里，她也经历了从不成熟到成熟的历练。

每年在跑两会的过程中，记者们总是使出各种招数，对高官进行围追堵截，希望获得有价值的新闻。2003 年 3 月在“两会”报道中，刚刚就任天津市市长的戴相龙成了“两会”新闻大战的焦点人物。2003 年 3 月 5 日，戴相龙在京西宾馆会议楼开小组会，审议政府工作报告，会议议程刚结束，王小丫就快步走到刚刚站起来的戴相龙身边，随机提出问题："您刚刚完成由人民银行行长向天津市长的角色转换，请问您的感受是什么？您如何看待今年我国经济增长7%的？"，这时其他媒体的记者们也都涌了过来。一直保持低调的戴相龙见到这个阵势，赶紧对王小丫说："咱们再约个时间聊吧。"说着转身就要走。王小丫见状，一下挽住戴相龙的胳膊，堵在戴相龙的面前，戴相龙一边应付着，一边向外挪动脚步，眼看着戴相龙就要迈出会议室大门，与王小丫同来的中央电视台记者张雪梅见状，立即上前提问："请问您准备为天津人民做些什么？""发展经济，维护社会稳定……"戴相龙说罢，径直走进电梯，记者们急忙也拥到电梯里。走出电梯，张雪梅又问了一个问题："请问您希望天津人民给您一个什么样的评价？"戴相龙突然停下脚步回答："一个好市长！"[29]

链　接

记者会上抢问"道道"不少

参加两会的新闻发布会，不少记者都是奔着与"高官名流"直接对话的机会去的。可现场的记者那么多，怎样才能抢到提问的机会呢？里面的"道道"还真不少。

第一招，抢位子。假如上午10点钟举行发布会，想要抢个有利地形、进入主持人的最佳视点，至少9点钟就得赶到现场。稍微去晚一点，想进入前三排基本上已经没戏了。

第二招，占位子。抢到了位子也不是高枕无忧了，因为你要在场内跑来跑去找人采访，位子如何保住就得充分考虑。于是，一切能用来占位子的东西就全都派上用场了：记录本、资料簿、外套……往凳子上一搁，就意味着这儿已经"名花有主，另请高就"了。

第三招，"美人计"。占好了位置还不够，怎样才能吸引主持人的眼球、让他成功点你起来发问，这是最关键的问题。女记者们最会"来事儿"，个个都经过了精心打扮，通常都要穿色彩非常鲜艳的衣服，因为只有这样才能吸引主持人的目光。当然，没有惹眼的外套也不要紧，脖子上缠一条鲜艳的丝巾或裹一条披肩也能起到同样的效果。

第四招，抢话筒。提问环节开始，"那位穿红衣服的女记者！"主持人轻轻一指，话音还没落下，就已经有不少"红色"女记者站起来抢话筒了。"给我，给我！""这儿，这儿！"争先恐后的手臂纷纷伸向了手持话筒的工作人员。这时候，绝对没有人愿意发扬风格，把机会让给别人。

第五招，“拉关系”。如果主持人实在没有眷顾到你，那就只剩下这一招了。将胸前的采访证掀起来，眼神急切地盯着主持人，在这么强大的心理攻势下，再“铁石心肠”的人往往也会给你个面子……

（来源：2008 年 3 月 10 日《现代快报》，记者　郑春平　陈英　张淑娟）

2. 抢拍照片

在重大新闻事件采访中，文字记者想要接近采访对象，需要抢问问题，摄影记者则要抢拍照片。

在“5·12”大地震的新闻报道中，涌现了一批优秀的新闻照片。其中绵阳晚报社摄影记者杨卫华拍摄的《生命的敬礼》捕捉了大事件中的精彩瞬间，人物形象堪称经典。

为了将整个北川县城受灾的情况从最好的角度记录下来，2008 年 5 月 13 日上午 7 时许，杨卫华爬上了一座废墟。当他刚刚准备取景的时候，隐约听见废墟中有孩子时断时续的哭声。“赶快来人啊，这里还有一个活的娃娃！”杨卫华兴奋得嗓子都喊哑了。他大喊几声后，马上掏出手电筒，在断壁残垣间晃动，并大声喊：“能不能看见我的灯光？”从两米外传来声音“我看到光了”，只见废墟的缝隙隐约露出一个男孩的黄色外套。这时，红军师装甲团一营的班长陈德永、战士李帅已经听见了喊声，带着战友火速赶来。战士们迅速展开对这个小男孩的救援工作。小男孩被掩埋了 17 个小时，一被救出来就开始哭啼。这时，杨卫华发现被救的孩子左手手臂骨折，耷拉在下面。一名医生在废墟上找来一块木板，给他做了简单的固定包扎。杨卫华听见孩子在低声说：“谢谢叔叔！”副营长周孝东命令战士们把孩子放在门板上，转往临时救护站。这时，孩子又说了一句：“谢谢叔叔！”听见这句话的时候，杨卫华回过头来，突然看见男孩右手正慢慢举起……“敬礼，孩子在给他们

《生命的敬礼》　杨卫华　摄

敬礼！”杨卫华忍不住要喊出来了，他赶紧举起胸前的相机……“咔嚓、咔嚓、咔嚓”这张感人的照片，就这样被拍了下来。当时，战士们急着把孩子从废墟上快速转移，无暇留意“敬礼”这个动作。而杨卫华也因继续留在灾区，和孩子失去了联系。《生命的敬礼》一经发表后迅速在网络世界流传开来，相关的新闻、视频、帖子、博客文章多达 2000 余篇，并有网友为照片上那个躺在担架上向解放军战士敬礼的 3 岁男孩郎铮设立了“郎铮吧”，称“一个男孩一张照片一个瞬间，感动中国”。数天后，战士们看见了这张照片，被震撼了。6 月初，杨卫华第三次到唐家山堰塞湖。当驻守在堰顶的解放军副总参谋长葛振峰上将得知杨卫华就是“敬礼娃娃”的拍摄者时，把他叫到身边：“你把军民鱼水情拍出来了。我要谢谢你。”然后，是一个标准的军礼。杨卫华说：“这是一位解放军上将向一位普通记者的敬礼，也是对所有战斗在抗震救灾第一线的新闻工作者的敬礼。”这一切，就嵌在唐家山的悬湖危岩之上。[30]

2006 年 7 月 1 日清晨，新华社记者陈燮凌自格尔木驱车 400 多公里赶到沱沱河，到沱沱河大桥桥头时，突然看到当地藏族群众涌到铁道旁，欢迎从格尔木出发的“青 1”次列车。陈燮果断放弃此前的拍摄计划，抓拍了以欢迎人群为主的生动瞬间，留下了一张具有历史意义的照片，这张照片也是青藏铁路报道照片中唯一一张将铁路、高原风光和欢迎人群纳入一个画面的照片。《火车来到长江源》在新华社刊发后，在国内近百家报纸采用。《火车来到长江源》获得第十七届中国新闻奖二等奖。

《火车来到长江源》 陈燮 摄

提示：记者接近采访对象，赢得采访机会，没有成规可寻，但“抢”一定是每位成功记者必须追求的。

二、等待，不得不做的付出

赢得采访机会，需要抢，但有时候也需要等待，比如说跟随领导人出访，保卫措施很严格，对记者采访也有严格的纪律要求。在这种情况下，不仅“抢”的难度很大，而且自行其是很容易出现危险，等待几乎成了这类采访的唯一办法。

香港记者的敬业是有目共睹的。每年北京的两会，最早出现在大会堂东门的几乎都是香港记者。在代表进入大会堂之前，记者们追寻着每一个值得采访的目标人物。跟随国家领导人外访，只要是领导人进进出出的场合，不管早上有多早，晚上有多晚，总是会看到香港记者的身影。2003年，胡锦涛作为中国新一任的领导人，首次出访，出访的第一站是俄罗斯。闾丘露薇被派采访。6月25日下午，她到达莫斯科，比胡锦涛一行早了24小时。下面的问题是，如何进入总统饭店。如果不能住在总统饭店的话，那就没有可能在酒店的大堂等候胡锦涛，赢得采访的机会就微乎其微了。但在俄罗斯严格的安全措施下，与国家领导人同住一个酒店是不可能的。住不进酒店怎么办？经过尝试，闾丘露薇发现，如果说到里面吃饭，门卫通常还是放人进去的。于是，闾丘露薇与摄影师带着小型录像机进入酒店餐厅。但是，在酒店就餐不能无限期，他们被要求3点钟之前必须离开。闾丘露薇只好和摄影师躲在洗手间里。在洗手间里通过电话与外面的同事联系。接到机场等候同事电话，知道胡锦涛的专机抵达了莫斯科后，他们开始行动。根据以往的经验，车队需要20分钟到达酒店，于是，闾丘露薇与摄影师提前5分钟出现在大堂的礼品店里，假装买东西。礼品店在二楼，当闾丘露薇看到提着行李的警卫人员一出现，立刻和摄影师冲出礼品店，拿出放在背包里的数码摄像机和麦克风站在大堂一边，不过使馆人员的反应比闾丘露薇还快，马上提醒她，不要冲到主席面前采访。为了不妨碍以后的采访，尽管闾丘露薇的等待这么不容易，她还是答应了使馆人员的要求，只是站在一边。一分钟后，胡锦涛主席走进大厅。令闾丘露薇没有想到的是，胡锦涛主席竟然在经过她面前的时候，主动与她打招呼，闾丘露薇也向他表示欢迎："主席您好，欢迎来到莫斯科。"等胡锦涛走过，闾丘露薇便不顾一切地冲上去，采访目标是陪同外访的国务委员唐家璇。之后，闾丘露薇的等待终于有了回报。29日下午，胡锦涛在下榻的酒店大堂专门会见了前往莫斯科采访的香港记者，不仅接受了闾丘露薇的采访，还关心地问："你怎么样，你好吗？"胡锦涛的问候，让闾丘露薇很感动，她知道胡锦涛主席是在关心她和所有中国记者在巴格达时的安全。不久前，闾丘露薇在伊拉克采访美伊战争，胡锦涛亲自打电话给约旦使馆，要求他们一定要确保所有中国记者安全撤离巴格达。为了做到这一点，张维秋大使在伊拉克的边境等候了10个小时，坚持和最后一批记者一起离开。在莫斯科见到闾丘露薇，胡锦涛主席关切地说：后来我知道你安全地回来，心里踏实了。我送你两句话："事业追求，安全也要保证。好不好？"[29]131–132

在很多时候，记者能够争取到一个采访机会，哪怕一个问题的回答都需要记者付出巨大的努力。一个有着专业追求的记者会有意识地在实践中不断磨炼采访智慧和应变的能力。

中央电视台记者柴静在几年的两会报道过程中，不断总结经验教训，想方设法接近采访对象。她发现每次新闻发布会结束后，部长、局长都要从主席台上走下来，这个距离不到5米。于是，每一次发布会柴静一定会站在主席台下某个地方等待这些官员经过，等待采访机会。有同行问她，为什么总站在那个地方，柴静的回答很简单："我站在这里3年了。"

三、应变，创造机会的智慧

有许多重大的新闻现场，记者必须有特殊通行证才能进入，在这种情况下，得到采访机会，难度会更大。在特殊场合赢得采访机会没有任何规律可循，完全要靠记者的应变能力和采访智慧，同时更要靠记者的敬业精神。

一个有经验的记者是不会轻易放弃采访，即便是条件不允许，也会想方设法创造机会，进入现场采访。

2007年10月24日，《青岛晚报》记者姜宝虎获得西昌卫星发射基地现场报道"嫦娥一号发射"资格，要知道，这次奔赴西昌采访报道"嫦娥一号"的记者超过千人，能够得到一个现场观看发射的机会，是每一个记者梦寐以求的事啊。但当姜宝虎确认这次发射不管是有证的中央级媒体记者还是买到票的观众，观看"嫦娥一号"现场的两个平台，一个在4公里外的八一村观看平台，一个在6公里外的奔月楼顶平台时，他还是在23日下午毫不犹豫地做出了放弃手中的正规观看证的决定。为了更近些，为了真正"零距离"观看"嫦娥一号"发射的全过程，姜宝虎不得不另辟蹊径。

"要想避开最严格的巡查，必须提前一天上山，而且还要连夜上山！"熟悉掌握基地发射前巡查规律的朋友这样提醒姜宝虎。10月23日晚10时，姜宝虎趁着夜色赶到了发射基地一号大门口，朋友已经在那里等待他。"现在只有发射场周围三个村的村民可以通过发射场围墙外的小山路到山上去，而且还要查当地的户口本。"朋友再次提醒姜宝虎。于是，姜宝虎先到离基地门口最近的一个村子——麻叶林村，敲开一家村民的门。朴实而好客的男主人从身上脱下了他那件袖口早已成了绺的黄上衣，又从橱子里翻出一条膝盖上补着两个大补丁的黄裤子让姜宝虎穿上，并叮嘱他："包就不要带了，藏好你的相机和本子就够了！千万不要说话，查的时候递给他户口本就行了！”他叫醒他的侄子小陈开小面包车送姜宝虎上山到亲家老万家里住下。趁着夜色，姜宝虎一行人上路了。过发射场大门的时候，车被哨兵拦了下来。经周旋，哨兵仔细地查看了两本户口本，做了一个放行的手势。小面包车沿着弯弯曲曲的山路一路狂奔将姜宝虎送上了山。

到了老万家，老万说自己对发射场附近的所有路都了如指掌，他会带姜宝虎去最近的地方看发射。姜宝虎最想去的是发射场和老万村子之间的那个隧道口，姜宝虎前一天进发射场时已经考察过，那里是最好的看发射的位置。老万就带着姜宝虎去探路，但他们走近隧道口才发现，那里已经有 6 个警卫一字排开在巡查了。“还有一个地方和隧道口在一条线上，但你得保证能趴在草丛里看！”老万说的草丛是离隧道口只有 100 米远的地方，警卫们说话的声音清楚可闻。

爬了整整一个小时的山路他们终于绕过了隧道口，安全抵达了目的地。这里是一个再好不过的地方了：趴在草丛里，对面千米之外的“嫦娥一号”发射塔看得清清楚楚。当发射架上的“嫦娥一号”保护架打开，运载“嫦娥一号”的火箭呈现在他们面前的时候，甚至可以清楚地看到火箭上“月亮之上”的探月标识和“中国航天”的字样……

“嫦娥一号”成功发射　姜宝虎摄

10 月 26 日下午 6 时 05 分，从西昌卫星发射基地升空的“嫦娥一号”成功发射。姜宝虎在离发射场内最近的一条安全警戒线上拍摄了“嫦娥一号”顺利飞天的过程。[31]

能否在特殊场合赢得采访机会，是判断记者是否成熟的重要标准。

1994 年，南非进行首次多种族大选，曼德拉成为第一任黑人总统。大选结束后，包括 CNN、CBS、美联社、路透社等来自世界各地数百家新闻媒体的记者们把曼德拉总统下榻的酒店围了个水泄不通。记者们等待了 8 个多小时后，曼德拉终于走出酒店，但他拒绝接受专访。这时，中国台湾“华视”的记者胡一虎果断地冲过保镖手挽手组成的防护线，用非洲土语向总统大声喊道：“保佑南非，曼德拉万岁！”一个东方人居然能说南非土语，这让曼德拉很好奇，于是他主动走过来与胡一虎握手。胡一虎一只手紧紧握住曼德拉不放，另一只手快速从衣袋里抓出微型麦克风，向曼德拉提问。

四、信任，赢得采访的桥梁

采访活动就是双方进行沟通与互动的过程。在这个过程中，记者只有掌握消息沟通的主动权，在整个采访活动中始终发挥主导作用，随时调整与采访对象的角色关系，寻找最佳谈话切入点，才能获得好的采访效果。

记者要面对不同的采访对象，采访对象的性格、个性各有不同，记者想要接近他们，还需要运用心理学知识，赢得对方信任，使双方见面以后很快消除陌生感，营造自然随和的氛围，这样才能让对方打消顾虑畅所欲言。

如果遇到性格外向、热情、大方的采访对象，记者就很容易接近他们，在访问中他们也会有问必答，乐意配合记者的工作。遇到这样的采访对象，记者就可以直接提问。但在很多时候，记者遇到的采访对象有可能性格内向，在访问中不配合采访，回答问题谨慎保守，情绪紧张，缺乏条理。在这种情况下，记者就不可以直接提问，而是首先要想办法消除陌生感，营造良好的谈话环境。

1988 年 4 月，南沙“3·14”海战之后，记者刘善兴到南海舰队采访，遇到一批从南沙守礁归来的海军陆战队员。连续几个月的孤礁执勤，使这些本就不善言谈的战士更加木讷。交谈中，记者发现这批陆战队员大部分是河南人，有个战士的家与刘善兴的老家仅隔数十里。于是，刘善兴便从家乡谈起，由于地理上的接近，使得这些战士心理上产生了微妙的感情变化，一下子缩短了与记者之间的距离，很快消除了生疏感。战士们不仅向记者介绍了守礁中的生活情况、生动故事，而且把排长怎么想老婆，小张怎么给对象写信等这些感情细节全都讲给记者听。这些故事成就了长篇通讯《南沙英雄出中原》，这篇通讯生动地反映了海军陆战队队员艰苦守礁、无私奉献的感人事迹。

在事实不利于采访对象或与己无关的采访中，采访对象会表现出说话吞吞吐吐，态度模棱两可的状态，甚至极力回避，拒绝采访。面对这类采访，记者无权、也不可能强制采访对象接受采访，而只有通过自己的行为和表现来影响、改变其态度。

中央电视台记者柴静曾想采访华北第一例 SARS 患者，但对方不愿意接受。柴静便给他写了封信说：“我和你同岁，我希望 20 年后我的孩子可以看到我们这个时代发生了什么，你的孩子也会通过这些记录了解他的父亲曾经经历过什么。我们经历了这个特殊的时期，这是不可选择也无法避免的，但作为一个记者，我们应该让我们的后代知道真相。”柴静就这样用真诚打动了采访对象。

拒绝采访者往往有情感上的矛盾，他们常常明知采访事实对自己不利，但是社会舆论、道德良心的谴责等形成的自我压力又使他们常常处于矛盾的心理状态之中。记者要掌握他们的矛盾心理，万万不可急躁，要耐心说服，边等待，边引导。通过巧妙的说服把有利于采访的情感调动起来，使采访对象突破心理防线。

在具体采访过程中，记者可以向采访对象和盘托出采访目的、内容、问题、效果，让他们了解采访的目的，打消其犹豫不决的干扰因素。记者也可以视情况，说些软中带硬的话，让采访对象清楚接受采访对他有利，不接受采访对他不利。

北京青年报“大墙内外”专栏记者在歌手红豆从入狱到出狱的这两年当中，一直都在关注红豆的情况。2004 年 5 月 20 日，歌手红豆获假释出狱。红豆出狱后，回避媒体，不愿接受采访。《北京青年报》记者对他说：在监狱，管教尊重你的意见，不向媒体透露你的消息，可是现在你出来了，如今媒体都重赏新闻线索，万一你在街上或者什么场所被人认出了，新闻线人给媒体打个热线，个别媒体捕风捉影甚至臆造关于你的消息，也不是没有可能的。

随后几天，媒体都在炒红豆出狱的新闻，并链接他“猥亵儿童罪入狱”的案情。害怕媒体炒作的红豆主动找到北京青年报记者，希望通过专访告诉人们他的狱中真实生活和出狱后的真实心情。

采访过程是一个特殊的人和人之间交流沟通的过程，只要记者与采访对象之间建立起相互信任的关系，从对方角度替对方着想，获得采访对象的信任，沟通就会容易一些。

2000 年 3 月 5 日，在胡长清将要被执行死刑的前三天，中央电视台《新闻调查》记者王志来到江西省看守所想对他进行采访。采访前，考虑胡长清已被二审裁定判处死刑，此前《焦点访谈》记者采访都几乎被拒绝，法官、看守所所长与王志反复研究如何争取胡长清对采访的配合。王志和胡长清一见面，就握着他的手说：“我是中央电视台《新闻调查》的记者，我们还是老乡，我也是湖南人，想和你聊一聊。”胡长清一开始不接受采访，他说我都这样了，还说什么。王志在给他端了一杯水后说，我知道这时候即使你接受了我的采访，也不会对你有任何帮助。但是我想在生命的最后时刻，你应该想留下些什么吧，至少你还留了一个你的声音在这个世界上，这样就能让大家看到一个真实的胡长清，而不像小报上所说的胡长清有十几个情人，或者贪污了几千万等，你自己说出的话可能更权威一些。最终王志说服了胡长清并进行了近三个小时的访谈。在访谈中，胡长清回顾了自己走过的五十一年跌宕起伏的人生道路的每一步，总结了自己犯罪的原因和教训，谈起了对耄耋老母的思念，历数了自己在江西做的一些有益工作，时而感慨万分，时而追悔叹息，时而潸然泪下，时而掩面而泣。

在这次采访中，王志首先用了“家乡人”这一心理接近点，然后抓住采访对象的矛盾心理，站在采访对象的角度劝服采访对象。告诉采访对象他不会强迫采访对象说什么，采访对象可以通过媒体让人们了解真实的胡长清是什么样子。王志的这一番开导，使一开始不愿意接受采访的胡长清心理上有了一定转变。记者向其交代了采访动机，减轻了他的心理负担，而胡长清一直希望通过审诉，减轻罪行，王志此时的采访某种程度上也切合了他的侥幸心理。

另外，最重要的是记者要以真诚的态度对待每一个采访对象，让采访对象知道记者是一个有职业操守的人，是值得信任的人。

在王志专访胡长清前，一位警察向他建议，不要告诉胡长清他是中央电视台的，这样也许能顺利采访胡长清。王志并没有接纳这个建议，他说如果对方认识他，但他又说了谎，这样胡长清对他就不会有信任感。在王志见到胡长清时，王志非常真诚地说：“这时候我对你的关注，其实就是关怀和关爱，而且即使你接受了我的采访，也不会对你有任何帮助。但是我想在生命的最后时刻，你应该有想留下些什么的心理诉求。”

也许，正是这一番话打动了胡长清，使采访得以顺利进行。

五、坚持，绝不轻言放弃

如果做了许多努力，仍然不能接近采访对象，记者仍不要放弃。如果是打电话预约面谈遭到拒绝，可以马上转为电话采访，提一些简单易答的问题。如果采访对象也拒绝在电话中回答简单问题，可以再要求给采访对象寄信或问卷，转为书面采访。遇到客气、谦虚的人，要一请再请；遇到不愿意抛头露面的人，就要说服、说服再说服。

1980 年的一天，中国国际广播电台记者杨淑英采访翻译家李健吾先生。记者进门刚说明来意，李老不但态度冷淡，而且还一再声明“我这个人不求名，不要人宣传。”杨淑英顿时显得很尴尬，但又不甘心就此罢休。灵机一动，想到李老师是研究莫里哀的专家，而当时北京正在举办的法国电影周，有一部传记篇《莫里哀》正在上演。于是，记者立即转变话题，就莫里哀的一些问题求教李健吾。这时，李老一反冷淡态度，情不自禁地打开话头，从他研究莫里哀的情况开始，说到他的译著、工作和生活，一谈就是 3 个多小时。

从遭冷遇开始到采访圆满成功，杨淑英的经验告诉我们，除了坚持不懈、有耐心外，记者还要学会研究采访对象不愿意接受采访的真实心理，从中找出规律性。比如，一般专家学者对记者采访有偏见，往往将新闻报道等同于宣传，被宣传并不为学界认同，因此，学者面对媒体时，都会相对谨慎。另外，专家学者做事较为认真严谨，在没有把握的时候，他们不愿意随便发言。记者如果能够掌握专家学者拒绝记者采访的普遍心理，就能有效地应对采访中的困难。

1997 年中央电视台记者水均益随江泽民主席访美时产生了采访克林顿的念头，此后一年通过正常的官方渠道和私人途径多次与美方进行沟通，但采访工作还是没有什么进展。1998 年时任美国总统克林顿来华访问，水均益希望能对总统进行一次专访，但美方一直没有明确的答复。负责克林顿访华新闻事务的中国外交官都说“可能性也就是百分之零点几”，但水均益没有放弃，在克林顿飞往上海后，他和同事对克林顿近期的行程情况进行了研究，决定前往上海等待时机，这样一方面可以明确表明中国电视台期待采访美国总统的态度，另一方面也让白宫不能轻易忽视中国电视台的这一愿望。经过多方努力，美国终于安排了对克林顿的访问。

在记者不能直接与采访对象进行沟通的情况下，记者首要做的就是与负责安排采访事宜的工作人员保持频繁的联系，同时记者绝不能被动等待，应随机行事，灵活应对，才能获得难得的采访机会。

总之，在采访受挫的情况下，还是要以积极的态度，争取再争取，绝不轻言放弃，坚持是记者赢得采访机会的关键。

六、场所，因人因事而异

采访总要在一定的时间和空间中进行，而不同场所会给人以不同的心理感觉。比如办公室，有公事公办、正规、庄重的感觉；家中，则是温馨自然，生活气息浓的感觉；在公共场所，如酒吧，则有自由放松，谈话开放的感觉等。一个人在环境中的心理状态会直接影响谈话的效果，恰当的采访场所，往往会使采访对象情绪稳定，不会因为记者的采访介入而紧张拘束，从而很快地进入状态，配合记者的采访。因此，在采访场所的选择上，最好选择那些采访对象熟悉的生活、工作场所或者在双方都认可的第三场合进行采访。美联社记者休·马利根说：“假如让你选择访问的场所，要设法做到在后台上约见演员，在车站约见侦探，在会议厅约见法官，在室外竞选讲台上约见政治家，在栏圈约见斗牛骑士，这样如果没有恰当的话可供引用的话，你至少也可以从他所在的自然环境中找到主题。首要的是，要避免在旅馆的房间里约见被访问的人。”这是因为旅馆是一个采访双方都不熟悉的场所，采访对象在一个陌生的休息空间里也会手足无措，双方都会感到不自在。

记者到了新闻人物或新闻事件的人物常态下的场所，不仅能使自己的采访顺利地进行，而且还能从中寻找出新闻报道的细节、氛围，补充有价值的新闻信息，同时，增强报道的现场感。

1979 年 1 月 1 日，中美建交的联合公报正式生效。1978 年 12 月 30 日晚上，美联社记者柯雷布突然提出要中方为他安排次日随 100 名美国旅游者去长城游览。本来，要采访这批人，他完全可以在北京饭店进行。可是，为了追求报道的现场感，柯雷布特意选择了长城作为采访的地点。在火车上，他没有进行采访。一直到了八达岭长城脚下，旅游者爬上烽火台时，柯雷布才开始采访，他同 8 个人进行了交谈。归途中，他把谈话稍加整理，回到宾馆后即开始发稿。柯雷布在导语中写道，“一位歪戴着牧人帽的牧场主（美国南方的代表性人物），靠着由褐色石头砌成的长城（世界闻名的中国名胜地）说，星期一即将生效的美国对中国的承认，是一件好事情。”……在中美正式建交日没有任何其他活动的情况下，将一条模式化的、枯燥的时政新闻写得有时间、有地点、有人物，给读者留下强烈的现场感、新鲜感。

美国新闻学家梅兹勒说：“要特别注意人物周围的环境，被采访者办公室有多大？书架上有什么书？从书架上取了什么书？摆在桌上的书哪一页被打开？有哪段被圈点了？桌子上摆了什么？是摆得井然有序呢，还是乱七八糟？废纸筐里有什么东西……”[32]这些细节，往往与人物的爱好、兴趣、文化素养、性格等紧密地联系在一起。记者在采访时，就应该像梅兹勒所言，有刑侦人员一样的细腻，善于从细节中发现线索，然后循线追踪，最终还原出事实真相。

1998 年 5 月 30 日，杨澜采访跨越地球三极的女探险家李乐诗，地点选在香港清水湾的海边大礁石上，那里“极目无穷，海阔天空，正符合旅行家、探险家的心胸。”这样的场合，让受众感受到李乐诗的生活状态，她与大自然的亲密无间，她喜好探险的性情，甚至从中感受到她周游世界的经历。当然，并不是说在办公室和家中采访李乐诗，效果一定不好。但根据采访对象生活经历、身份、职业和兴趣爱好、性格秉性等选择采访场所，能够获得最好的采访效果。

如果不注意选择采访场所则有可能导致采访失败。曾经有一位记者采访一名在生产第一线作出突出贡献的工人，采访地点选在了工厂内最豪华的会客室。而工人由于环境的不适应而紧张拘谨，心情难以平静，使得采访时断时续，效果很不好。

总之，记者的每一次采访都要因人而异，因时、因地而异，一切以接近采访对象，完成报道为目的。

导语

“两会”期间，全国政协委员、经济学家吴敬琏先生经常遭遇记者们“围攻”，问题一个接着一个。

记者 1：吴先生，您能不能用一句话概括一下……？

吴敬琏：对不起，我没有能力来回答这个问题。总是有人让我用一句话来概括一个什么问题，我真的没有办法用一句话来概括复杂的经济问题。如果经济问题能够简化到一句话，我们为什么要印那么多经济书呢？经济学的本科生需要上 4 年，研究生要上 3 年，博士就更长了。你有具体问题可以提出来，我们来探讨。

记者 2：吴先生，你觉得房价会不会涨？

吴敬琏：这是一个我没有办法回答的问题，我相信决定房价的因素是多方面的，但是我没有很多研究。

记者 3：吴先生，关于您去年提出的……问题？

吴敬琏：对不起，这个问题不是去年提出来的。是我 1993 年就提出来的。你完全没有看过我的书，我又得重头给你讲一遍，这太困难了。

记者 4：吴先生，你怎么看今年的资本市场？

吴敬琏：你指的资本市场是什么？

记者 4：股市。

吴敬琏：那你理解的资本市场太狭窄了。

记者 5：你怎么看农民工讨工资的问题？

吴敬琏：关于欠薪和农民讨工资的问题，这显然已经是一个热点问题了。但是我真的没有专门研究，不能深入回答你的问题。如果这个课题交给我，我会认真地去调查研究，看谁在欠薪，为什么欠薪，解决的办法是什么，找出原因来解决这个问题。

(来源：梁彩恒. 记者手记：采访吴敬琏先生让人汗颜[DB/OL].http://politics.people.com.cn/GB/1026/3232804.html.)

为什么这个场面如此尴尬？为什么吴敬琏总是听不懂记者的提问？吴敬琏与其说是在回答记者的问题，不如说是给记者们上了一堂课，他要告诉记者的是：想要做一个好记者，就要懂得学习，要懂得怎样提问，要懂得采访前做充分的准备……

第六章　采访，准备好了吗

古语说："凡事预则立，不预则废。"（《礼记·中庸》）中国民间还流传着"失败于准备就是准备失败"、"兵马未动、粮草先行"等谚语。任何有明确目的的人类活动的成功，都离不开事先充分而有效的准备。采访也和做其他事情一样，预先要有所准备。采访前的准备工作做得越充分，越细致，越具体，达到采访目的的把握性就越大。

成功的采访基于充分的准备，准备工作做得好，记者的采访就会更有目的，采访对象也能更好地领会记者报道的意图，记者搜集到的素材主题就会更集中，这样，在写新闻报道时，就会收到事半功倍的效果。如果不准备就采访，采访对象无法明了记者的采访目的，提供的材料主题就很难集中，这会给记者之后的写作带来很大困难，材料集中不到一个点上，报道无法选择角度，如果报道集中到一个角度上写，相关的材料又缺乏。所以，记者每次采访的目的要十分明确，要清晰地知道为什么要进行这次采访，重点谈什么内容，这些内容写出来是给什么人看的，预计会引起怎样的社会效果……这样，就能减少采访的盲目性，提高采访的自觉性。

那么采访前应该做好哪些准备工作呢？

一、熟悉采访对象

约翰·布雷迪在《采访技巧》一书中说："经验丰富的记者一致认为，每采访一分钟至少要准备十分钟"，西方学者和记者称此为"十比一"原则。"准备"是支持所有采访的基本活动。如白金斯特杂志的编辑比尔·布朗所述：作一个多听少说的入门生，在听完十分钟的通知后，要我去书店采访一位知名作者。虽然很知名，我却不知道她做了什么（独自航海全球一周）。我走进去问了一个很一般的问题："你可否谈谈你对航海的兴趣？"然而她说："显然你没有准备。"停顿了一会儿她又说："现在你得想想比较敏锐的问题来问我。"错的是我。我可以在进书店前先到图书馆，花五分钟查一查。这是我第一次采访名人。让我得到最好的教训。[33]

记者对采访对象的认识不是从彼此见面那一刻开始的，而是从采访之前就开始了，这种认识来自采访前的准备，采访准备越充分，记者与对方的距离就越接近，共同的语言就越多，对方也更容易了解记者的意图。在见面之前，记者熟悉采访对象主要是从一些文字资料等形式的间接介绍中开始的。

熟悉采访对象，对记者有何意义呢？

意大利著名女记者奥琳埃娜·法拉奇 1980 年对邓小平的采访是这样开始的：

法拉奇：明天是你的生日？

邓小平：我的生日？我的生日是明天吗？

法拉奇：不错，我是从您的传记中知道的。

邓小平：既然这样说，就算是吧！我从来不记得什么时候是我的生日。就算明天是我的生日，你也不应该祝贺呀！已经七十六岁。七十六岁是衰退的年龄啦。

法拉奇：我父亲也是七十六岁，如果我对他说那是一个衰退的年龄，他会给我一巴掌呢！

邓小平：他做得对，你不会这样对你父亲说的，是吗？

从这段采访对话，我们看到了什么？很清楚，法拉奇在访谈之前进行了大量的资料准备。据说，采访邓小平之前，她所翻阅的有关邓小平的材料足有五公斤重。法拉奇从大量介绍邓小平有关材料中，熟悉了邓小平的生平，也了解了他的思想观点。法拉奇不仅仅了解邓小平，还从材料中了解与邓小平有关系的人和事，了解毛泽东、林彪、“四人帮”，了解中苏关系、中越关系。采访以这样的方式开头，就创造了一个非常轻松和亲切的气氛，为之后的采访做好了准备，法拉奇对邓小平的这次采访，有交锋，有质疑，甚至有咄咄逼人的追问，但由于有了之前营造的氛围，之后的锋芒也就不那么尖锐了，受访者也就愿意与她交谈，让她获得了想获得的素材。

之后她的问题还包括：

“但我有一句话，希望您听了不要生气，这不是我说的，西方有人说您是中国的赫鲁晓夫！您对此有何看法？”

“今天人们把很多错误都归咎于‘四人帮’，这符合历史事实吗？听说中国人说‘四人帮’时，伸出的却是五个手指！”

“据说，毛主席经常抱怨你不太听他的话，不喜欢你，这是否是真的？”

"在中国有这么一个人，他在任何时候都没有被碰到过，这就是周恩来总理。这个情况如何解释？"

法拉奇居然可以跟邓小平这样对话，这让当时的中国人民相当震撼。

法拉奇以访问世界政坛风云人物而蜚声世界，被誉为政治采访专家。她先后采访过邓小平、基辛格、阿拉法特、霍梅尼、卡扎菲、西哈努克等 30 多个国家、政府和政党的领导人。她说，采访前准备工作的紧张程度，"简直就像学生准备大考一样"。每一次访问，都是对她的"智慧和政治敏感的挑战，是不可能重演的事件，是消耗灵魂的一次人类实践。"[34]

可见，一个优秀的记者在采访过程中，之所以能与采访对象实现机智、沉着的对话，首先在于记者对被访者的熟悉，而熟悉采访对象是要付出心血的。

链 接

重新评价毛泽东的历史地位

——邓小平答意大利记者奥琳埃娜·法拉奇问

（一九八〇年八月二十一日、二十三日）

法拉奇：天安门上的毛主席像，是否要永远保留下去？

邓小平：永远要保留下去。过去毛主席像挂得太多，到处都挂，并不是一件严肃的事情，也并不能表明对毛主席的尊重。尽管毛主席过去有段时间也犯了错误，但他终究是中国共产党、中华人民共和国的主要缔造者。拿他的功和过来说，错误毕竟是第二位的。他为中国人民做的事情是不能抹杀的。从我们中国人民的感情来说，我们永远把他作为我们党和国家的缔造者来纪念。

法拉奇：对西方人来说，我们有很多问题不理解。中国人民在讲起"四人帮"时，把很多错误都归咎于"四人帮"，说的是"四人帮"，但他们伸出的却是五个手指。

邓小平：毛主席的错误和林彪、"四人帮"问题的性质是不同的。毛主席一生中大部分时间是做了非常好的事情的，他多次从危机中把党和国家挽救过来。没有毛主席，至少我们中国人民还要在黑暗中摸索更长的时间。毛主席最伟大的功绩是把马列主义的原理同中国革命的实际结合起来，指出了中国夺取革命胜利的道路。应该说，在60年代以前或60年代后期以前，他的许多思想给我们带来了胜利，他提出的一些根本的原理是非常正确的。他创造性地把马列主义运用到中国革命的各个方面，包括哲学、政治、军事、文艺和其他领域，都有创造性的见解。但是很不幸，他在一生的后期，特别在“文化大革命”中是犯了错误的，而且错误不小，给我们党、国家和人民带来许多不幸。你知道，我们党在延安时期，把毛主席各方面的思想概括为毛泽东思想，把它作为我们党的指导思想。正是因为我们遵循毛泽东思想，才取得了革命的伟大胜利。当然，毛泽东思想不是毛泽东同志一个人的创造，包括老一辈革命家都参与了毛泽东思想的建立和发展。主要是毛泽东同志的思想。但是，由于胜利，他不够谨慎了，在他晚年有些不健康的因素、不健康的思想逐渐露头，主要是一些“左”的思想。有相当部分违背了他原来的思想，违背了他原来十分好的正确主张，包括他的工作作风。这时，他接触实际少了。他在生前没有把过去良好的作风，比如说民主集中制、群众路线，很好地贯彻下去，没有制定也没有形成良好的制度。这不仅是毛泽东同志本人的缺点，我们这些老一辈的革命家，包括我，也是有责任的。我们党的政治生活、国家的政治生活有些不正常了，家长制或家长作风发展起来了，颂扬个人的东西多了，整个政治生活不那么健康，以至最后导致了“文化大革命”。“文化大革命”是错误的。

法拉奇： 你说在后一段时期毛主席身体不好，但刘少奇被捕入狱以及死在狱中时，毛主席身体并不坏。过去还有其他错误，大跃进难道不是错误？照搬苏联的模式难道不是错误？对过去这段错误要追溯至何时？毛主席发动“文化大革命”到底想干什么？

邓小平： 错误是从50年代后期开始的。比如说，“大跃进”是不正确的。这个责任不仅仅是毛主席一个人的，我们这些人脑子都发热了。完全违背客观规律，企图一下子把经济搞上去。主观愿望违背客观规律，肯定要受损失。但大跃进本身的主要责任还是毛主席的。当时，经过几个月的时间，毛主席首先很快地发觉了这些错误，提出改正这些错误。由于其他因素，这个改正没有贯彻下去。1962年，毛主席对这些问题进行了自我批评。但毕竟对这些教训总结不够，导致爆发了“文化大革命”。搞“文化大革命”，就毛主席本身的愿望来说，是出于避免资本主义复辟的考虑，但对中国本身的实际情况作了错误的估计。首先把革命的对象搞错了，导致了抓所谓“党内走资本主义道路的当权派”。这样打击了原来在革命中有建树的、有实际经验的各级领导干部，其中包括刘少奇同志在内。毛主席在去世前一两年讲过，“文化大革命”有两个错误，一个是“打倒一切”，一个是“全面内战”。只就这两点讲，就已经不能说“文化大革命”是正确的。毛主席犯的是政治错误，这个错误不算小。另一方面，错误被林彪、“四人帮”这两个反革命集团利用了。他们的目的就是阴谋夺权。所以要区别毛主席的错误同林彪、“四人帮”的罪行。

法拉奇：但我们大家都知道，是毛主席选择了林彪，就像西方的国王选择继承人那样，选择了林彪。

邓小平：这就是我刚才说的不正确的做法。一个领导人，自己选择自己的接班人，是沿用了一种封建主义的做法。刚才我说我们制度不健全，其中也包括这个在内。

法拉奇：你们对“四人帮”进行审判的时候，以及你们开下一届党代会时，在何种程度上会牵涉到毛主席？

邓小平：我们要对毛主席一生的功过做客观的评价。我们将肯定毛主席的功绩是第一位的，他的错误是第二位的。我们要实事求是地讲毛主席后期的错误。我们还要继续坚持毛泽东思想。毛泽东思想是毛主席一生中正确的部分。毛泽东思想不仅过去引导我们取得革命的胜利，现在和将来还应该是中国党和国家的宝贵财富。所以，我们不但要把毛主席的像永远挂在天安门前，作为我们国家的象征，要把毛主席作为我们党和国家的缔造者来纪念，而且还要坚持毛泽东思想。我们不会像赫鲁晓夫对待斯大林那样对待毛主席。

法拉奇：这是否意味着在审判“四人帮”和开下一届党代会时，毛主席的名字不可避免地会提到？

邓小平：是会提到的。不光在党代会，在其他场合也要提到。但是审判“四人帮”不会影响毛主席。当然，用“四人帮”，毛主席是有责任的。但“四人帮”自己犯的罪行，怎么判他们都够了。

法拉奇：据说，毛主席经常抱怨你不太听他的话，不喜欢你，这是否是真的？

邓小平：毛主席说我不听他的话是有过的。但也不是只指我一个人，对其他领导人也有这样的情况。这也反映毛主席后期有些不健康的思想，就是说，有家长制这些封建主义性质的东西。他不容易听进不同的意见。毛主席批评的事不能说都是不对的。但有不少正确的意见，不仅是我的，其他同志的在内，他不大听得进去了。民主集中制被破坏了，集体领导被破坏了。否则，就不能理解为什么会爆发“文化大革命”。

法拉奇：在中国有这么一个人，他在任何时候都没有被碰到过，这就是周恩来总理。这个情况如何解释？

邓小平：周总理是一生勤勤恳恳、任劳任怨工作的人。他一天的工作时间总超过十二小时，有时在十六小时以上，一生如此。我们认识很早，在法国勤工俭学时就住在一起。对我来说他始终是一个兄长。我们差不多同时期走上了革命的道路。他是同志们和人民很尊敬的人。“文化大革命”时，我们这些人都下去了，幸好保住了他。在“文化大革命”中，他所处的地位十分困难，也说了好多违心的话，做了好多违心的事。但人民原谅他。因为他不做这些事，不说这些话，他自己也保不住，也不能在其中起中和作用，起减少损失的作用。他保护了相当一批人。

法拉奇：我看不出怎样才能避免或防止再发生诸如“文化大革命”这样可怕的事情。

邓小平：这要从制度方面解决问题。我们过去的一些制度，实际上受了封建主义的影响，包括个人迷信、家长制或家长作风，甚至包括干部职务终身制。我们现在正在研究避免重复这种现象，准备从改革制度着手。我们这个国家有几千年封建社会的历史，缺乏社会主义的民主和社会主义的法制。现在我们要认真建立社会主义的民主制度和社会主义法制。只有这样，才能解决问题。

法拉奇：你是否能肯定，今后事情的发展更为顺利？你们是否能够达到你们的目的？因为我听说，所谓“毛主义分子”仍然存在。我说的“毛主义分子”是指“文化大革命”的支持者。

邓小平：不能低估“四人帮”的影响。但要看到，百分之九十七、九十八的广大人民对“四人帮”的罪行是痛恨的。这表现在“四人帮”横行、毛主席病重、周总理去世时，1976年4月5日天安门广场爆发的反抗“四人帮”的群众运动。粉碎“四人帮”以后，特别是最近两年，我们党的三中全会、四中全会、五中全会体现了人民的意志和人民的要求。我们正在考虑从制度上解决问题。已经提出了许多问题，特别是强调要一心一意搞四化建设，这是得人心的。人民需要一个安定团结的政治局面，对大规模的运动厌烦了。凡是这样的运动都要伤害一批人，而且不是小量的。经常搞运动，实际上就安不下心来搞建设。所以我们可以确信，只要我们现在走的路子是对的，人民是拥护的，像“文化大革命”那样的情况就不会重复。

法拉奇：很显然，只有在毛主席逝世以后才能逮捕“四人帮”，到底是谁组织的，是谁提出把“四人帮”抓起来的？

邓小平：这是集体的力量。我认为首先有四五运动的群众基础。“四人帮”

这个词是毛主席在逝世前一两年提出来的。一九七四年、一九七五年，我们同"四人帮"进行了两年的斗争。"四人帮"的面貌，人们已看得很清楚。尽管毛主席指定了接班人，但"四人帮"是不服的。毛主席去世以后，"四人帮"利用这个时机拼命抢权，形势逼人。"四人帮"那时很厉害，要打倒新的领导。在这样的情况下，政治局大多数同志一致的意见是要对付"四人帮"。要干这件事，一个人、两个人的力量是办不到的。

粉碎"四人帮"后，建毛主席纪念堂，应该说，那是违反毛主席自己的意愿的。五十年代，毛主席提议所有的人身后都火化，只留骨灰，不留遗体，并且不建坟墓。毛主席是第一个签名的。我们都签了名。中央的高级干部、全国的高级干部差不多都签了名。现在签名册还在。粉碎"四人帮"以后做的这些事，都是从为了求得比较稳定这么一个思想考虑的。

法拉奇：那么毛主席纪念堂不久是否将要拆掉？

邓小平：我不赞成把它改掉。已经有了的把它改变，就不见得妥当。建是不妥当的，如果改变，人们就要议论纷纷。现在世界上都在猜测我们要毁掉纪念堂。我们没有这个想法。

法拉奇：为什么你想辞去副总理职务？

邓小平：不但我辞职，我们老一代的都不兼职了。华国锋主席也不兼国务院总理的职务了，党中央委员会推荐赵紫阳同志为候选人。我们这些老同志摆在那里，他们也不好工作。我们存在一个领导层需要逐渐年轻化的问题。我们需要带个头。

过去没有规定，但实际上存在领导职务终身制。这不利于领导层更新，不利于年轻人上来，这是我们制度上的缺陷。这个缺陷在六十年代还看不出来，那时我们还年轻。这不是一个人的问题，是整个制度的问题，更多的是关系到我们的方针、四个现代化能否实现的问题。所以我们说，老同志带个头，开明一点好。

法拉奇：我看到中国有其他的画像。在天安门我看到有马、恩、列，特别还有斯大林的画像。这些像，你们是否还要保留？

邓小平：要保留。"文化大革命"以前，只在重要的节日才挂出来。"文化大革命"期间才改变了做法，经常挂起。现在我们恢复过去的做法。

法拉奇：四个现代化将使外国资本进入中国，这样不可避免地引起私人投资问题。这是否会在中国形成小资本主义？

邓小平：归根到底，我们的建设方针还是毛主席过去制定的自力更生为主、争取外援为辅的方针。不管怎样开放，不管外资进来多少，它占的份额还是很小的，影响不了我们社会主义的公有制。吸收外国资金、外国技术，甚至包括外国在中国建厂，可以作为我们发展社会主义社会生产力的补充。当然，会带来一些资本主义的腐朽的东西。我们意识到了这个问题，但这不可怕。

法拉奇： 那么，你是否认为资本主义并不是都是坏的？

邓小平： 要弄清什么是资本主义。资本主义要比封建主义优越。有些东西并不能说是资本主义的。比如说，技术问题是科学，生产管理是科学，在任何社会，对任何国家都是有用的。我们学习先进的技术、先进的科学、先进的管理来为社会主义服务，而这些东西本身并没有阶级性。

法拉奇： 我记得几年前，你谈到农村自留地时说过，人是需要一些个人利益来从事生产的，这是否意味着共产主义本身也要讨论呢？

邓小平： 按照马克思说的，社会主义是共产主义第一阶段，这是一个很长的历史阶段，必须实行按劳分配，必须把国家、集体和个人利益结合起来，才能调动积极性，才能发展社会主义的生产。共产主义的高级阶段，生产力高度发达，实行各尽所能，按需分配，将更多地承认个人利益、满足个人需要。

法拉奇： 你谈到还有其他人对毛泽东思想作出了贡献，这些人是谁？

邓小平： 老一辈的革命家。比如说，周恩来总理、刘少奇同志、朱德同志等等，还有其他许多人都作了贡献。很多老干部都有创造，有见解。

法拉奇： 你为什么不提自己的名字？

邓小平： 我算不了什么。当然我总是做了点事情的，革命者还能不做事？

法拉奇： 你说"四人帮"是少数，全国很多人反对他们。他们这些少数人怎么可以控制中国，甚至整老一辈的革命家？是否他们当中有一个是毛主席的夫人，他们的关系太好，你们不敢动她？

邓小平： 有这个因素。我说过，毛主席是犯了错误的，其中包括起用他们。但应该说，他们也是有一帮的，特别是利用一些年轻人没有知识，拉帮结派，有相当的基础。

法拉奇： 是否毛主席对江青的错误视而不见？江青是否像慈禧一样的人？

邓小平： 江青本人是打着毛主席的旗帜干坏事的。但毛主席和江青已分居多年。

法拉奇： 我们不知道。

邓小平： 江青打着毛主席的旗帜搞，毛主席干预不力，这点，毛主席是有责任的。江青坏透了。怎么给"四人帮"定罪都不过分。"四人帮"伤害了成千上万的人。

法拉奇： 对江青你觉得应该怎么评价，给她打多少分？

邓小平： 零分以下。

法拉奇： 你对自己怎么评价？

邓小平： 我自己能够对半开就不错了。但有一点可以讲，我一生问心无愧。你一定要记下我的话，我是犯了不少错误的，包括毛泽东同志犯的有些错误，我也有份，只是可以说，也是好心犯的错误。不犯错误的人没有。不能把过去的错误都算成是毛主席一个人的。所以我们对毛主席的评价要非常客观，第一他是有功的，第二才是过。毛主席的许多好的思想，我们要继承下来，他的错误也要讲清楚。

（这是邓小平同志会见意大利记者奥琳埃娜·法拉奇时两次谈话的国内问题部分。）

（来源：《邓小平文选》第二卷）

1994 年 5 月，中央电视台有一位记者，到上海采访历史学家、社会活动家周谷城先生。病榻上的老人表示只能回答记者一个问题。这位记者问道："听说在五四运动的游行队伍里，你曾经跑掉过一只皮鞋？"周谷城一听感到很吃惊，面对眼前这个如此了解自己的年轻人，他谈兴大发，于是谈话整整持续了一个下午。

在有准备的采访中，采访对象会迅速对记者产生信任感，记者就能够充分地调用已知的信息以接近和获取未知的信息。

如果采访前没有准备，记者的采访就会非常艰难，收获会很少，甚至一无所获。

1986 年"金鸡奖"、"百花奖"大会期间，电影导演谢晋结合他刚在美国举办影片回顾展的经历，对中外记者采访前的准备工作做了对比。谢晋说："美国的记者很注意资料工作，善于在接触采访对象之前从资料中掌握有关情况，事先准备好提出的问题。他们采访时间通常不超过半小时，提出的问题简明扼要，角度独特，采访效率甚高。而国内的不少记者不大善于利用资料，采访提问大同小异，缺乏自己独特的角度。因而，常常要对记者从头讲一遍自己的简历。其实，本人的籍贯、年龄、艺术经历，只要一翻材料就全都有了……"

记者采访前不做准备，如果遇到敏感的有个性的采访对象，他很可能对不了解自己的记者不理不睬，甚至拒绝接受采访，记者便一无所获。英国著名影星费雯丽因扮演影片《乱世佳人》中的郝思佳一角而一举成名，获得奥斯卡金像奖。1961 年 3 月 8 日，她飞抵纽约庆祝《乱世佳人》复映。一个记者去采访她。

记者问： 您在电影中扮演什么角色？

费雯丽反问道：你看过这部影片吗？你看过那部小说《飘》吗？

记者回答：都没有看过。

费雯丽说：那就不必多谈了。

费雯丽无意和一个如此无知的人交谈。当时在场的美联社记者目睹了这个记者的窘状，写了一篇特写，于是这件事在新闻界传为笑柄。

著名作家伯纳德·德·弗托来到康涅狄格州的哈特福德市，有一位记者去采访他。这位记者问："我可以采访您吗？"作家说："当然可以。"于是，这位记者提出第一个问题："对不起，我真的没有时间来做准备。请问您是干什么的？"作家听了，苦笑了一下，非常不高兴地对这位记者说："如果你没有时间查一查《名人录》，或翻一翻你自己的藏书，把我的情况搞清楚，我也没有时间与你交谈。你很忙，那就请你去忙别的事情吧。"作家毫不客气地把这位记者打发走了。

记者对采访对象一无所知，采访对象怎么会有兴趣配合采访呢？即使采访对象勉强配合采访，记者的采访仅仅从了解基本情况开始，谈话停留在浅表层上，这样的采访不能在有限的时间里获得更多信息，更不可能让采访对象谈更多深入的问题。

一般而言，从资料中熟悉采访对象，记者应该从搜集采访对象的个人资料开始。搜集个人资料从三个方面着手：一是采访对象的简介，包括性别、年龄、职业、职务、家庭情况、主要社会关系、基本的政治态度等。二是采访对象的专长、主要贡献或专著，曾产生过什么影响，在同行中的地位，别人有过什么评价或传说等。三是采访对象的特点，包括性格、爱好、目前的心理状态、是否健谈、对接受采访是否习惯、有何忌讳等。此外，还要了解采访对象与所采访的问题有何利害关系，是否愿意回答问题，会不会隐瞒事实真相等。采访前尽可能多地了解这些内容，是获得采访成功的一项必不可少的准备工作。[29]

二、了解与采访对象有关的知识

采访前不仅要熟悉采访对象，对于采访对象所从事的工作、专业知识及相关领域的知识也要有所掌握，特别是采访政治家、专家、科学家等人物时，要了解其专业领域的相关知识，这的确不是一件容易的事，记者需要下工夫，付出更多。

报告文学家徐迟为了采访陈景润，为了弄清"哥德巴赫猜想"是怎么一回事，读了许多数学方面的书。他知道如果不了解数学方面的知识，就很难接近陈景润，也很难对数学领域的奥妙进行描写。这样的努力，最终让徐迟完成了著名的报告文学《哥德巴赫猜想》。《哥德巴赫猜想》叙述了数学家陈景润的传奇经历，多方面展示了他的个人遭遇，揭示了知识分子的不幸与民族命运的关系。在新时期报告文学中它率先展现了“文化大革命”给知识分子带来的时代烙印和心灵伤痕，呼唤对人的价值、科学、知识的尊重。徐迟还创造性地将枯燥、抽象的数学计算式以生动的文学语言表现出来，使读者沉迷于数学王国的高深的同时，领略了科学家研究、探索的艰辛。

美国已故的报刊评论员利布林有一次去访问一位著名的赛马骑师。此人一向不愿同记者交谈。许多记者都认为，让这位骑师开口，比让哑巴说话还难。但是利布林却让这位骑师滔滔不绝地同他谈了一个小时。

利布林怎样做到让这位骑师说话的呢？

见到骑师，利布林提的第一个问题是：“您赛马时左蹬皮带比右蹬皮带多放几个眼？”骑师一听这个问题很内行，就兴高采烈地从马镫谈起他的驭马术。最后还对利布林说，“我看得出来，你同骑师们一定混得很熟。”其实，这位记者并不精通骑术，他只是在采访前作了充分的准备，请教了一些行家，知道赛马的骑手在跑马场风驰电掣般策马飞奔时，为了克服在圆形跑道上产生的离心力，两个脚蹬的皮带不能一样长，必须使左蹬皮带比右蹬皮带长一些，以便使身体重心稍稍内侧。利布林的第一个问题就从这里开始，使那位骑手既惊讶又高兴，谈话的兴趣也就激发起来了。

由此可见，了解与采访对象相关的知识是为了融洽的关系，使采访对象更愿意接受记者的采访，也便于和谐采访气氛。而且对采访对象越熟悉，记者提出的问题才能更深入，更细致，更切中要害。

相反，对相关知识没有起码的把握，不仅很难把握采访机会，而且还有可能让采访陷入尴尬的境地。

有一次，美国苹果电脑公司到中国举办新产品技术交流会，在北京举行了一次记者招待会，邀请了首都各大传媒的记者出席。主持人在发布了新闻之后，由记者自由提问。等了一阵子，没有一人举手提问；主持人再次邀请提问，还是没人响应。为什么记者提不出问题，理由很简单，就是记者在采访前没有做必要的准备，对美国苹果电脑公司在京举办的新产品交流会的背景和新产品，缺乏认识。[35]

所以，记者在采访前，掌握采访对象的有关知识是必要的。

记者采访前熟悉采访对象，掌握大量资料，在采访中最终是以提问来体现，采访成功与否关键还在记者所提的问题。所以，采访前还要准备与采访主题相关的问题。

三、准备采访问题

为什么采访之前要准备采访提问的问题呢？这是因为，记者采访是一种受时间限制的谈话，一般来说，记者和采访对象有约在先，谈多长时间，很多时候是由采访对象决定，记者只能在采访对象答应的谈话时间里完成采访任务。在有限的时间里，记者事先有准备与没有准备收获是不一样的。有一位年轻的记者，想采访老舍先生，老舍先生非常忙，但还是同意并接受了他的采访。这位年轻的记者来到了老舍的家，老舍先生非常热情地接待了他。记者第一句话就问："请问老舍先生，您的代表作是什么？"老舍先生没有回答，站起身来推说有点头疼，谢绝了他的采访。

这样的问题在名人字典里可以查到，完全没有必要问采访对象。如果记者事先准备一些有价值的问题，而不是从采访那一刻起开始了解采访对象的基本情况，问一些新闻基本元素性的问题，在有限的时间里采访的内容会更加深入。

在有些采访活动中，记者可能用来提问题的时间很短，如果事先不做有目的的问题准备，采访就会不到位，写报道的素材也会不够用。

美联社著名记者尤金·莱昂斯曾经有过两次让他后悔一生的采访经历。一次是采访斯大林。事先约定只能采访两分钟，但两分钟后，斯大林并没有结束谈话的意思。对于记者，这是意外的机会，可是，遗憾的是莱昂斯当场却提不出更多有准备的问题。莱昂斯事后说："我在斯大林的办公室尽管待了近两个小时，但使我一辈子后悔的是，当时没有趁机提出富有意义的问题来。"另一次是莱昂斯采访伊朗前国王巴列维，约定只能谈五个采访提纲上的问题，几分钟就谈完了。而此时巴列维谈兴正浓，等待继续提问，但莱昂斯也没有准备更多的问题。事后，莱昂斯懊恼地说："我当时就在国王的办公室发下庄严的誓愿，今后哪怕约定我只有几分钟的采访，我若不事先准备好供一两小时谈话的问题，便决不再来到世界伟人的面前。"

即使采访对象对时间没有太严格的限制，记者也不宜用时过长，一次人物专访超过两个小时，对一般人来说就很疲劳了，两个小时后的谈话近似于聊天，内容不会集中，记者在谈话中获取的信息量也会大大降低。一般人物专访，时间一小时左右较为适宜。预约谈话时间更短的专访，记者采访前问题准备更要细致。初学者最好把问题记下来，甚至将提问的排列顺序记下来，自问一下：我应该按什么方向提问？这样提问主题会集中吗？目的会明确吗？[29]

采访前准备问题目的是能在有限的时间里，让采访对象提供更多的

威廉·曼彻斯特

新闻素材。新闻素材是采访对象提供的。记者在准备采访问题时，最好站在采访对象的角度，想一想采访对象是否有兴趣回答，怎么回答，回答的内容是不是你需要的？这样设计的问题才会恰到好处。

美国记者威廉·曼彻斯特回忆他首次采访肯尼迪总统前，查阅了肯尼迪总统特别助理和内阁顾问的名单，发现他们当中 80%的人比总统年轻，因此，他在采访中问肯尼迪，是不是年纪沙文主义者？肯尼迪从来没有想到过这一点，美国总统是被记者问烦了的特殊人物，记者巧妙新颖的问题引起了他谈话的浓厚兴趣，肯尼迪饶有兴趣地与记者探讨了一番。曼彻斯特解释说：“我认为事前准备事关重大。对美国总统这样的人提出一个他早已回答过过多次的问题，这是对他的莫大的侮辱。他很可能随即对你下逐客令。因此，你的问话应该是他前所未闻的。应该显示出你对他的生涯了如指掌。这样，他就可能尊敬你，有兴趣跟你交换意见，举行会谈。”采访原定曼彻斯特只能同总统谈 10 分钟，可由于总统对记者的问题感兴趣，实际采访持续了三个半小时。成功的采访让记者获得了宝贵的材料，威廉·曼彻斯特由这些资料撰写的《总统之死》一书，成为美国畅销书。

威廉·曼彻斯特事后说：“当时，他（肯尼迪）从来没有想到过这一点，但他喜欢这个提法，玩味不已，从中得到一番乐趣。真正第一流的采访可以让一个能言善辩的采访对象如醉如痴，如果他入了迷，采访就会顺流直下，你将从他身上得到更多的东西。这都取决于你事前下了多少工夫。”

小贴士

威廉·曼彻斯特的著作《光荣与梦想》被誉为传媒人的圣经，作者以恢弘的视野，独特的叙事结构，委婉的表达方式记述了 1932 年从罗斯福政府时期至 1972 年水门事件期间，美国政治、经济、文化和社会生活等方面发生的巨大变化，以及历届政府内部和两党之间的斗争、经济危机引起的社会动乱，包括美国一些小人物的画像。

有一次，中央电视台记者水均益去采访当时的联合国秘书长加利，采访前，他到北京街头，征求群众想问联合国秘书长什么问题。采访时，水均益的提问令加利很感兴趣。比如，水均益说："有个小女孩让我问问您，联合国有多大？您的官有多大？"加利一听就乐了。他兴致勃勃地用中文对这位小姑娘说了一句话："我们都是老朋友。"这句话引起全场一片笑声。接着，加利用儿童式的语言说："联合国就像一个大家庭……联合国这个大家庭一共有 185 个成员……我呢，就像一个大管家……每天早晨开门，打扫卫生……"这位联合国的行政长官，就像爷爷在给自己的孙女讲故事一样，介绍联合国和他本人。无疑，这次成功的采访，是和水均益精心准备问题分不开的。

所以记者设计采访问题一定要是采访对象感兴趣的问题，这很重要。

斯诺当年采访陕北苏区，撰写了脍炙人口的名作《西行漫记》。但是很多人并不知道他为了这次采访事前进行了多么周密的准备工作。1936 年 6 月，在斯诺踏入"红色中国"之前，就对采访做了细致准备，他从政治、经济、军事、文化等方面归纳和拟想了 70 多个问题。例如：中国共产党党员究竟是些什么样的人？中国苏维埃是怎样的？共产党人是怎样穿衣、吃饭、娱乐、恋爱的？中国共产主义运动的军事和政治前景如何？它的具体历史意义的发展是怎样的？等等，都是当时国内外人士谈论的中心问题，是人们欲知而未知的问题。斯诺很敏感地抓住了"关心东方政治及其瞬息万变的历史的人"所感兴趣的问题，作为采访红色中国的纲要。正是由于做了充分的采访准备，斯诺在陕北的采访才有目的、有重点。在短短的几个月中，斯诺四处奔波，获得了大量生动具体的材料。

链 接

斯诺为陕北采访准备的问题

中国红军是不是一批自觉的马克思主义革命者，服从并遵守一个统一的纲领，受中国共产党的统一指挥？如果是的，那么那个纲领是什么？共产党人自称是在为实现土地革命，为反对帝国主义，为争取苏维埃民主和民族解放而斗争。南京却说，红军不过是由"文匪"领导的一种新式流寇。究竟孰是孰非？还是不管哪一方都是对的？

在 1927 年以前，共产党员是允许参加国民党的，但在那年 4 月以后，共产党员以及无党派激进知识分子和成千上万的有组织的工人农民，都遭到当时在南京夺取政权的右派政变领袖蒋介石的大规模处决。从那时起，做一个共产党员或共产党的同情者，就是犯了死罪，而且有成千上万的人受害。然而，仍有成千上万的人继续甘冒这种风险，参加了红军，同南京政府的军事独裁进行武装斗争。这是为什么？有什么不可动摇的力量推动他们豁出性命去拥护这种政见呢？革命党和共产党的基本争论究竟是什么？

中国共产党人究竟是什么样的人？他们是不是“纯正的”马克思主义者？他们有没有一个彻底的社会主义经济纲领？他们是斯大林派还是托洛茨基派？或者两派都不是？他们的运动正是世界革命的一个有机部分吗？他们是不是真正的国际主义者？还是“莫斯科的工具”？或者主要是为中国的独立而斗争的民主主义者？

这些战士战斗的那么长久，那么顽强，那么勇敢，而且——正如各种色彩的观察家所承认的，就连蒋介石总司令自己的部下私下所承认的：从整体说来是那么无敌，他们到底是什么样的人？是什么支持着他们？他们的运动的革命基础是什么？是什么样的希望、什么样的目标、什么样的理想，使他们成为顽强到令人难以置信的战士呢？

他们的领导人是谁？他们是不是对于一种理想、一种意识形态、一种学说抱着热烈信仰的受过教育的人？他们是社会先知，还是只不过是为了活命而盲目战斗的无知农民？

红军抗击极大优势的军事联合力量达 9 年之久，这个非凡的记录应该拿什么来解释呢？他们是怎样生存下来并扩大了自己的队伍的呢？他们采用了什么样的军事战术？

中国的苏维埃是怎样的？农民支持它吗？为什么红军没有攻占大城市？中国 80%以上的人口仍然是农业人口，工业体系即使不说是患小儿麻痹症，也还是穿着小儿衫裤。在这样的国家怎么谈得上“共产主义”或“社会主义”呢？

共产党怎样穿衣？怎样吃饭？怎样娱乐？怎样恋爱？怎样工作？他们的婚姻法是怎样的？他们的妇女真的是像国民党宣传的那样是被“共妻”的吗？

红军的兵力有多少？真像共产国际出版物所吹嘘的那样有 50 万人吗？果真如此，他们为什么没能夺取政权呢？他们的武器和弹药是从哪里来的？它是一支有纪律的军队吗？它的士气怎么样？官兵生活真是一样吗？

中国共产主义运动的军事和政治前景如何？他的具有历史意义的发展是怎样的？她能成功吗？一旦成功，对我们意味着什么？对日本意味着什么？这种巨大的变化对世界五分之一的人口会产生什么影响？它在世界历史上会引起什么变化？它对英、美等外国在中国的巨额投资会产生什么后果？共产党究竟有没有“对外政策”？

共产党倡导在中国建立“民族统一战线”，停止内战，这到底是什么意思？

（来源：〔美〕埃德加·斯诺著. 红星照耀中国[M]. 北京：作家出版社，2008.）

小提示：虽然记者准备的问题越多，他的采访和报道就可能越全面、越细致、越接近真相。但是，这并不意味着要面面俱到，很多提问还要根据采访的时间、采访对象的反应和采访的进程变化来决定。

四、搜集背景资料

新闻事件的发生不是孤立的，有其发生的原因、背景、社会影响，这些也是受众关心的内容。所以，记者采访新闻事件前的准备工作，还应该包括搜集与新闻事件有关的背景资料和其他材料。

背景材料对于新闻报道有着重要意义。有些背景材料需要写进新闻报道中，以充实新闻内容，增强新闻的厚度。有些背景材料虽不直接写进新闻报道中，但往往是记者分析判断事实必不可少的依据。有经验的记者，都十分重视采访前对有关背景材料的掌握和搜集。

1．对于采访突发新闻事件的记者来说，由于没有时间进行临时准备，采访前准备全靠平时积累。

在日本，新闻记者常常要当一两年的资料员，在较多地熟悉情况、丰富知识后，再去做采访工作。美国写内幕新闻的名记者约翰·根宝一生竟积累了6万张卡片的资料。离开报社以后，他利用这些资料，撰写了《亚洲内幕》、《非洲内幕》等七部书，每一部都引起了社会轰动。

我国老一辈新闻工作者吴晗说："没有资料就写不出内容充实的文章来。"记者平时要多读书，广泛涉猎各个学科的知识，注意收集和追踪新知识、新信息，还要关注和追踪国内外大事，不断丰富自己的知识积累。只有掌握了丰富翔实的资料，采访才会更有效，报道才会有分量。

改革开放初期，我国著名科学家钱伟长访美，美国几家报纸对钱伟长的情况介绍得十分翔实，报道很有深度，钱伟长惊讶于美国新闻界对其情况的谙熟，便向采访他的记者询问，作为回答，记者把一大叠有关他的资料摆在了他的面前。

记者只有平常不断积累，在突发新闻事件来临时，才能形成联想，把看似不相干的事情联系起来，能迅速从事件的表面现象进入实质性的采访，使突发新闻事件报道既快又有记者自己的独到见解。

《东方早报》记者简光州以一篇题为《甘肃14名婴儿疑喝"三鹿"奶粉致肾病》的报道，成为报道"三鹿奶粉事件"第一人。在对"三鹿奶粉事件"进行调查采访过程中，记者在对资料进行分析的同时作了大量的求证以及个人的思考：

"9月10日，看到甘肃当地媒体关于14名婴儿可能因为喝某品牌的奶粉而致肾病报道。联想到当年安徽阜阳假奶粉的报道，感觉这可能又是一个重要食品质量安全问题。随即联系到甘肃的解放军第一医院，医生们介绍说，以往一岁以下的婴儿得肾病非常少见，同时他们也还没有确定奶粉是不是致病的确切的原因。

……

此时，我感觉证据还不充分。8 月底，湖北一家媒体也曾曝出有三名分别来自湖北、河南、江西的婴儿可能因奶粉而患肾结石，报道也没有点是哪家企业。通过朋友找到了报道的记者，得知喝的也是三鹿奶粉，只不过报社出于多种原因没有点名。

多个不同的地方出现了相同的病例，我初步判断这可能不是由于水质问题，最大的根源还是出在奶粉。”[36]

2．对于记者预先可以计划行程的采访，像外事互访、会议采访、节日报道、到企业采访，在采访前就应该尽可能多地了解新闻事件的背景资料，以便到达新闻现场后能更快地进入采访活动。

例如：地方媒体对奥运会的报道、采访会受到一定限制，采访前的准备工作就要更为细致，一些素材来自于平常的积累和采访前的准备。

作为地方媒体，受众一定更加关心本地运动员取得的成绩和他们的故事。所以，记者除了在前方赛场上取得一手材料外，还可以在前方联系熟悉的教练进行采访，了解运动员平常训练中的一些情况以及在比赛前后的一些故事。这些细节性内容极有可能派上大用场。早在奥运会开幕前记者就要将参加奥运会的本地运动员名单列出来，了解一些运动员的生活细节，并且了解他们家住哪里，与家人取得联系，了解他们的家人是否进京观赛，这也是记者前往北京采访前所做的功课之一。如果到时他们在家中观赛，就可以派记者到他家中采访。对于大型活动的采访，媒体要前后方联动，共同作战，采访不仅包括关于运动员方方面面的采访，还包括对话题的策划。这样的新闻让奥运报道会更有人情味，更精彩。[37]

3．记者除了采访突发新闻事件或预知新闻事件要做准备，自己安排的采访也应该做采访前的相关准备。

如果采访前不做任何准备，寄希望于临场发挥，自然得不到好的结果，甚至会闹出笑话。

有一位记者到武汉钢铁厂走访，与陪同者有一段对话——

记　者：武钢真是全国最大的钢铁基地呀。

陪同者：不是最大的。

记　者：那是全国最老的钢厂？

陪同者：也不是最老的。

记　者：嗯，对了，那就是最先进的。不管怎么说，总归有个‘最’吧？

陪同者：是有个全国之最的地方，不过不是你说的“最”……

事先毫无准备，对所要走访的企业没有起码的了解，这对于记者是有损职业形象的，对于被访者是不尊重的。既然要去武钢走访，记者就应该在采访前对中国钢铁行业的情况进行起码的了解，这是记者基本的自我要求，而且也并非困难的事情。

小提示：采访前，准备一些新闻事件的背景材料是必要的，它可以帮助记者透过现象看本质，扩展采访思路，促使采访更加深入。

五、采访装备准备

现代记者出行前首先要考虑的是怎么传输信息，达到尽快发稿的目的，写稿、传稿设备是现代记者出行所必备的。随着科技的发展，采访装备的准备越来越重要，采访装备成为新闻竞争的要素。

突发新闻事件发生时，文字记者可以轻装奔赴现场，但摄影记者、摄像记者无论情况多么紧迫也要带上必要的采访设备，如果忘记携带照相机或摄像机，就像战士上战场忘了带枪一样不可思议。

新闻工作的特点会使记者有更多的机会奔赴地震、探险、战争、登山等常人很难涉足的现场。在面对特殊事件和特殊地点的采访时，采访前的物质准备更需细致考虑，除了衣食住行必不可少的装备外，在采访设备上还要注意通信畅通，要保证在无法预料的意外情况下，将信息传递出去，必要时要携带先进的卫星通信设备。比如，2003 年报道美伊战争的中央电视台拍摄组到巴格达采访，就携带了卫星发射系统，确保电视图像清晰。

2008 年 5 月媒体对奥运圣火攀登珠穆朗玛峰的报道，就是一次在特殊地点进行的具有一定危险因素的报道。登山队员一路保管火种，必须时时抓着保护绳，攀登六七十度的陡坡，随时都有可能失足。而如此惊险的画面，是由央视八名高山摄影随行跟拍的。转播总指挥黄平刚说："我们这一次的转播，应该说是实现了世界电视史上第一次，从世界最高峰，把我们电视信号转播下来，也是创造电视历史 。"[38]而这种历史的创造，与中国移动公司在峰顶为新华社提供了良好的网络信号，联想公司为新华社提供了稳定的无线传输设备，尼康公司专门为新华社改造了专业摄影器材这些充分、细致物质准备是离不开的。

在重大自然灾害的报道中，良好的物质准备不仅能够将现场的消息报道给公众，更能为有效救援提供及时有利的信息。2008 年 5 月 12 日下午 14 时 28 分发生在中国四川汶川地区的 8 级大地震，由于交通阻隔、信息中断，第一条关于震中汶川地区的灾情情况就是两天后用军用卫星电话传递出来的。

比起文字记者，摄影记者完全依赖摄影器材进行采访，采访准备更加复杂、精细。摄影记者采访前不仅要检查拍摄的器材，还要尽可能多地了解新闻发生地的图片传输情况。熟悉掌握数码、电脑、海事卫星、互联网技术，这些技术已经是当前摄影记者不可缺少的传图技能。

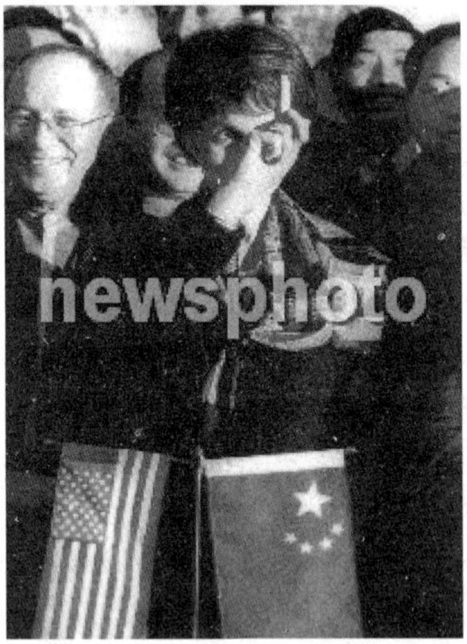

巴尔舍夫斯基（中）风趣地伸出食指，来了个从左至右 180 度的亮相

因为摄影记者采访依赖照相器材，机器设备有时会出现故障，摄影记者出行更要时刻要想到设备有可能出现意外，注意准备两套摄影器材，有备无患。

1999 年 11 月 15 日，中美就中国加入世贸谈判签字。在现场采访时，《中国时报》记者王文澜胶卷用完，于是他便蹲在地上低头换胶卷，这时，王文澜听到头顶一片快门的“咔嚓”声，他知道错过了一个精彩镜头——美国贸易代表巴尔舍夫斯基和中国外经贸部部长石广生步入会场，巴尔舍夫斯基突然作了一个竖起右手食指在眼前划过的动作。自此，王文澜发誓要永远准备一个装着胶卷的照相机。当然，现在新闻摄影器材越来越先进，都是数码相机，已经不必为胶卷担忧了。但无论多么先进的器材都有可能发生意外，所以，有备无患的意识是记者不可缺失的。

小贴士

中美签署双边协议

1999 年 11 月 15 日下午 3 时 45 分，在近 200 名中外记者的注视下，外经贸部部长石广生和美国贸易代表巴尔舍夫斯基并肩入场，含笑落座，签署了中美两国就中国加入世贸组织（WTO）的双边协议，这标志着中美就中国加入全球最大贸易组织的双边谈判正式结束，从而为中国“入世”迈出了重要的一步。

六、拟定采访提纲

采访前的准备情况，有时需要用书面形式提纲挈领式地写出来，这便是采访提纲。采访提纲是记者逻辑思维和思考问题周密性的体现，一个好的采访提纲，会使得记者采访思路更清晰，掌握采访的主动权，使采访得到完满的结果。采访提纲有利于采访有的放矢，特别是对于一些采访经验不足的年轻记者，拟定采访提纲，能够帮助记者坚定信心，临阵不乱、提高采访的效率。但对于有经验的记者，采访提纲也未必形成书面文字，只要记在心里就可以了。

当然，随着对记者工作程序的熟悉，越来越多的被采访者，特别是知名企业、名人都会要求记者在采访之前提交采访提纲。所以，很多时候采访提纲会成为争取采访机会的敲门砖。

采访提纲一般应该包括：

- 采访目的：采访的主题是什么？为什么采访？要达到的目的是什么？可能产生的传播效果会怎样？等等。
- 采访对象：要采访的中心人物是谁？还要采访哪些相关人物？采访顺序怎样安排？等等。
- 采访内容：就是准备的问题。这是采访提纲的核心内容。问题要尽可能多些，有具体的，也有概括的。这也是被采访者最关注的，所以问题的设计要独特、准确、连贯、有创意、引人入胜。这样才有可能赢得采访机会，也有可能获得更深刻、更独特的新闻素材。

当然，采访提纲拟定后，采访时也是要从实际出发，实事求是，按照新情况加以调整、补充、修改。

链 接

一道模拟试题

某报社新闻业务培训班出过这样一道试题：“某记者得知目前正在故宫博物院举办的展览会上展出了刚刚出土的我国 2000 多年前的古酒，决定进行采访，你认为，这位记者应该怎样拟定采访内容？”

正确的答案应该是这样的：1. 古酒由何人在何地发现？如何发现？2. 古酒如果是在墓葬中发现的话，墓主是谁？什么朝代？什么身份？3. 古酒共有多少？装于什么容器？颜色和质量如何？酒中有何浸泡物？4. 展出的概况。5. 我国和世界上以前有无发现比这更古老的酒？6. 古酒的发现有何意义？

上述答案中，前四条大家基本上写了，但后两条，绝大部分没有写。然而，这后两条是很重要的。你不回答我国和世界上以前有无发现比这更古的酒，就无法掌握古酒出土的背景材料，也就是说，缺少了新闻背景。这样，古酒在出土文物中的地位就难以确定。你不问古酒发现有何意义，你就不能正确评价它应有的价值。

总之，进行采访前的准备就是为了增强与采访对象的认识和了解，在采访时缩短相互间认识上的距离，以最短的时间获得更丰富、翔实、有价值的材料，使采访获得成功。

导 语

当我们历经发现新闻线索、接近采访对象、赢得采访机会后，采访就由准备阶段进入到实施阶段。在实施阶段中，最为主要的一个任务是向采访对象提问。提问是记者采访运用的主要手段，是记者采访获取新闻事实的主要途径。杰克·海敦说："新闻事业是一个跟人打交道的行业。大约有99%的新闻是部分或全部以访问——也就是向人提问——为基础写成的。"[15]

提问，看似简单，实则不然。正如周孝庵在《访问》一文中说："访问不难，发问实难。""发问之如何，足以卜访问之成败。"也就是说记者提问技巧的高低，直接关系到采访方案、报道意图能否顺利实现。

第七章 提问，记者的天职

采访前记者会根据采访目的准备问题，在采访过程中这些问题怎样表达出来呢？这就是一个提问方式问题。

一、提问方式

记者面对的采访对象的职业、年龄、性格等各不相同。所以，要让采访对象畅所欲言，回答记者的问题，记者就不能用同一种提问方式应对万千变化的采访对象和采访情景。所以，采访提问有不同的方式。记者经常使用的提问方式主要有三种：引导提问、直接提问、追问。

（一）引导提问

在 2006 年“两会”期间，温家宝总理会见中外记者并回答提问 。中央人民广播电台记者提问：尽管中国领导人多次表示中国坚持走和平发展的道路，但是国际上还是有人认为中国的发展是一种威胁，也有人认为中国在国际体系中承担的义务有限，没有发挥应有的作用。您认为如何才能让人相信中国是一个负责任的国际社会成员？

记者想要问的问题显然是：您认为如何才能让人相信中国是一个负责任的国际社会成员？那么，记者之前为什么要进行一大段的表述呢？即：“尽管中国领导人多次表示中国坚持走和平发展的道路，但是国际上还是有人认为中国的发展是一种威胁，也有人认为中国在国际体系中承担的义务有限，没有发挥应有的作用。”这段表达其实就是问题的引导文字。

引导提问是指记者先将已经掌握的材料进行表述，并以此为铺垫引导出要提的问题的提问方式。

引导提问具体方式表现为：

1．用以引导的内容可以是记者提问的原因，其目的是为了让对方更清楚记者提问的理由。

2．用以引导的内容可以是新闻人物或事件的背景材料，其目的是使采访对象有一个思考线索，限定对方回答问题的范围和角度。

3．用以引导的内容可以是采访对象曾经说过的话，对某个问题的看法等，其目的是提示对方回忆记忆模糊的事情；或者只是让对方证实记者掌握的材料的可信度。

2008 年 3 月 18 日上午，十一届全国人大一次会议闭幕后，国务院总理温家宝应大会新闻发言人的邀请，在人民大会堂与中外记者见面并回答记者提出的问题。

我们看看部分记者的提问——

美国有线新闻网记者：我知道，您的任务是世界上最艰巨，也是最庞杂的。我想提出两个问题，这两个问题都涉及英文字母“T”打头的问题。一个就是西藏问题，我们知道最近在西藏发生了骚乱和暴力的事件，有人追究镇压了和平的示威游行，而且达赖也指责中国在进行所谓的“文化灭绝”，甚至有些人呼吁要抵制北京的奥运会，您对这样一些说法和指责有何评论？第二个问题是台湾问题。您也多次说过，中国绝不容忍“台湾独立”，很快台湾地区将举行选举和公决，如果公决当中的议案被通过，也就是说选民通过选票认为台湾应该以台湾的名义申请加入联合国的话，中方是否会认为这等同于事实上的“台独”宣言？中方是否会采取行动来制止这一做法？另外，现在陈水扁即将下台，您认为是否您和未来台湾新的所谓“总统”进行对话会出现更为光明的前景？

美国有线新闻网（CNN）记者以引导提问的方式提出两个问题，即：西藏问题、台湾问题。记者用于引导的内容是提问的原因，即：“最近在西藏发生了骚乱和暴力的事件，有人追究镇压了和平的示威游行，而且达赖也指责中国在进行所谓的‘文化灭绝’，甚至有些人呼吁要抵制北京的奥运会”和“您也多次说过，中国绝不容忍‘台湾独立’，很快台湾地区将举行选举和公决”引导出的问题是：“您对这样一些说法和指责有何评论？”和“如果公决当中的议案被通过，也就是说选民通过选票认为台湾应该以台湾的名义申请加入联合国的话，中方是否会认为这等同于事实上的‘台独’宣言？”CNN 记者之所以用大段的引导式表述，是为了表明自己提这两个敏感问题的原因。

温家宝的回答非常明确。

温家宝：你提的这两个问题都是涉及中国的统一、主权和领土完整的问题。首先，我回答一下关于西藏的问题。最近在西藏，主要是在拉萨发生了打、砸、抢、烧事件。详细情况，昨天西藏自治区的政府领导人已经向记者做了通报。在这起事件中，极少数人打伤以至致死无辜群众，手段十分残忍。他们砸毁车辆和公用设施，烧毁了民房、商店和学校。这起事件严重破坏了拉萨正常的社会秩序，给拉萨市人民群众生命财产带来极大的损失。我们有足够事实证明，这起事件是由达赖集团有组织、有蓄谋、精心策划和煽动起来的。这就更加暴露了达赖集团一贯标榜的“不追求独立、和平对话”是一片谎言。伪善的谎言掩盖不了铁的事实。当地政府和有关部门依照宪法和法律，采取十分克制的态度，迅速地平息了这起事件，维护了拉萨以至西藏各族人民的利益。我想在这里回答你，从西藏和平解放，实行民主改革到现在，西藏是在进步了、发展了，那种所谓“中国政府灭绝西藏文化”，完全是一派谎言。我们不仅有能力维护西藏的稳定和正常的社会秩序，而且要继续支持西藏的经济发展和社会进步，提高西藏各族人民的生活，保护西藏的文化和生态环境。这个立场是不会动摇的。其次，关于台湾问题。现在确实是个敏感时期，我所关心的就是要维护台海的和平与稳定，促进两岸的共同发展，这应该成为两岸关系的主题和主旋律。我们之所以反对“入联公投”，就是因为如果这样一些主张得逞的话，它将改变台湾和大陆同属于一个中国的现状，势必冲击两岸关系，势必危害两岸人民的根本利益，势必造成台海局势的紧张，破坏台海和平以至亚太地区的和平。我在这里想再一次重申，凡属涉及中国主权和领土完整的事，必须由包括台湾同胞在内的全体中国人民决定，任何人想把台湾从祖国分裂出去都是不会得逞的，也是注定会失败的。

我还想强调，我们希望在一个中国的前提下，尽早地恢复两岸和平谈判，什么问题都可以谈，包括结束两岸敌对状态这样重大的问题。

印度时报记者：近年来，我们看到中印关系出现了极大的改善和发展。请问总理，您对印方在达赖和西藏问题上有何期待？近期在达兰萨拉出现了一些事件，并且有挺进西藏的活动，您对印度政府在处理这些事件的时候所发挥的作用和采取的行动有何评价？同时请总理谈一谈您对解决印中边界问题的看法。

印度时报记者提问的核心问题是“中印关系”问题，记者用以引导的表述内容是自己掌握的相关背景材料，即：“印中关系出现了极大的改善和发展”“近期在达兰萨拉出现了一些事件，并且有挺进西藏的活动”，其目的是使总理有一个思考线索，限定对方回答问题的范围和角度，在这个前提下谈解决印中边界问题自然更有针对性。如果记者不做陈述直接提问，总理就“中印关系”问题的回答会比较宽泛。

温家宝也的确是围绕着“西藏问题”这个中印关系的敏感问题回答了记者提问。

温家宝：正如这位记者所说的，中印关系这些年有了显著的改善和发展。我们对于印度政府在对待达赖策划的所谓“独立”活动所采取的立场和措施表示赞赏。在这个问题上，我同瓦杰帕伊总理和辛格总理都有广泛的共识，我希望印度政府能够依照中印两国达成的共识，正确地对待和处理西藏问题。

两国边界问题已经确立了解决的政治指导原则，并且开展了多轮谈判。这个历史遗留的十分复杂的问题，不是一朝一夕能够解决的。但是只要中印双方都抱有诚意，本着平等相待、互谅互让的原则，我想解决边界问题的谈判会有新的进展。

中央电视台记者：刚才总理说领导者的眼睛要盯向前方。总理在政府工作报告中谈到 2008 年这一年的工作，这是比较近的前方，而本届政府所面对的 5 年是更远的前方。未来 5 年，中国经济社会发展的目标是什么？在目前宏观调控难度加大的情况下，怎样保证经济增长的速度不出现大的波动？

中央电视台记者的引导陈述内容，就是一个提示对方回忆的陈述："刚才总理说领导者的眼睛要盯向前方。总理在政府工作报告中谈到 2008 年这一年的工作，这是比较近的前方，而本届政府所面对的 5 年是更远的前方。"这个陈述可以帮助总理回忆过去的许多事情。

引导提问的方式在新闻发布会的采访中被记者广泛采用，在人物访谈中也经常采用。

例如，古装大型情景喜剧《武林外传》火爆荧屏后，新浪网邀请《武林外传》的导演尚敬与演员姚晨（郭芙蓉扮演者）、肖剑（燕小六扮演者）做客新浪嘉宾聊天室。

访谈开始，主持人向尚敬提的问题是：就像你说的，《武林外传》毕竟开创了以前情景喜剧没有具有的形式、表现手法，有一个访谈中，看到你把它归结为海派的，是吗？

主持人运用引导提问的方式，用以引导的内容是采访对象曾经说过的话和观点，其目的只是让对方证实记者掌握的材料的可信度。

尚敬回答：你说海派可能是有一个误会，不是《武林外传》，是指的《都市男女》，但是也有关系，恰恰是 2002 年在上海拍《都市男女》的时候，结识了编剧宁财神，他来上海，当然他在北京生活过，特别有才情，那会刚拍完《炊事班的故事》，有几个演员都演了这个剧，后来就拍了这个，我们也想做一个新的喜剧，大家非常的投缘，后来经历了很多事情之后，就有了现在的《武林外传》。

尚敬的回答证实了记者掌握的材料有误，接下来，被采访者自然会进一步解释、说明，从而让受众获得准确的信息。

（二）直接提问

直接提问在记者的采访中用得最多。直接提问就是记者直截了当地从正面提出问题，请采访对象作答的一种提问方式。直接提出是最省时、最简单的提问方式。记者与采访对象彼此已经相互适应和了解以后，记者再提问就没有必要都引导，可以根据采访主题直截了当地提问。

1986年9月2日晚，新华社播发了一条只有100多字的短消息：“中共中央顾问委员会主任邓小平今天上午在中南海接受了美国哥伦比亚广播公司（CBS）‘60分钟’节目记者迈克·华莱士的电视采访。邓小平回答了华莱士提出的有关中国经济改革、中国的统一、中美关系、中苏关系等方面的问题。”消息一出，引得全世界一片震惊，各国政治家竖起了耳朵，世界各大媒体记者千方百计地打探此次交谈的内容。

1986年的中国和中国领导人，对西方来讲还是很神秘的，而邓小平是这个占全球人口五分之一的国家的领导人。多年来，想要采访邓小平的外国新闻记者早已排成了长队，而此前只有意大利女记者法拉奇采访过邓小平。CBS是第一家采访到邓小平的电视媒体。据说，这也是邓小平唯一的一次一对一地接受电视记者的专访。华莱士此次独家采访邓小平，让CBS在全世界名声大噪。

《人民日报》于同年9月8日和9月15日分两次刊登了邓小平与华莱士谈话的详细内容。1993年9月，《答美国记者迈克·华莱士问》收入了《邓小平文选》第三卷。

18年后，华莱士向中国记者披露了这次采访的细节。

下面是这次电视采访时的谈话摘要——

华莱士： 邓主任，您对戈尔巴乔夫最近在海参崴的讲话有何看法？

邓小平： 戈尔巴乔夫在海参崴的讲话有点新东西，所以我们对他的新的带积极性的东西表示了谨慎的欢迎。但戈尔巴乔夫讲话也表明，他的步子迈得并不大。在戈尔巴乔夫发表讲话后不久，苏联外交部官员也讲了一篇话，调子同戈尔巴乔夫的不一样。这就说明，苏联对中国政策究竟怎么样，我们还要观察。

华莱士： 您以前有没有见过戈尔巴乔夫？

邓小平： 没有。

华莱士： 您是否想见见他？因为他说过，他愿意同你们在任何时候、任何级别上谈任何问题。您愿意同他进行最高级会晤吗？

邓小平： 如果戈尔巴乔夫在消除中苏间三大障碍，特别是在促使越南停止侵略柬埔寨和从柬埔寨撤军问题上走出扎扎实实的一步，我本人愿意跟他见面。

华莱士： 越南人今天发表讲话，表示愿意和中国谈判，以便结束中越之间的困难局面。

邓小平： 越南这种表示至少有一百次了。我们也明确告诉他们，前提是越南从柬埔寨撤出全部军队。柬埔寨问题由柬埔寨四方商量解决。

……

华莱士：看来，中国同资本主义的美国的关系比同苏联共产党人的关系更好一些，这是为什么？

邓小平：中国观察国家关系问题不是看社会制度。中美关系是看中国和美国关系的具体情况来决定。中苏关系是看中国和苏联关系的具体情况来决定。

华莱士：邓主任，刚才我的节目制作人要我再问一下邓主任是否愿意会见戈尔巴乔夫。

邓小平：我刚才说了，如果苏联能够帮助越南从柬埔寨撤军，这就消除了中苏关系的主要障碍。我再说一次，越南入侵柬埔寨问题是中苏关系的主要障碍。越南在柬埔寨驻军也是中苏关系实际上处于热点的问题。只要这个问题消除了，我愿意跟戈尔巴乔夫见面。我可以告诉你，我现在年龄不小了，过了 82 了，我早已经完成了出国访问的历史任务。我是决心不出国的了。但如果消除了这个障碍，我愿意破例地到苏联任何地方同戈尔巴乔夫见面。我相信这样的见面对改善中苏关系，实现中苏国家关系正常化很有意义。

华莱士：具体地说，哪一件事应该放在第一位做呢？

邓小平：三大障碍主要是越南侵柬，因为中苏实际上处于热点和对峙，不过方式是通过越南军队同中国对峙。

华莱士：是指越南在柬埔寨的军队吗？

邓小平：是的。

华莱士：里根总统和夫人对我的节目很有兴趣，差不多每个星期天都看这个节目，在我的采访节目播出时，他们一定会观看。不知您有什么话对里根总统说？

邓小平：在里根总统和夫人访问中国时，我们认识了。我们相互间的谈话是融洽的和坦率的。我愿意通过你们的电视台，转达我对里根总统和夫人的良好祝愿。我希望在里根总统执政期间，中美关系能有进一步的发展。

华莱士：目前中美双方是否存在大的分歧问题？

邓小平：有。如果说中苏关系有三大障碍，中美关系也有个障碍，就是台湾问题，就是中国的海峡两岸统一的问题。美国有一种议论说，对中国的统一问题，即台湾问题，美国采取“不介入”的态度。这个话不真实。因为美国历来是介入的。在50年代，麦克阿瑟、杜勒斯就把台湾看做是美国在亚洲和太平洋的“永不沉没的航空母舰”，所以台湾问题一直是中美建交谈判中最重要的问题。

华莱士： 美国在处理美台关系时是否未能按照它承担的义务去做？

邓小平： 我认为美国应该在这个问题上采取更明智的态度。

华莱士： 什么态度？

邓小平： 很遗憾地说，在卡特执政的后期，美国国会通过了《与台湾关系法》，这就变成了中美关系的一个很大的障碍。刚才我说，希望里根总统执政期间，能够使中美关系得到进一步发展，其中就包括美国在中国统一问题上能有所作为。我相信，美国特别是里根总统，在这个问题上是能有所作为的。

华莱士： 他们在这个问题上能有哪些作为呢？

邓小平： 可以鼓励、劝说台湾首先跟我们搞“三通”：通商、通航、通邮。通过这种接触，能增进海峡两岸的相互了解，为双方进一步商谈统一问题创造条件。

华莱士： 台湾有什么必要同大陆统一？

邓小平： 这首先是个民族问题，民族的感情问题。凡是中华民族子孙，都希望中国能统一，分裂状况是违背民族意志的。其次，只要台湾不同大陆统一，台湾作为中国领土的地位是没有保障的，不知道哪一天又被别人拿去了。第三点理由是，我们采取“一国两制”的方式解决统一问题。大陆搞社会主义，台湾搞它的资本主义。这对台湾的社会制度和生活方式不会改变，台湾人民没有损失。至于比较台湾和大陆的发展程度，这个问题要客观地看。差距是暂时的。拿大陆来说，我们建国三十七年来，有些失误，耽误了，但根据大陆的现行政策，发展速度不会慢，距离正在缩小。我相信大陆在若干年内至少不会低于台湾的发展速度。道理很简单，台湾资源很缺乏，大陆有丰富的资源。如果说台湾已发挥了自己的潜力，大陆的潜力还没有发挥，肯定会很快发挥出来的。而且就整体力量来说，现在大陆比台湾强得多。所以单就台湾地区平均收入比大陆现在高一些这一点来比较，是不全面的。

……

华莱士： 邓主任刚才谈到“文化大革命”，在那时候您和您的家人遭遇如何？

邓小平： 那件事，看起来是坏事，但归根到底也是好事，促使人们思考，促使人们认识我们的弊端在哪里。毛主席经常讲坏事转化为好事。善于总结“文化大革命”的经验，提出一些改革措施，从政治上、经济上改变我们的面貌，这样坏事就变成了好事。为什么我们能在七十年代末和八十年代提出了现行的一系列政策，就是总结了“文化大革命”的经验和教训。

华莱士： 到现在为止，还没有看到在中国的任何公众场合挂您的照片，这是为什么？

邓小平： 我们不提倡这个。个人是集体的一分子。任何事情都不是一个人做得出来的。所以就我个人来说，我从来不赞成给我写传。我这个人，多年来做了不少好事，但也做了一些错事。“文化大革命”前，我们也有一些过失，比如“大跃进”这个事情，当然我不是主要的提倡者，但我没有反对过，说明我在这个错误中有份。如果要写传，应该写自己办的好事，也应该写自己办的不好的事，甚至是错事。

……

华莱士：毛泽东逝世已经十年，他对现在的一些事会怎么看？现在的领导人主张致富光荣，主张个人幸福，允许私人办企业，准备搞政治改革，人民有了言论自由，这一切同毛泽东的主张都不一样，毛泽东会怎么看？

邓小平：有些不一样，但有些原则还是一样的。现在毛泽东思想还是我们的指导思想。我们有一个《关于建国以来党的若干历史问题的决议》，解答了这些问题。

华莱士：但我还是不清楚。邓小平领导下的中国和毛泽东领导下的中国是不一样的。看来中国现在在进行一场新的革命，至少是试图进行一场新的革命。

邓小平：这个话是对的，我们也讲现在我们搞的实质上是一场革命。从另一个意义来说，我们现在做的事都是一个试验。对我们来说，都是新事物，所以要摸索前进。既然是新事物，难免要犯错误。我们的办法是不断总结经验，有错误就赶快改，小错误不要变成大错误。

华莱士：最后一个问题。您是中国的第一号领导人物，您准备在主要领导人和主要顾问的位子上再留多长时间？

邓小平：我提倡废除终身制，而且提倡建立退休制度。你也知道，我同意大利记者法拉奇谈话时说，我干到一九八五年就行了，现在超过一年了。我正在考虑什么时候退休。就我个人来说，我是希望早退休。但这个问题比较困难，在党内和人民当中很难说服。我相信，在我有生之年退休，对现行政策能继续下去比较有利，也符合我个人向来的信念。但这件事还要做更多的说服工作。最终我是一个共产党员，要服从党的决定。我是一个中华人民共和国的公民，要服从人民的意愿。我还是希望能够说服人民。

华莱士：您当时告诉法拉奇准备一九八五年退休，您准备对华莱士做什么表示呢？

邓小平：坦率地告诉你，我正在说服人们，我明年在党的十三大时就退下来。但到今天为止，遇到的是一片反对声。

（来源：《邓小平文选》第三卷）

在这段对话中，我们看到华莱士用了一些引导提问的方式，但更多的是直接提问。比如“目前中美双方是否存在大的分歧问题？”、“美国在处理美台关系时是否未能按照它承担的义务去做？”、“台湾有什么必要同大陆统一？”、“到现在为止，还没有看到在中国的任何公众场合挂您的照片，这是为什么？”这几个直接问题，不仅提问尖锐，步步紧逼，而且潜台词意蕴深远，发人深省。直接提问的方式，最大限度地避免了官腔套话式的空洞回答，从采访对象的回答中传达出真相，同时也充分展示出了被采访者的个性。

这次访谈中，邓小平的回答充满智慧也充满魅力。当精神矍铄的邓小平出现在美国千家万户的电视屏幕上时，人们从这张熟悉而平静的面孔上，领略了一个东方政治家的才干和智慧。华莱士在全球掀起了一股“邓小平热”，在将近一周的时间里，世界所有重要媒体的舆论都集中到邓小平身上。

直接提问方式一般适用于领导干部、社会名流以及其他性格开朗又比较健谈者，或者是与记者熟悉的人；同时也适用于限定时间的访问，如某个特定场合的现场访问，广播电视的演播室访问等。

直接提问最大的好处就是问题明确，提问方式比较简单。这种提问方式因开诚布公、不拐弯抹角而使访问显得干脆利落，进展得迅速而顺利。只要双方关系和具体情况允许，直接提问可以说是一种最简单、直接、有效的提问方式了。[29]

链 接

1986年年初，华莱士由好友辛迪·瑞汀博格引荐来到中国。辛迪原是美国海军陆战队的一名士兵，后来成为毛泽东、周恩来的好朋友。华莱士一行在南方领略了中国改革开放的新气象。当时，海外媒体和舆论讨论最多的是邓小平的改革开放是不是一项真正的基本国策？

从南方一路畅游到北京，华莱士突发奇想，为什么不直接采访这场改革的发起人，从他的嘴里找到答案？于是，“60分钟”栏目组向中国政府提交了一份申请。华莱士并没有抱太大希望。出乎意料的是，一个月后，北京方面正式答复说邓小平愿意接受采访。

后来，华莱士谈到对邓小平的印象时，说邓小平是一位伟人。他采访过很多其他国家的领导人，但邓小平和他们都不同。他的智慧，他面对挫折表现出来的豁达态度，他的务实精神，他说话直截了当的风格，以及他人生中的几次大起大落，都令西方人着迷。

2000年，华莱士在北戴河见到了中国第三代领导人江泽民。在采访中，针对中国的民主状况、中美关系、李文和间谍案等诸多敏感问题，华莱士把他想问的，都毫无避讳地问到了。两人时而针锋相对，时而用幽默缓和气氛。在采访中，江泽民呼吁中美之间建立“建设性战略伙伴关系”，并使用了气象学上的一个比喻来描述中美关系的起起落落，“当然，这里面也有风风雨雨，有时多云，有时甚至乌云密布，有时也会多云转晴。”

还是那个华莱士，还是典型的华莱士的强硬风格。江泽民对于这次采访和华莱士本人都给予了高度评价。

（来源：迈克·华莱士在此. 南方人物周刊[J]. 2006（23））

（三）追问

在采访中，会遇到各种各样的状况，有时候采访对象对某些重要事实谈得比较笼统；有时候采访对象又表述出新内容；有时候采访对象对某些关键问题有所顾忌不肯回答，甚至转移话题……这时候，记者就要追问。追问是在提问的基础上循着访问对象的思路去求根问底的一种提问方式。目的是最大限度地挖掘出新闻报道所需要了解的事实材料。

对于访问中主要的事实、关键的思想、典型的事例和细节，记者都要追问。

获得8枚金牌的美国运动员菲尔普斯无疑是北京奥运会上最受瞩目的焦点，东方卫视《杨澜访谈录》节目独家专访了菲尔普斯，了解这位泳坛天才的成长过程。但菲尔普斯回答问题都比较简洁，没有太多故事和细节。在这次访谈中，杨澜运用了大量追问方式，以使对方讲出故事来。

我们看看《杨澜访谈录——一个真实的菲尔普斯》片断——

杨　澜：你训练刻苦是人所皆知的，刻苦到一年365天不间断，甚至在圣诞节也是如此，这对一个十几岁的少年来说，有多辛苦？

菲尔普斯：成长是要付出代价的。

杨　澜：为什么要剥夺自己的自由时间？

菲尔普斯：有时候我会这么想，但有时我也会觉得自己很幸运能有这样的机会，能有机会参加奥运会，能打破世界纪录，没有多少人都能获得这样的机会。在过去我的确放弃了很多，做出了很多的牺牲，对我来说这不算什么，我牺牲的东西我也可以找回来。等5年后我的游泳生涯结束后，我想做什么就可以去做。我现在只想追求我的游泳事业。

杨　澜：你如何从紧张的训练中找到乐趣呢？

菲尔普斯：我对乐趣的观点是除了游泳外，我可以随心所欲去做我喜欢做的事……

杨　　澜：玩游戏？

菲尔普斯：玩游戏，还是躺在沙发上，还是看电视或者任何事情，反正就完全是自己的时间，想做什么都可以，去哪里都可以，我都可以很开心。

……

杨　　澜：在激烈的比赛中，成败往往就在一瞬间。描述一下在这种激烈的比赛中你的个人感受吧。你会左右环顾吗？会感觉现场气氛一触即发吗？

菲尔普斯：当我站在出发台后时，我谁也不看，不会左右环顾，我只会看着前方的泳道，我的精力都集中在那里，其他的我什么都不考虑。我一直是这样的，当我站在出发台后，我已经准备好比赛了，期待去完成我的目标，就这样。

杨　　澜：你也不说话？

菲尔普斯：是的。我不会说话，我让我的成绩来说话。

杨　　澜：听说你学中文了？

菲尔普斯：我在尝试着学，但是很难学，真的非常难学。我正在学习一个课程，不过还在学习入门阶段的课程。

杨　　澜：现在能说什么了？

菲尔普斯："女人"、"男人"……还有"水"，Coffee（咖啡），Tea（茶），都是些很基础的东西，非常非常基础的。我正在努力学习，希望在北京时能说一点吧。

杨　　澜：以防在奥运村迷路了？

菲尔普斯：希望能用来问问路。

杨　　澜：你是否有着很好的心态，所以你想睡时就一定能睡着，就算是在奥运会期间也如此？

菲尔普斯：睡觉是我的最爱之一，我总能睡着这一点不成问题。

杨　　澜：由于转播问题，所以比赛被定在了上午，有很多运动员对此颇有怨言，你也会有类似的抱怨吗？

菲尔普斯：我对此毫无怨言，毕竟这是奥运会。我什么时候都可以游泳，如果要我早上10点起来，参加奥运金牌的角逐，我也没有问题，我会准时起床。很自豪地穿上带有国旗图案的服装，尽自己的全力去比赛，为国争光……我做了大量的练习来为在早上举行的决赛做准备的。

杨　　澜：我听说你学习游泳的初衷之一是因为你患有多动症，所以你妈妈想通过游泳来释放你过剩的精力。

菲尔普斯：的确是这样。当我在体育场上或游泳池里，我会觉得非常放松，无拘无束。通过释放自己的力量去获得快乐，最终我摆脱了多动症，我现在没事了。我觉得要不是小时候学游泳，我可能不会变得更强壮。

杨　澜：是什么让你意识到，你就是为游泳而生的，或者为自己设立了作为职业游泳选手的目标，这是什么时候的事？

菲尔普斯：我小时一直在想这件事，可能是在 2001 年，当我创造了我的第一个世界纪录时吧。

杨　澜：有那么晚吗？

菲尔普斯：在那一刻我觉得，可能会发生一些很特别的事情。之前我已经参加过奥运会了，但是在那以后我才觉得有些不同了。

杨　澜：当你选择参加哪项奥运比赛，放弃哪项时，比如在雅典奥运会时，你可以避开和索普在自由泳上的交锋，而选择其他你更有把握的项目，你为什么没有这么做呢？有什么比拿金牌更重要呢？在雅典，如果你不坚持要跟索普在自由泳上一决高下的话，你可能还能多获一块奖牌。

菲尔普斯：我最喜欢做的事情之一是跟世界上最优秀的人一起比赛。在 200 米自由泳项目上，几乎最好的选手，游得最快的选手都参加了，我想跟他们竞赛，我从来没有和他们在自由泳里比赛过，我很希望能有这个机会。

杨　澜：这就是超越金牌的东西吗？

菲尔普斯：我只是想和最好的选手进行比赛。

杨　澜：你有多么喜欢比赛？

菲尔普斯：这是我最喜欢的事情。我热衷于比赛，这可能是我最好的品质之一。我做什么事都特别要强，无论是做什么。

杨　澜：随着索普的退役，谁是你最大的对手？

菲尔普斯：不能说是某个特定的人。全世界有这么多人跟我从事同样的游泳项目，我和这么多人竞争。我在和全世界最优秀的选手比赛，这是我最喜欢的。它让我更为强壮，游得更快，游出世界上最好的成绩。

杨　澜：你的床头和储物柜里还有他们的画报吗？

菲尔普斯：没有了。

杨　澜：没有了吗？你不需要看他们来鼓舞你的斗志吗？

菲尔普斯：我的确需要有人给我指引奋斗方向，我会特别标注出来，放在一个我能天天看见的地方。几年前索普觉得不可能在一次比赛上拿到 7 枚金牌，菲尔普斯做不到……那些话都被我特别标注出来，然后贴在我的储物柜里。无论什么时候打开我的储物柜，我都可以看见那些话。

《杨澜访谈录》节目是一档人物访谈节目，如果采访对象讲不出故事就失去了访谈节目的看点。在这次访谈中，在主持人的一再追问下，还是让采访对象说出了故事，也让观众看到了过去的菲尔普斯，一个从顽童到神童又到神话的传奇历程，看到了他的天赋和努力。如果不追问，就缺少故事。没有故事，访谈就很难成功。

带着质疑不断地追问，揭开隐藏着的事实真相。这是中央电视台访谈节目《面对面》主持人王志的采访提问的突出特点。在节目中王志的追问一环扣一环，有时一追就是十几个问题。

2003 年，74 岁的老军医姜素椿在抢救北京首例“非典”病人时不幸染上“非典”。为了探索治疗的有效方法，他在自己身上进行生死试验——用“非典”康复者血清治疗“非典”，获得成功。中共中央总书记胡锦涛深为感动，向他表示感谢和问候。

我们看看，《面对面——姜素椿：生死试验》，王志对姜素椿的访谈片断：

王　志：你把自己当做实验品吗？

姜素椿：做做实验。

王　志：有风险吗？

姜素椿：有一定风险。

王　志：成功的几率有多少？

姜素椿：百分之七八十。

王　志：凭什么这么说？

姜素椿：一个，它是一个单一血清，不是混合血清。第二个，经过检查，这一点我很感动，因为把这个血清拿过来，五个医院都做检查，一致说这个血没有问题，才拿来实验。所以我不怎么害怕。

王　志：但是再检查，也可能有漏检。

姜素椿：那是，甚至还有新病毒不知道。可是我不试一试，你还等人家去试吗？

王　志：你害不害怕？

姜素椿：不害怕，做好了准备。这个风险应该冒，我不冒谁冒，我是传染科医生，万一出了事比病人好一点。

王　志：如果成了就是一个很宝贵的经验？

姜素椿：当然是。

王　志：如果不成怎么办？

姜素椿：不成，如果在我身上发现问题，我觉得也是值得的。也可以得到教训，为了这个传染病的事医生应该做点贡献。

王　志：你当时是什么时候注射？

姜素椿： 15号。据我了解，中国香港和新加坡也做了一例，都在我后面。
王　志： 注射后你的反应呢？
姜素椿： 很好，到目前为止没有发现什么问题。
王　志： 什么时候有好的作用呢？
姜素椿： 马上就有好的作用，因为这个东西是特异性的，是带号的。
王　志： 你自己的症状呢？
姜素椿： 我本来症状就不多，现在感觉更轻快了。
王　志： 有别的辅助的治疗吗？
姜素椿： 照样，一切不变。
王　志： 用什么方法治呢？
姜素椿： 激素，维生素，都会产生抵抗别的疾病入侵的药物。
王　志： 这个治疗手段能推广吗？
姜素椿： 在少数的情况下可以用。

王志想了解的是什么力量让一位年逾古稀的老人，能如此勇敢地面对这场生死实验。在这段对话中，王志紧紧地抓住"生死试验"这个事件进行深入地采访。善于抓住对方语言中的矛盾点，紧追不舍。正是这样执著的追问，才很好地调动了采访者的情绪，让对方越说越多，观众也从中获取了更真实的信息。

追问是调查性报道的典型问话方式。追问时所用句子一般较短，甚至不完整。但追问是让采访对象围绕一个问题展开回答，所以采访对象和受众也不会因为记者追问时句子不完整而错会意思或造成试听障碍。

记者在调查采访中，不仅要会追问，更要会倾听。更要让对方感到追问得合情合理，而且要调动起对方谈话的欲望。因此，记者从追问的态度到语气都要根据采访对象和采访话题的特点有所把握，追问的态度和语气不可过于生硬。

二、提问类型

记者的提问类型很繁杂，但按问题的性质，美国新闻学家麦尔文·曼彻尔把所有的采访提问简单地分为两大类型：开放式提问和闭合式提问。

（一）开放式提问

所谓开放式提问，就是问题提得比较概括、抽象、范围较大，对回答的内容限制不严格，给对方以自由发挥余地的提问类型。

比如说一位歌星来青岛参加演出，你去采访他，你问："请您谈谈对青岛的印象如何？"这就是开放式提问。关于青岛印象，对方可以简单地回答"好"，或是"还可以"之类，也可能大谈青岛的美景，青岛的海鲜等。完全没什么限制，对方可以很随意地回答。

提这样的问题也很容易，一般都是大而化之的问题，记者提问比较省力，可以不假思索，问题几乎可以应对任何采访对象。今天某歌星来你可以这样问，明天某学者来你还可以这样问。

《经济日报》原总编辑艾丰在《新闻采访方法论》一书中，将开放式提问的特点归纳为：

（1）给对方以更多的"自由"，容易谈出一些宏观性的看法，也可能引出有价值的话题。但问题焦点不集中，双方联系比较松散，对方不容易说出心里的话，采访也不容易深入。

（2）问题问得比较自然缓和，有利于创造融洽的谈话气氛。但问题一般化，对方容易泛泛而谈，比较难以挖得很深或者对方感到问题太大，不知从哪儿答起。

（3）提这种方式问题较为省力，但是采访对象想要认真负责进行回答的话就比较困难（对于不认真的人，越是抽象的问题越是好回答，而对于认真的人则刚好相反。）

这几个特点，实际上是三组矛盾的对立统一。提开放式问题固然省事，气氛也可能轻松，但对方的回答有时与你欲了解的内容完全是两回事，双方联结不到一起。例如，你问采访对象："请您谈谈对青岛的印象如何？"，本来希望对方谈谈对青岛城市建设的印象，而对方却大谈青岛的小吃可口。在这种情况下，你的采访就比较困难了。

（二）闭合式提问

所谓闭合式提问，指问题提得比较具体、单纯，被采访者的回答范围狭小、指向性强的提问类型。

这是一种给被采访者回答问题的范围也限制得比较严格的提问类型。这类提问给对方的自由发挥的余地很小，对方一般要作较为明确回答，无法回避，而且容易从对方的回答中得到实质性材料。闭合式提问可以说是你问什么对方就得答什么，所以战斗力比较强。

例如，还是你去采访某歌星，你的提问是："您喜欢青岛这个城市和青岛的海鲜吗？"或"您是否有再次访问青岛的愿望？"这就是闭合式提问。对方的回答必须是明确的。

关于闭合式提问的特点，艾丰归纳为：

(1) 留给对方的自由余地较小，但是双方联结得比较紧密、具体；对方容易说出心里的话，也容易谈得深入。

(2) 问题具体、范围严格，可能因记者选择不当而丢掉更好的提问点，但若选择得当，极利于深入情况和获得对每个问题的明确回答。

(3) 记者提闭合式问题是要花费较多精力的（问题要提得具体而又不是鸡毛蒜皮，即所谓要“小中见大”，记者不花大力气熟悉情况，反复思考，精心选择，是办不到的），但是采访对象在回答这些问题时较为方便（这里提“方便”，而未说“容易”，因为有些闭合式问题相当尖锐，回答好并不容易。但问题具体、集中，总比抽象、分散回答起来方便得多）。采访对象说出了自己想说的话，受众得到了信息和有价值的东西。

这几点，同样也是由三对矛盾组合。

对于记者而言闭合式提问比较费力，因为必须事先掌握大量材料，进行综合分析，才能把问题提炼出来。相比较而言，开放式提问比较随意，比较省事，但这种提问方式往往既不利于把握采访的方向，也不利于深入挖掘材料，更不利于采访能力的提高。

（三）开放和闭合是相对的

开放式提问和闭合式提问不是绝对的，是相对而言的，“闭”是相对于“开”而言，“开”是相对于“闭”而言。因此，划分提问类型只能就一系列提问进行比较，相对地区分为 “闭合”与“开放”。

比如，一位运动员获得世界冠军，记者常问：“请你谈谈此时此刻的感受”。这就是一个开放式提问，而且开放度已经很大。尽管开放度很大，问题还是有范围的，限定在运动员得冠军那一刻的感受。再比较下面的两个提问：

“此时此刻你最想说什么？”

“此时此刻你最想对爸爸妈妈说什么？”

如果记者将“请你谈谈此时此刻的感受”。换成上面两个提问话，开放度就会变小，对方的回答也会更具体。[29]

尽管上面三个提问都是开放式提问，但相对而言，“此时此刻你最想对爸爸妈妈说什么？”就比“此时此刻你最想说什么？”封闭，而“此时此刻你最想说什么？”又比“请你谈谈此时此刻的感受”封闭。

(1) 两类问题交替运用

麦尔文·曼彻尔认为，记者在采访当中，通常总是以开放式问题作为采访中的第一个问题。这样，采访对象才能张口说话，在回答问题时不受拘束，可以轻松自如地漫谈。然后再由开放式问题逐步过渡到闭合式问题，以取得具体、明确的采访素材。

如果一开始就提闭合式问题，采访对象对记者和采访环境还不适应，所以很容易引发对方紧张、警觉、慌乱的情绪，以致拒绝回答记者。但这也因人而异，如果采访对象有丰富的媒体应对经验和准确的领悟能力，记者也可以从闭合问题单刀直入，直奔主题。

在新闻采访中，这两种类型的提问记者都会采用。一般而言，开放式问题适于转入话题、搜索情况、调节谈话气氛、缓解记者压力等情况。闭合式问题适于层层追问、深入挖掘材料、证实事实、追问细节。开放式提问能使采访对象展开话题，闭合式提问能使采访对象回答集中。

（2）尽可能将问题化小

在一般情况下，采访中两种提问可以交替使用，从而使采访问题有浅有深，采访气氛有张有弛。但就整个采访过程来看，记者应以提闭合式问题为主。正如麦尔文·曼彻尔所说："那些仅仅只能问一些开放性问题的记者应该懂得这样做的后果。对于某些提供情况的人士来说，开放性问题意味着记者的准备不充分或无能。"[39]

所以，即使是大问题，提问时也要尽量拆开，拆成诸多小问题，用一个个简单的小提问，同样能让采访对象回答大问题。

比如，《焦点访谈》曾经做过《"形式"逼人》这样一期节目，主题是批评形式主义。河南省荥阳市政府向农村推行改建厕所，目的是要创建全国文明卫生城市。本来是件好事，落实时，市、镇、乡的做法却叫人啼笑皆非；一个基层领导大张旗鼓地要求村民建统一规格的厕所，限期完不成任务的干部还要就地免职。结果，村干部强制村民放下农活修厕所。这件事是记者通过采访一位小朋友，让观众了解情况的。

下面是记者的现场提问：

记　者：小朋友，为什么没上学。
小朋友：放假。
记　者：放什么假？
小朋友：挖茅子。
记　者：放几天？
小朋友：三天。
记　者：三天挖不成怎么办？
小朋友：不叫上学。
记　者：你家挖成了没有？
小朋友：挖成了。
记　者：挖成了怎么还不叫上学？

小朋友：没条子。

记　者：没有什么条？

小朋友：茅子条。[29]

在这个案例中，采访对象是一个小朋友，小孩子理解和领悟能力有限，如果记者提很大的开放性问题，比如："你对形式主义怎么看？"，小孩子就无法回答。记者面对孩子只能提简单具体的问题，让孩子就事论事地回答。在本例中，记者全都用得是封闭式提问，采访对象回答得也极其简单，有些提问看似与主题无关，但这正是记者的高明之处，这些提问往往是为下一步的问话作准备。记者将这样的问题一个个追问下去，观众把采访对象的回答连接起来，还是从中了解了事实真相。因此，好的封闭式提问看似随意，实际上是包含着记者的智慧和采访技巧。

任何不受范围限制的开放式提问都不是好问题，都必须避免。记者要使提问越具体越好，这样采访对象更清楚你的问题，也更容易回答。

比如，霍金 2002 年到杭州出席学术会议时，有记者提问："你认为人类历史的下一个世纪最伟大的发明将是什么"，霍金回答："如果我知道，我就已经把它做出来了。" 像这样的提问，既不能让霍金快乐，更无法完成采访。

又如：中央电视台主持人敬一丹在石家庄签名售书时，当地一记者采访她时提问："你如何看待中国目前的新闻舆论监督作用，你怎样处理生活和事业的关系？" 敬一丹答道："你的问题太大了，恐怕我回答不了。"

所以，敬一丹说："自从干了电视记者这一行，我就给自己定了一个戒律，不许问：'请问您有什么感想？'。是这句话本身有错吗？不是，它没错，用起来很顺手，很保险，很通用，甚至能以一对十，以一对百，应付记者眼前发生的千种心情，万种事端。为什么不用呢？因为这句话太没有个性了，太容易养成记者的惰性了，太容易局限记者的想象空间了。为了在采访中体现出个性特色，就为了逼自己勤快一点儿，就为了拓展自己的想象空间，我在几年的记者生涯中从未问过采访对象'请问您有什么感想？'有了一个戒律的约束，记者的状态就变得积极了，思路也容易打开，语言也随之灵动了。堵住了水的一个出口，水就漫向四周；不许问一句话，也许就逼出十句更精彩、更有针对性、更有个性色彩的问话。长时间在这样的戒律之下，慢慢地，记者就养成了一种职业习惯，勤于思索，善于提问，采访变成一种愉快的交流。给自己一个戒律，是逼自己学当一个好记者。实现真正的对话，是一个好记者应该达到的境界。"[40]

开放式的提问最具代表性的就是："感想如何？" 西方新闻界痛斥

这种万能问话，提出了“不要感想”的口号。说到底，这种大网捕鱼似的提问是最偷懒的做法，其结果往往是让被访者无所适从，只能泛泛而谈、言不由衷或者无从谈起。

所以，职业记者要切忌用大而空的提问。

采访是记者提问，采访对象回答的过程，是一个动态过程，由于采访的环境、对象的情绪等多种因素影响，使得采访具有很大的随机性、灵活性，所以记者需要根据不同情况，随时调整提问策略、把握提问时机，才能收到好的谈话效果，保证采访取得成功。记者的提问是一种技巧，也是一门艺术。

三、采访技巧

提问技巧是衡量记者采访水平高低的主要依据。提问目的不同，提问对象不同，提问的方式技巧也千差万别。记者提问技巧包括的内容很多，在这里主要了解几个常用的提问技巧。

（一）第一个问题，因人而异

俗话说，好的开头是成功的一半，采访的“第一个问题”至关重要，它关系到采访能否顺利进行下去。怎样用“第一个问题”有效地开启谈话呢？这没有固定的模式。因为采访对象千差万别，所以第一个问题怎么提，也要因人而异。记者需要根据采访对象的特点寻找恰当的切入点，调动被采访者的情绪。

1. 开门见山，单刀直入

记者直截了当地提出第一个问题，这种开门见山式的问法单刀直入，迫使对方做出防御性反应。在提问艺术上，意大利著名记者奥琳埃塔·法拉奇堪称典范。在采访中她以提问尖锐泼辣、深刻精到著称于新闻界。例如：法拉奇在采访伊朗宗教领袖霍梅尼时，第一句话便说：“我要告诉你，先生，你是伊朗的新沙皇。” 这句话开门见山陈述了事实，使得霍梅尼立刻开口为自己辩解，而法拉奇在对方的辩解与表白中得到了有价值的材料。法拉奇在谈到这次采访的经验时说：“我的秘诀是开门见山，把气氛打开。例如我去访问霍梅尼前早就知道他是个独裁者，于是我一见面就说：我要告诉你，先生，你是伊朗的新沙皇……”[34]24

一般，这种提问方式进入话题快，采访效率高。这种提问方式适合于四类采访对象：一是记者较为熟悉的采访对象，有话直说不客套更能显示彼此交往的随和；二是有丰富被访经验的人，比如高层官员、企业家、娱乐和各类明星、文化名人等。三是工作忙、时间有限的人。四是对采访目的十分明确，且有充分准备的人。

2. 旁敲侧击，启发引导

在采访对象不愿接受采访或采访问题敏感的情况下，记者单刀直入的提问不仅难以奏效，而且很容易让采访一开始就陷入僵局。这时，就应该采用启发引导的方法，旁敲侧击，循循善诱，从侧面迂回，逐渐引入正题，促使对方回答。

19 世纪末的中国正经历着“千年未有的变局”，传统的帝制和士大夫政治正走向终结，军事、经济、文化和社会生活经历了蜕变。1896 年 8 月 28 日下午 2 时，大清帝国直隶总督兼北洋大臣李鸿章一行乘“圣·路易斯号”邮轮抵达美国纽约港，“市民涌动如潮，港湾内百舰齐鸣”。《纽约时报》报道称李鸿章“既是著名军事将领，又是政治家、金融家和外交家”。李鸿章到纽约不久就向记者们发出邀请，定于 9 月 3 日上午在华尔道夫饭店接受《纽约时报》采访。事后记者报道说：“采访中，他神采飞扬，微笑着回答记者们的提问。回答问题时，他态度非常坦诚、谦虚，好像他只是世界上一个很普通的公民，而不是大清政府权势显赫的人物。”

以下是《纽约时报》记者采访李鸿章的片断——

记　者： 尊敬的阁下，您已经谈了我们很多事情，您能否告诉我们，什么是您认为我们做得不好的事呢？

李鸿章： 我不想批评美国，我对美国政府给予我的接待毫无怨言，这些都是我所期望的。只是一件事让我吃惊或失望。那就是你们国家有形形色色的政党存在，而我只对其中一部分有所了解。其他政党会不会使国家出现混乱呢？你们的报纸能不能靠国家利益将各个政党联合起来呢？

记　者： 阁下，您在这个国家的所见所闻中什么使您最感兴趣呢？

李鸿章： 我对我在美国见到的一切都很喜欢，所有事情都让我高兴。最使我感到惊讶的是 20 层或更高一些的摩天大楼，我在清国和欧洲都从没见过这种高楼。这些楼看起来建得很牢固，能抗任何狂风吧？但清国不能建这么高的楼房，因为台风会很快把它们吹倒，而且高层建筑如果没有你们这样好的电梯配套也很不方便。

记　者： 阁下，您赞成贵国的普通老百姓都接受教育吗？

李鸿章： 我们的习惯是送所有男孩上学。（翻译插话：“在清国，男孩才是真正的孩子”）我们有很好的学校，但只有付得起学费的富家子弟才能入学，穷人家的孩子没有机会上学。但是，我们现在还没有你们这么多的学校和学堂，我们计划将来在国内建立更多的学校。

记　者：阁下，您赞成妇女受教育吗？

李鸿章：（停顿了一会儿）：在我们清国，女孩在家中请女教师提供教育，所有有经济能力的家庭都会雇请家庭教师。我们现在还没有供女子就读的公立学校，也没有更高一级的教育机构。这是由于我们的风俗习惯与你们（包括欧洲和美国）的不同。也许我们应该学习你们的教育制度并将适合我们国情的那种引入国内，这的确是我们所需要的。

记　者：总督阁下，您期待对现存的排华法案进行任何修改吗？

李鸿章：我知道，你们又将举行选举了，新政府必然会在施政上有些变化。因此，我不敢在修改法案前发表任何要求废除《格力法》的言论，我只期望美国新闻界能助清国移民一臂之力。我知道报纸在这个国家有很大的影响力，希望整个报界都能帮助清国侨民，呼吁废除排华法案，或至少对《格力法》进行较大的修改。

……

我相信美国报界能助华人一臂之力，以取消排华法案。

……[41]

记者向李鸿章提的第一个问题：尊敬的阁下，您已经谈了我们很多事情，您能否告诉我们，什么是您认为我们做得不好的事呢？

记者又问：那么阁下，您在这个国家的所见所闻中什么使您最感兴趣？

接着，记者问了李鸿章是否赞成普通百姓和妇女受教育的问题。之后，才进入记者最关心的话题，也是最应该问一个出访外交官的问题："您期待对现存的排华法案进行任何修改吗？"

李鸿章期望美国新闻界能助中国移民一臂之力，呼吁废除排华法案，或至少对《格利法》进行较大修改，使移民享受应有的权利。

《纽约时报》记者为什么要绕这么大的圈子才到达正题呢？因为在那个年代，中国对于西方国家来说还很神秘，美国记者对中国也不很了解，对李鸿章更是知之甚少，从对美国印象开始提问，不仅给记者喘息之机，知道对方感兴趣的是什么，同时，也从李鸿章的回答过程中了解他的个性。

一般来说，这种提问方式进入话题较慢，但能够融洽采访气氛，有利于采访获得成功。这种方式适用于记者不熟悉的采访对象、不愿意接受采访的采访对象、一时还不能集中注意力的采访对象、性格内向不善言谈的人以及话题敏感的采访。

1983年邓小平到北京十三陵水库参加植树造林活动。有记者采访邓小平，开口就问：对植树活动有何感想。邓小平回答说："我是来劳动的，不发表感想"。显然，在这种情况下，采访很难有所收获，但中央人民广播电台记者刘振敏却成功地让邓小平接受了采访，表达了感想。

我们看看刘振敏采访邓小平的片断——

刘振敏：小平同志，1958年您不是来过吗？

邓小平：是呀，那是修十三陵水库。

刘振敏：现在有什么变化？

邓小平：现在满山都是树哇！

刘振敏：您说过植树要坚持20年。

邓小平：是呀，植树要坚持20年，100年，1000年。年年都要搞哇，世世代代搞下去。

在采访对象不接受采访的情况下，用开门见山的提问，很难奏效，刘振敏从侧面提问，启发引导，使得采访终获成功。

这种提问方法也称"漂近法"，即先提出若干过渡性问题，然后逐渐漂近敏感问题。因为有了这种过渡，访问对象会逐渐熟悉记者、解除原有的戒备心理，而记者又有意把敏感问题放到最后提，使对方不知不觉地回答出记者欲知的问题。

英国小说家罗伯特·史蒂文森说："你提出一个问题，就像投出一块石子。你静静地坐在山头听着回音，石子滚远了，再接着投下去。"对于记者来说，第一个问题就如同探路的石子，如何投出这个石子，要因人而异。

（二）刺激性提问，逼迫回答

对于不肯回答问题的采访对象，记者有时可以用激将法，提出刺激性问题引起采访对象重视，并且让对方无法回避，迫使对方回答。法拉奇就具有这种强悍的采访提问能力，对于不肯回答问题的采访对象她总是毫不留情，顽强而巧妙地发起一次又一次的进攻，如同拳击手将对手逼到拳台一角，让对方毫无退路，然后一阵猛烈的击打，把对手干净利落地击倒在地，让对方来不及思考，情愿说出不情愿的话。《纽约客》的一篇人物剪影中写道："法拉奇的采访风格是存心要人烦躁不安：她每一次采访都具有有计划的攻击性，经常提到欧洲存在主义，表现出一种不安分的、狡诈的智慧。"

1972年美国国务卿亨利·基辛格在政坛上的影响如日中天，但法拉奇在采访时却故意贬低他，称他完全被尼克松总统的影响盖住了。结果老练的基辛格自尊心膨胀，称自己在美国像“牛仔”一样被人崇拜，并且经常做出单骑救主的举动。法拉奇问及关于越战的问题，基辛格因为担心泄密而左闪右躲，拒绝回答，但法拉奇旁敲侧击，紧追不舍，基辛格发出了警告：“够了，我不想再谈越南了！”而法拉奇却再次用激将法提问：“很多人认为您和尼克松接受那个协议实际上是对越南的投降，对此您也不愿意谈吗？”、“基辛格博士，那么关于越南战争您有什么要对我说的？我觉得您从来没有反对过越南战争。”逼得基辛格不得不表态，基辛格最终脱口而出：“美国打越战毫无意义”。文章见报后，举国哗然。这段言论严重影响了他与尼克松的关系，基辛格在回忆录中写道“接受法拉奇的采访是我与新闻媒体最具灾难性的对话”。他这一生所做的最蠢的事，就是接受法拉奇的采访。[42]

一般来说，这种提问方式适合于不肯回答问题的采访对象、狡猾难以对付的采访对象、还有过于谦虚不想谈、顾虑重重害怕谈或傲慢自大不屑谈的采访对象。这种提问方式要求记者有丰富的社会知识和生活阅历以及较强的应变能力，同时运用激将法提问一定要注意问题的选择和时机的选择。

（三）运用智慧，心理较量

记者在采访中并非总是能够遇到坦诚的人，当记者面对的是一个不好应对的人时，必须要充分调动聪明才智应对，揣摩对方心理，巧妙运用各种提问技巧达到采访目的。所以，有时候提问过程也是记者与采访对象之间心理较量的过程。

法拉奇在采访南越总理阮文绍时，她想获得阮文绍对外界评论他是“越南最腐败的人”的意见。当直接问阮文绍时，阮文绍矢口否认了这个说法，接着法拉奇将这个问题分解为两个有内在联系的小问题。她先问：“您出身十分贫穷，对吗？”阮文绍听后，动情地描述了小时候他家庭的艰难处境。得到了上述问题的肯定答案后，法奇接着问：“今天，您富裕至极，在瑞士、伦敦、巴黎和澳大利亚有银行存款和住房，对吗？”阮文绍虽然否认了，但为了澄清这些“传言”，他不得不详细地道出他的“少许家产”。[42] 这样，阮文绍是否真的如传言中的那么腐败便昭然若揭，记者的目的也就达到了。

在 2001 年 8 月 17 日中央地视台新闻调查栏目播出的《厦门特大走私案》节目中，记者长江在关于厦门远华案的报道中，采访厦门市原副市长蓝甫，面对这样一个贪官，记者想问他，为什么身为党的高级干部，竟会张嘴向走私犯要钱。记者考虑到这个问题如果直接问，蓝甫不可能回答，因此就把“提问”设计成两个问题：

记者：“你觉得赖昌星想从你这儿得到什么？”
蓝甫：“保护。”
记者：“那么你从他那儿想得到什么？”
蓝甫：“钱。”[13]44

记者先从赖昌星问起，对方在心理上相对轻松，对紧接下来的问题自然会放松警觉，回答问题时就会不由自主地脱口而出。如果这两个问题的次序颠倒一下，效果自然不会好。

采访提问的技巧，是记者的一种应变技巧。采访中有很多变数，提问方法也有很多，提问技巧都要视实际情况灵活掌握。

四、提问禁忌

记者以提问为职业，所以提问方式和内容集中体现了记者的职业素养，同时提问既是达到采访目的的手段，也是进行人际交往的方式。所以，提问时要有所禁忌。

1. 忌提诱导性问题

新闻是对客观事实的报道，记者在提问时也要用事实说话，避免主观色彩。有的记者出于个人喜好或对事物的主观认识，提问时往往带有明显的个人倾向性，更有甚者，诱导采访对象按照自己的思路回答问题。这是有违新闻职业道德的。

比如：

“你是不是认为……”

“你当时是不是想到了…… ”

“我以为你们这样做是为了……”

这些带有记者主观色彩的提问方式，势必会对采访对象会产生诱导。

在 2008 年北京奥运期间，有一些电视记者的提问主观诱导性明显，引起了观众的质疑，甚至有网友将一些不恰当的问题结集成语录，进行批评。

例如：有记者问田径运动员史东鹏：“你觉得和刘翔在同一个时代是不是很悲哀？”

又如：有记者问谭钟亮：“你奋斗了二十多年，参加了四届奥运会，而只获得了一枚铜牌，你觉得你有愧祖国吗？”

诱导和提示性问题，很容易让受访者言不由衷，从而掩盖事实的真相。这是不符合新闻规律的。

2. 忌提审问式问题

审问式提问表现为：记者在采访活动中，居高临下，提问中随便建议对方，干预别人的决定，提问如同提审。

朱启南在北京奥运会男子 10 米气步枪决赛中夺得银牌。

有记者问：“为什么只得了一个银牌，为什么没发挥好，你是怎么想的？”

朱启南哭了……

陈艳青在北京奥运会女子举重 58 公斤级的比赛中在已经夺金牌的情况下还挑战了 136 公斤，最后成功打破了奥运会纪录。

记者问她：“你为什么不破世界纪录？”

陈艳青：……

这种提问是不平等的，凌驾于被访者之上。这样的提问势必会破坏采访氛围，有可能造成记者与采访对象的对立情绪，让采访陷入僵局。

3. 忌提伤害对方的问题

记者提问要顾及对方感受，千万不能用提问刺伤对方 。

在“5·12”大地震中女民警蒋敏失去了父母和女儿。记者问正在抢险救灾的蒋敏在地震中是否失去了亲人？怎么能在痛失亲人的情况下，还在拼命工作？最后竟然问：“你在救助这些灾民的时候，看到老人和小孩，会不会想到自己的父母和女儿？”女民警悲伤地讲不出话。

有记者问两个小姐妹：“如果你爸爸妈妈已经不在了你怎么想。”

有一个被埋了 37 个小时的孩子获救后被送到医院，记者蜂拥而至，询问孩子被埋期间的生活，结果孩子只要一看到摄像机就会大喊：“让他们离开！”“让一个孩子回忆自己父母被压的瞬间，太残忍了。”一名来自成都的陪护妈妈说。

这样的提问无异于往别人伤口上撒盐，不仅缺乏记者基本素养，而且缺乏作为人的起码的善良。如果你是被采访者，面对这样的记者，你会有怎样的感受？我们的记者能否换位思考一下呢？能否在提问中多一些人文关怀呢？

4. 忌提无法回答的问题

奥运会羽毛球比赛，张宁夺冠后，绕过了女单主教练唐学华，先跟总教练李永波拥抱，看到这个画面后，主持人在后方直播厅立刻问张宁父母：“看着女儿和李永波拥抱是什么感觉？”

这样的问题，你让对方怎么回答？

5. 忌提信口开河的问题

例如：拿到奥运冠军后，教练和队员沉浸在胜利的喜悦中。有记者采访教练——

记者：拿了冠军，队员们高兴吗？
教练：都挺高兴的。
记者：那你高兴吗？
教练：……

一个记者采访获得奥运举重冠军的运动员——

记　者：拿了金牌，你激动吗？
运动员：激动。
记　者：为什么激动？
运动员：……

刘春红在奥运会女子举重 69 公斤级比赛中拿了金牌后，有记者采访她——

记　者：我看你上场前，披了一件黄色的战袍，是谁给你做的？
刘春红：哦，那是耐克赞助的……

如果记者稍稍动动脑子，都不会提出这样的问题，这样的问题是毫无意义且无效的问题，这样的问题在让被采访者无言以对的同时也极大地损害了记者自己和所在媒体的形象。

链　接

中国心理学界发布地震救灾媒体报道倡议

人民网北京（2008 年）5 月 21 日电　2008 年 5 月 12 日下午 14 时 28 分，四川省汶川县发生 8 级地震，这场突如其来的自然灾害，给灾区群众造成了巨大的经济损失和身心创伤。5 月 16 日，胡锦涛总书记在视察北川灾区时做出重要指示，要为受灾民众做好心理辅导。

为对灾区人民及时进行心理危机干预，中国心理学会特成立中国心理学界危机及灾难心理救援项目组，开展各项心理援助工作。

今天，中国心理学界危机及灾难心理救援项目组联合人民网向采访和报道汶川大地震的各地媒体发出倡议。

中国心理学界危机及灾难心理救援项目组给媒体对儿童采访的建议：

对儿童的采访:

1. 不建议采访此次受灾的儿童青少年，特别是伤残的儿童青少年;

2. 如果要采访儿童，需监护人及本人同意;

3. 如果必要的话建议文字采访，即使同意电视采访，应用马赛克遮住面部;

4. 采访前应说明采访材料会用于什么地方，怎样用;

5. 对同一个儿童采访不宜太多，一次即可，不能重复采访（如果已经有媒体采访过了，其他媒体就不能再采访）;

6. 保护儿童的心灵，否则容易因重复创伤经历而没有得到心理干预，而再次创伤;

对专家与幸存者的采访:

1. 与专家建立热诚友善的关系，事先一起讨论要访问的目的和目标;

2. 要让专家成为新闻的来源;

3. 请专家给报道者一些数据，让他们可以阅读或者引用;

4. 每次访问的焦点集中在一或两个主要的点上，反复重复;

5. 进行访问时要依据确实的数据或证据;

6. 对受害者的信息要保密;

7. 和组织的代表与联络人联系，统一安排信息发布;

8. 找灾后创伤救援和治疗的专家访问;

9. 保护幸存者，采访过程要让他自己能够控制采访内容和时间;

10. 避免重复多次采访某个人，避免因重复创伤经历而造成被访问者对创伤的记忆更加清晰，这可能使被访问者更易出现心理问题;

宣传的主题: 正面，积极，希望

1. 在创伤情境下人类行为的传奇与事实;

2. 经历灾难之后，成人、青少年与儿童的反应: 正常化和必要时进一步求助的途径;

3. 个人或家庭之心理治疗转介机制;

4. 重建社会支持系统;

5. 反映特殊团体的需求，例如老年人，孩子与残障者;

6. 在危机时期，身为救援者，协助者或照护者，对自身反应的了解与处理;

在对被访问者提问时注意:

1. 提出正向问题: 例如你是怎么在废墟下坚持下来的?

2. 不提被访问者可能不愿意回答的问题;

3. 不要追问令被访问者痛苦的细节，例如失去孩子的父母在地震瞬间逃生的具体情况;

提倡: 有序，理性，科学报道

中国心理学界危机及灾难心理救援项目组（中国心理学会、北京大学心理学系、北京心理卫生协会）

（来源：人民网）

五、非言语因素采访

人类的表达，人与人的交往，在很多时候是在不借助言语的情况下，通过触摸、目光、发音的细微差别或面部表情来表达的。人们在彼此了解时，不但注意对方言语词句，也注意话语的停顿和语调、服饰和仪表、目光的流盼和面部表情。人们通过对身体姿势、语调的和表情等非言语线索的评价，判断出对方的态度。

社会心理学认为非言语因素包括：身体运动和姿势、面部表情与视觉行为、人际空间与领域行为、接触行为、服饰、环境、嗅觉、味觉及时间等。研究表明："几乎一切非言语的声音和动作，都可以用作沟通的手段。"[43]

非言语信息采访有两层含义：一是指新闻记者通过言语之外的传播方式影响采访对象以获得新闻信息；二是指新闻记者通过对采访对象非言语行为及其环境的观察、分析而获得新闻信息。[44]

1. 通过视觉的非言语采访

记者要善于运用视觉对采访对象进行观察，捕捉人物特点、典型场面，并给予形象的刻画和描绘。

比如，法拉奇在人物专访《英迪拉·甘地》中对甘地外表特征是这样描写的："她通过她那深情的、抑扬的、悦耳的声音把自己和盘托出。她的相貌也是动人的。她有一双淡褐略带忧伤的美丽的眼睛，脸上挂着一丝奇妙的、高深莫测的、能引起人们好奇的微笑。她那卷曲的黑发左侧夹着一绺奇特的灰发，犹如一缕银色的光束闪闪发亮。就是这一点，她也不与任何人相像。她身材苗条又矮小。她只穿印度妇女穿的莎丽服，外面套西式小毛衣。她身上有许多西方的东西，虽然有时也遵循古训，但骤然间表现出来的却是现代思想。"[45] 这段文字细腻地描写了英迪拉·甘地富有个性的容貌、身材、神态、嗓音、装束等外貌特征，生动地勾勒出了英迪拉·甘地颇清晰的形象。正是由于记者在采访中敏锐的观察力，才会描写的如此细腻而又深刻，使受众未闻其声，却如见其人。

1938 年，《大公报》记者彭子冈在报道日本侵略者轰炸武昌后街头惨状时写道："沿街电线上挂着炸飞了的布片衣襟，没人去取下来，也许那上面还黏着血肉。小孩在拾碎玻璃，穷人冒着飞扬的灰尘在寻找瓦砾下的衣物箱笼，有时嗅到一阵血腥，挖出来一只腿，一只胳膊，或是辨不出眼睛鼻子的焦黑头颅……死者家属跑过来，刹那时竟认不出是自己的父母子女。”[46]这段描写，给读者呈现出一个个惨烈的场景，使新闻具有清晰的可视性，让读者读后更深刻地了解了日本军国主义的残暴。

2. 通过物体的非言语采访

记者通常是和素不相识的人打交道的。要更好地完成采访任务，就必须善于迅速缩小与被采访者之间的心理距离。采访时，记者可以利用一些相关的物体作为媒介去触动采访对象，为双方正式交谈营造亲切的气氛。

1937 年 4 月，斯诺的前妻尼姆·韦尔斯到延安，想采访毛泽东。当毛泽东和朱德来看她时，尼姆·韦尔斯笑着对毛泽东说：“我知道你的故事。因为我丈夫写了你的故事，是我给打字的。”毛泽东听了她的话会心地笑了。接着韦尔斯又从一个笔记本里拿出一张照片，对毛泽东说：“我早就从这张照片上认识你了，这是斯诺给你照的。我从西安跳窗子的时候，只带了两样东西：一样是你的照片，一样是一盒口红。你知道，一盒口红对美国年轻妇女多么重要，几乎什么都可以贡献出去，而口红是不能丢的，所以你也就不会诧异了。” 毛泽东接过照片，看了许久说：“真是不一样了。”话题由此开始，整个访问持续了四个小时。

这张照片把韦尔斯和毛泽东联系了起来，也使得采访得以顺利进行。

3. 通过体态的非言语采访

人们高兴时手舞足蹈，悲痛时捶胸顿足，着急时抓耳挠腮，反抗时拳打脚踢，生气时指手画脚，得意时摇头晃脑，激动时欢呼雀跃，紧张时手足无措，拘束时正襟危坐……这些都有力地说明了体态对于表情达意的重要性。采访中的体态语言是指被访者的面部表情或身体动作所传递出来的信息，也指记者的表情、动作给采访对象传递的信息。

美国名记者朱尔斯·洛在谈到采访经验时说：告诉读者主教踢倒了废纸篓、砰地一声关上了门就够了，不必再费力地描述他的精神状态；把失去妻子的农夫用脏手给他的女儿编头发以及这个孩子夜间哭泣的情况告诉读者就行了，不必再对母亲死后带给孩子的痛苦和悲哀进行吃力的抽象描写了。

如果被访者拒绝采访，那么，对其非言语行为的具体陈述也是极为重要的采写内容。比如：“他不耐烦地推开记者，拒绝谈话”、“他阴沉着脸，钻进汽车，冲上了高速公路”、“有人看见他进了屋，记者按了门铃，却没人来开门”。这些具体的非言语行为的描述也许比被访人的言语更能说明问题。[46]从采访对象非言语行为中，记者只要细心观察、认真分析，是不难采集到有价值的新闻线索的。

另外，在采访过程中，记者的每一个面部表情比如好奇、冷漠、反感或同情，都会对采访对象的情绪产生影响和引导。比如，不时点点头以示赞同，这样对方会觉得你与他有同感，便热心提供情况；当对方讲得不清楚时，不妨皱一皱眉头，面露疑惑之色，对方便会给你加以解释和说明。[47]

4. 通过副言语的非言语采访

非言语并不是非声音，非言语沟通中包含了有声的现象如辅助语言和类语言。有声的辅助语言和类语言（包括音调、音量、呻吟、叹息等）就是副言语。我们在判断一个人说话的情绪和意图时，固然要听他“说些什么”，但更应该注意他“怎么说”，即从他的声调高低、音量大小、抑扬顿挫及转折、停顿领会其“言外之意”，而这些就叫做辅助语言。同时，还有所谓的“类语言”，类语言是指那些无固定意义的发声，如呻吟、叹息、叫喊、哭泣、咳嗽等。

俗话说，听话要听音。在人际关系中，说话声调本身就具有沟通作用。一个人的态度是友好还是敌意，是冷静还是激动，是诚恳还是虚假……都可以从他的声调、节奏、停顿中表现出来。因此，采访中，特别是电话采访中，记者的语音语调应愉快自然、热忱亲切、富有活力，哼哼唧唧和装腔作势的声调都是忌讳的。

副言语中不含褒贬的功能性发声，如“嗯”、“啃”、“嘿”之类在采访中起着两个重要作用：一是表明自己在认真听对方谈话；二是鼓励对方继续谈下去。有研究者发现：以“嗯嗯”应对的记者得到的回答，是不“嗯嗯”应对的记者所得到答复的两倍。所以，约翰·布雷迪在《采访技巧》一书中说：在采访对象谈话时不要打断他，“嗯嗯”就是了。[44]

导语

当我们通过艰辛的采访，得到了所需要的新闻素材，接下来我们所要做的就是将新闻素材加工成新闻稿件，这个过程就是新闻表达的过程。新闻表达不是一个简单的过程，想要完成表达，除了需要记者具有良好的语言运用能力以外，还需要记者首先对新闻表达的基本原理和要求有所洞悉。

第八章　新闻表达：用事实说话

一、新闻的基本原则——用事实说话

（一）什么是"用事实说话"

新闻是新近发生的事实的报道，事实不一定就是新闻，但新闻必定是事实，所以，"用事实说话"是新闻表达最基本的原则。所谓"用事实说话"，就是通过报道事实，让受众在接受新闻信息的过程中自然而然地接受新闻暗含的观点和态度，最终使新闻传播成功。也就是说，在新闻报道中，传播者的立场和观点是通过新闻事实的选择与表述巧妙地表现，把新闻的倾向性寓于新闻事实当中，而非直接表达出来。对此，胡乔木在《人人要学会写新闻》中说：最有力量的意见乃是一种无形的意见——从文字上看去，说话的人只是客观、朴素地叙述他所见所闻的事实（而每个叙述总是根据一定的观点的），这样，人们就觉得只是从他那里接受事实，而不是从他接受意见了。新闻就是这种无形的观点。愈是好的新闻，就愈善于在内容上贯彻自己的观点，也愈善于在形式上隐藏自己的观点。

西方新闻界提倡所谓的"客观报道"，还在新闻分类上提出纯新闻、硬新闻等概念，以强调用事实说话的原则。1900 年美联社主张新闻——报道事实，不报道意见。此后西方新闻界将这一主张提升为新闻报道的客观主义原则。要求新闻尤其是消息，只需把事实客观地告诉受众即可，不需要表现出记者的倾向。

链　接

美联社是美国历史最悠久，规模最大的通讯社。它的前身是 1849 年成立的港口新闻联合社。这是由 6 家纽约日报为对付日益激烈的新闻竞争而建立的一个合作性质的通讯社，也是世界上最早出现的团体所有制通讯社，经营上自负盈亏，从不接受政府资助或入股。

因此，就主体而言，美联社作为一种相对独立的经济实体，成为一种为商品经济发展服务的企业型信息媒介。传递情报、交流信息成为其重要的功能和任务。从根本上说，它是维护资本主义制度，维护资产阶级生活方式与价值观念的工具。但由于其追逐利润的本能，为吸引更多受众，它必须不断改革报道方式与传播手段，适应受众不断变化的口味与兴趣。这使美联社赢得了极高的权威。

（来源：美国新闻史[美]埃默里父子著）

我们来看一篇新闻稿件的开头部分——

调查：佳世客停车收费激化东部停车难　网友支招

某市新闻网 2 月 11 日讯　随着佳世客停车场即将收费，东部大型购物中心免费停车的只剩下海信广场。家乐福、麦凯乐、书城、佳世客，这几家大型企业的停车位，在某市东部的黄金路段起着举足轻重的作用。尽管大多明知“蹭车位”不光彩，尽管时常被购物的人抱怨，但对于在东部上班的开车族来说，这些免费车位实在太重要了。虽然有它们的时候没感觉多方便，但当真失去的时候，上班族的停车难就到了雪上加霜的地步。记者近来对东部写字楼周边停车问题进行了调查，对有车族的抱怨倍感认同，同时希望这样的局面有朝一日能够有所改善，哪怕是一点点。

……

（来源：某市新闻网　2009-02-11）

显然，这位记者是不太会“说话”的，既没有做到“善于在形式上隐藏自己的观点”，更没有做到客观报道。

对于“用事实说话”，一直是一个众说纷纭的话题。我们如何理解“用事实说话”？

1. 新闻报道中的倾向性是一种必然的存在

真正纯客观的新闻报道是没有的。记者报道任何事实，都不可能没有自己的观点。即使在文字上新闻似乎只是客观地叙述事实，没有明显的倾向性，但实际上在事实的选取，叙述事实的角度，甚至用词遣句之间必定有倾向性。所谓纯客观报道，要求实录事实，若有倾向，则流露得隐蔽、自然，不直接对受众施加影响。这其实是一种不露声色地影响受众的表达技巧。

为什么“倾向性”是一种必然呢？

首先，没有为报道而报道的媒介，媒体总是担负着传播所代表阶级或利益集团的思想意识的任务。其新闻报道总是有一定的目的性。有目的，就必然有倾向。

例如：1976 年美国国会法案关于电台应遵守的三项原则：

（1）美国之音要成为一个始终可靠的权威的新闻来源，它的新闻一定要准确、客观和全面。

（2）美国之音代表的是美国，……因此它要公正和全面地反映意义重大的美国思想和结构。

(3) 美国之音要明确而有效地宣传美国的政策。

这三项原则，十分明确地规定美国最大的新闻广播中心的政治倾向：它必须适应美国政府的意志，为美国的上层建筑、意识形态服务。

2003 年《南方周末》记者就直播伊拉克战争对中央电视台记者白岩松进行了采访——

《南方周末》：央视这次的直播报道，是否要强调自己的反战立场和人道关怀？

白岩松：一个主流媒体跟它所属国家的立场是不会有太大偏差的。研究美国媒体的立场，会发现在科索沃战争的时候所有的美国媒体呈现同一种态度，而这种态度跟它的国家立场是一致的。中央电视台大的背景，肯定是建立在国家立场之上。在这个大框架下媒体又有媒体本身的立场，比如中国的声明里强调了“人道主义的灾难”，你会发现中央电视台直播的片头，是个哭泣的小男孩。从这个片头你就能看出中央电视台的某种立场：对平民的关注，对人道主义灾难的关注，对这场战争的忧虑。[48]

事实上，新闻报道中的倾向性是一种必然的存在，没有纯客观的新闻媒体，也就不可能有纯客观的新闻作者。

其次，与任何文章表达一样，新闻记者的思想观点难免会流诸于报道中。

(1) 在某些情况下，记者有意识地表现某种主观倾向。

例如：1945 年 2 月，在第二次世界大战的太平洋战场上，硫磺岛战役是最惨烈的一场战斗，美军和日军刚刚进行了殊死搏斗，美军伤亡超过 2.8 万多人。这是美军历史上最惨烈的一场登陆战，也是太平洋战场上唯一一次美军伤亡总数超过日军的登陆战役。1945 年 2 月 23 日上午 12 点 15 分，一面美国国旗插上硫磺岛的斯利伯奇峰，此时美联社随军摄影记者乔·罗森塔尔从镜头后面，看到这些年轻人对国家的奉献和牺牲精神。他立刻按下快门，拍摄下了 6 名美国士兵把美国国旗插上硫磺岛最高点的照片，这张照片成为这场战役的最直观记录。这张照片不仅让罗森塔尔获得了 1946 年的普利策奖，而且为罗森塔尔赢得了一生的荣耀。罗森塔尔的这张照片面世后，迅速被印成海报、邮票等，成为美国人二战记忆中最深刻的一幕。时任美国总统的杜鲁门在看到这张照片后，下令查出照片上 6 名士兵的姓名，进行表彰。1954 年，以照片为样板的巨大青铜雕像在与美国首都华盛顿隔江相望的弗吉尼亚州阿灵顿国家公墓建成，这座青铜像成为美国海军陆战队的战争纪念碑，以纪念在二战太平洋战场上为国捐躯的陆战队员。

在这张照片面世之后，曾有人发出质疑，认为这张照片有“摆拍”之嫌，对此罗森塔尔解释道，“如果我真的摆拍，我不会找这么多人，而且我会拍下他们的面孔。当然如果我那样做的话，这张照片就不会取得这么大成功了。”

56 年后的 2001 年 9 月 11 日，惊人相似的一幕出现在美联社摄影记者托马斯·富兰克的镜头里。就在纽约世贸中心大厦轰然倒塌、人们惊惶失措之际，3 名消防员在世贸废墟上扬起了一面美国国旗，激励了无数美国人民的斗志。托马斯·富兰克林抓拍下了这个镜头。“9·11”后，富兰克林拍摄的这张照片迅速传遍世界，并成为 2002 年普利策奖的最后入围作品。富兰克林回忆说，是罗森塔尔给了他灵感，在世贸现场看到消防员竖起国旗的场景后，他立刻想到了罗森塔尔的硫磺岛战役照片，他认为两者的构图和意义都非常类似。

硫磺岛上升起的美国国旗

“9·11”废墟上升起的美国国旗

“9·11”废墟上升起的美国国旗这两张新闻照片虽然时隔 56 年，但美联社的两代记者在记录事实时，都明确知道，他们要通过镜头展现美国年轻人对国家的热爱，为祖国奉献和牺牲生命的精神。

（2）记者主观上并未有明确倾向，但其语言表达却流露了某种倾向。

语言除了具有指涉事件的信息功能，还具有表达情感的作用。新闻报道要求客观地叙述事件，但是这并不代表它完全排斥传播者主体的情感活动，只是前提是，事实必须清楚和准确，而情感则需要渗透在字里行间。做到这一点，需要传播者具有驾驭语言的能力，善于在对事件的叙述中创设情境，让受众在接受事实信息的同时也能感受到其间的氛围和情绪。

例如：日本记者本多胜一的《死在故乡》的开头：“久蒙关照”78岁的T子，留下这样一张简短的字条，离开东京巢鸭的寓所，出走了。那是6月末的一天。再过不久，就是她七十九岁生日。她没有庆祝自己的长寿，而是静悄悄地在宇都宫的深山里自杀了。9月14日，遗族们将她的遗体在宇都宫火化。[49]

这段导语在交代关键事实的同时也让我们感受到其间的悲凉和作者深含同情的态度，尽管作者没有说“我深致同情”或者“这多么令人感到悲凉”之类的话。我们试着把这段文字改为：“6月末的一天，78岁的T子离开东京巢鸭的寓所出走，留下一个‘久蒙关照”的字条，后来在宇都官的深山里自杀。9月14日，遗族们将她的遗体在宇都宫火化。”对照一下可以发现，事件的信息依然像原文一样清楚，但是，那种情感氛围顿时消失。仔细分析这里的语句，我们便会发现这样几点：一是原文用含“了”的句子，舒缓了语气；二是“那是……一天”则传递追怀的意味；三是“她没有庆祝自己的长寿，而是静悄悄地在宇都官的深山里自杀了”，这种包含对比的表述，蕴含着情感的因素，内敛而不外露，在叙述事件的过程中流露了出来。[13]90

2. “用事实说话”是寓观点于事实之中

“用事实说话”不等于无“观点”，而是寓观点于事实之中。也就是说既要有“事实”，又要“说话”。“事实”是客观存在，“说话”是主观意图；事实是无法更改的，而说话的方式却可以不同，如果你善于说话，就可以让受众在接受事实的同时接受观点。

1976年1月周恩来总理逝世，当时驻北京的法新社记者比昂尼克采写了一条300字的消息——

周恩来总理逝世　北京沉浸在悲痛之中

[法新社北京1976年1月9日电]（记者　比昂尼克）　北京电台于今日清晨当地时间5点宣布周恩来总理逝世的消息，但是，大部分中国人还不知道他们的总理已经逝世。

当新华社的电传打印机于当地时间4时过一点发出这条消息时，北京几乎所有的街道上都还没有行人。

在法新社所在的那座大楼里，当记者把消息告诉开电梯的姑娘时，她顿时放声痛哭。

在对中国一位口译人员表示慰问时，他眼中含泪，嘴唇颤抖地说：“我们没有料到。他是一位杰出的革命家。”

中国人民对周恩来极其热爱，这样说并不夸张，他们感到与周恩来非常接近。

预计中国将表现出巨大的悲痛，就像今天清晨听到这个悲伤消息时的那位中国姑娘所表现出的那样。

这条消息通过描写一位开电梯的姑娘听到周恩来总理逝世的消息后“放声痛哭”和一位翻译“眼中含泪，嘴唇颤抖”的事实，表达了中国人民对周恩来总理的深厚感情。记者将自己的观点巧妙地渗透在事实当中。

（二）为什么要用事实说话

1. 事实是新闻的本源

新闻的本源是客观事实，事实是第一性的，新闻是第二性的，没有事实的支持，就没有新闻报道。事实是新闻的实体，也是新闻的存在形式。正如我国新闻学家徐宝璜先生说：“新闻者，确实者也，凡不确实者，均非真正新闻。”[50] 即倾向性在任何时候都必须以真实性为前提，而不可逾越真实性这一界线，否则，新闻就不成其为新闻。

2. 事实胜于雄辩

人们认识某种事物，总是从具体事实开始的，从具体到抽象，从感性上升到理性，形成概念，然后形成观点。所以新闻坚持用事实说话，就是坚持按照人类的认识规律说话。

1925 年毛泽东在撰写的《政治周报》发刊词中说：我们反攻敌人的方法，并不多用辩论，只是忠实地报告我们革命工作的事实。敌人说：广东共产，我们说：请看事实；敌人说：广东内讧，我们说：请看事实；敌人说：广州政府勾结俄国丧权辱国，我们说：请看事实；敌人说：广州政府统治下水深火热民不聊生，我们说：请看事实。政治周报的体裁，十分之九是实际事实之叙述，只有十分之一是对于反革命派宣传的辩论。[51]

可见，事实本身比雄辩更具有强大的说服力。

3. 事实符合受众接受心理

从受众的心理分析，在阅读选择的时候，大多数人愿意接受新闻提供的事实，而不愿轻易接受别人的观点。随着时代的进步，受众自身素质的断提高，这种心理趋势会越来越强烈。因此，要把评价事实的权力交给受众。

传播学的理论研究也告诉我们，最好的传播效果是劝服，而不是压服。

总之，让事实本身来说话，即符合新闻传播规律，又符合受众认知规律。正如艾丰在他的《新闻表达方法论》一书中所总结的：新闻表达最基本的内容是事实；新闻表达最基本的素材是事实；新闻表达成败最具决定性的因素是事实。没有过硬的事实，再有过硬的笔头也是白搭。新闻表达最基本的手段就是如何运用事实。可以说，新闻表达的一切方法和技巧，都是运用事实的方法和技巧，起码都是建立在运用事实上的方法和技巧。

（三）如何用事实说话

1. 纯客观式“说话”

“客观报道”在新闻表达领域中有着不可动摇的地位，但纯客观式“说话”却不太容易做到，可是在事实不必解释和评论或不便和还不能解释的情况下，新闻表达尽量要做到纯客观式“说话”，客观地记录新闻，多作报道，少下判断。如果判断又是必不可少、不可避免的，就要善于将判断变为报道。

例如：在新闻报道中写：“他工作很称职”，这就是一种判断式的“说话”，如果改写为：“他毕业于北京大学，有十年工作经验。”这就变成了纯客观式“说话”，用事实说明“他工作很称职”，将判断变为报道。又如：“他勇敢地趟到河里救起了那个孩子 。”更合适的表达是：“他半走半游趟进齐胸的河水中，用胳膊挽住那个孩子，将他推上了岸。”

2. 选择式“说话”

“选择”也是新闻报道常用的“说话”手段，通过选择表达角度、事实、时机来用事实说话。

选择角度——角度，即看待事物的出发点。由于事实本身具有多面性，对同一事物，站在不同的方位去观察和反映，就会得出不同的结论。角度不同，新闻价值可能不同，因此表达的思想意义也就不同。

例如：

中国国家主席胡锦涛于 2008 年 5 月 6 日至 10 日对日本进行了 5 天的国事访问，5 月 8 日胡锦涛在早稻田大学与中日两国青年亲切交流。他与日本著名乒乓球运动员福原爱挥拍，进行了一场有趣的友谊赛。对于这一新闻，日本和韩国的媒体报道角度有明显不同，关注点和表达的思想意义也就有了显著差异。

日本 NHK 的报道——

胡锦涛与福原爱等切磋球艺

中国国家主席胡锦涛在访问早稻田大学之际，与北京奥运日本乒乓球队队员福原爱等选手交锋，使全场气氛一片沸腾。日本首相福田康夫在称赞胡锦涛的球艺时说："胡主席的球打得很有战略性。"

福田首相和胡锦涛主席今天访问了早稻田大学，在热烈的掌声中受到了日中两国大学生等人士的欢迎，两位领导人与学生们进行了交谈，加深了交流。

接着，北京奥运日本乒乓球队队员福原爱和雅典奥运金牌得主、中国选手王楠在两国首脑面前展示了精湛的球艺。途中，胡锦涛脱掉上衣，摘下眼镜，与这两位乒坛高手切磋了球艺。

真不愧是爱好乒乓球运动的胡主席，不但接球十分准确，而且强劲的扣球也频频成功，使全场气氛一片沸腾。

福田首相在观看了胡锦涛主席的球艺之后表示："幸亏我没有与胡主席打乒乓球。他的球打得很有战略性，万万不可麻痹大意。"

（来源： http://www.nhk.or.jp/nhkworld/chinese/top/news2.html?）

韩国《朝鲜日报》的报道

胡锦涛与福原爱等切磋球艺

8 日，中国国家主席胡锦涛在东京早稻田大学和日本年轻的乒乓球明星福原爱打乒乓球。谢绝和胡锦涛打乒乓球的福田首相表示："没有（和胡锦涛主席）一起打球是好选择了。他打的是很有战略性的乒乓球。我认为不能掉以轻心。"此番言论间接表明了日本对胡锦涛的期待和警戒心。

胡锦涛下午在早稻田大学发表演讲后，在日本首相福田康夫的观看下，同日本乒乓球选手福原爱打起了乒乓球。由于福田推辞说"打得都很好"，因此，当初备受期待的中日首脑之间的乒乓球对决没能实现。

（来源：http://chn.chosun.com/site/data/ ... 20080509000010.html）

由此可见，对同一个事实的报道可以有多种角度的选择，或者说可以从不同的侧面入手来展现它。不同的角度就有不同的针对性，体现了媒体对事实的不同关照。

选择事实——通过对事实的选择体现记者或媒体的立场、见解、意图。不同的事实所产生的报道效果即说话的效果会产生差异。

1949 年 2 月 7 日，美联社记者穆萨发了一条关于北平解放的报道。他对北平市民欢庆解放的场面弃而不录，却选了几个青年学生在街上挡住一位穿狐皮大衣的妇女，要她在地上学狐狸爬的场面。学生还警告说："现在我们有新中国，不准任何人穿狐皮。"穆萨为何要选此事实呢？因为这个事实有利于穆萨表达自己的立场与观点。但是，穆萨仅仅选取了这一场面的报道是肆意歪曲、丑化新中国，是不符合客观实际的。因为穆萨按照自己的需要选取的对自己有利的事实是个别的、偶然的、片面的，这是反映不了事物的全貌的。[52]

选择时机——就是选择什么时机“说话”更有效果。某些新闻要想取得良好的传播效果，必须选择在适宜的时间点上传播。即通常所说的新闻该抢则抢，该慢则慢，该压则压。

1969 年 7 月 20 日，全球几亿观众围坐在电视机前，观看美国宇航员登月实况转播：登月船降落在月球特兰克里梯死海上。几小时后，登月队长威尔逊走下舷梯，独自走向月球大地。当威尔逊的脚踏上月球表面时，美国广播电视网在转播实况时却出现了持续 4 分半钟的空白。事后，美国官方解释说，这是由于通讯卫星出现了“技术故障”。事隔 20 年后，威尔逊出现在公众面前，他披露了这个沉积了 20 年之久的传播之谜。原来，实况转播中断的“故障”就在于威尔逊踏上月球后所讲的几句话。在登月船升空的两周前，威尔逊接到登月后向全世界转播的讲话稿，它属于绝密材料。它是这样写的：“我，哈泼·威尔逊，郑重宣布美利坚合众国拥有对月球的领土主权。美国人迈出的每一步都是美国领土的扩展。”但是，威尔逊违背了美国当局的旨意，当他双脚踏上月球时，他说：“我，哈泼·威尔逊，以全人类的名义宣布，月球不属于哪一个国家，而是全人类的共同财富。我们是为全人类的和平而来。”于是，宇航基地指挥部就掐断了实况转播，开始与威尔逊对话，要求他收回刚才的讲话，但遭到威尔逊的拒绝。于是，指挥部立即撤销了威尔逊的队长职务，并任命其副手内尔为队长。

无论在什么体制下，传播都是在一定的政治、经济、文化环境中开展的，传播不仅要讲求经济效益，更要讲求社会效益。美国电视新闻传媒在对待新闻采访报道的求快上是一点也不含糊的，但当新闻传播可能导致国家利益受损时，新闻传播时机的选择也会服从大局。

3. 引述式“说话”

在报道中，记者不应该以明显的方式表现自己的立场，不得感情用事。这时，引述式也是一种可取的“说话”方式。即记者把自己想说的话，借别人的嘴说出来。引用他人的话来表明、证明自己的观点、意图和评价。记录他人对事实的评论，是客观报道。但引述式“说话”需要注意的是，所引的他人话语，必须真实、准确，不得歪曲原话，不得断章取义。

比如：“证人撒了谎。”这种表达是一种判断，引述式说法改为：“原告律师说证人撒了谎。”“听证会上这个决定是不公正的。”这句话表达的是记者的观点，更合适的表达是：“听证会上有几个学生说他们认为这个决定是不公正的。”这样一改，显得更为客观，并借“听证会上的学生”之口表达了记者自己的判断和评价。

二、新闻表达的要求

（一）真实是新闻表达的底线

真实是新闻的首要特性和重要品格。新闻既是对事实所进行的报道，事实对于新闻来说，无疑是第一的，新闻一定要真实，对于新闻工作者来说，这是不必论说的常识。虚假编造的所谓新闻，不仅毫无价值可言，而且会对社会造成危害，并且会损害媒体自身的声誉，“人民信任是报刊赖以生存的条件，没有这个条件，报刊就会萎靡不振。”[53]

那么，我们怎么理解新闻的真实呢？真实区分为生活真实（现象真实）和本质真实两种类型。简单地说，在生活中真正发生了的事实，属于生活真实；未必是在生活中真正发生过的事件，却能反映出生活的本质和规律的，称为本质真实。[54]

不同的文体，对于真实性的要求不尽相同，如法庭证词，只要求具备生活真实，证人只要准确地写出在什么时候、什么地方见到了什么或听到了什么就行了，并不需要对事物的本质和意义进行探讨和认识。而文学作品，就多数情况而言，只要求本质真实，而人物、事件、环境、细节，都可以是作者通过想象虚构出来的。但新闻作品，则要求生活真实和本质真实同时都具备。 也就是说新闻表达不仅要求时间、地点、人物、事件、原因、结果等表达要素必须真实，而且要求透过现象洞察事物深层本质和内在规律，努力在更深的层次上把握新闻事实。

真实是新闻的生命，是新闻表达的底线，但在新闻业界假新闻却是层出不穷。对于屡禁不绝的假新闻，《新闻记者》杂志 2009 年 1 月号一条编者按不无感慨地写道：“抗战八年，虽然漫长，终获胜利。然而，本刊评选年度假新闻，也已经整整八年，却尚未见到胜利的曙光。可见新闻打假之难！这是八年前我们不曾想到的。原以为只要竖起新闻打假的大旗，呼啦啦立马就会聚集起浩浩荡荡的讨伐大军，不消半个时辰，假新闻便‘谈笑间樯橹灰飞烟灭’。如今反思，我们过于善良，高估了媒体人的自律力；我们过于天真，低估了假新闻的生命力。现在方知，因为毒草的孳生，离不开合适的土壤，光拔草而不除根基，必定如春韭，割了一茬又一茬。看来，这场持久战恐怕远无停战之日。……”

在新闻表达的实践中，失实的事件常常会以不同的面貌和不同的形式出现。

1．无中生有制造新闻

2008年7月23日《成都商报》等媒体上刊发了一条题为“比尔·盖茨花亿元租房看奥运”的新闻：8月，不但全世界最顶尖的运动员聚集北京，全世界众多富豪也把来北京看奥运视为一种时尚，并早已订下套票，这其中就有美国的前世界首富比尔·盖茨。不过，这位已将数百亿美元家产投入到慈善事业的软件巨人，这次不会在北京住酒店，他花了一亿元人民币，为自己租下了一个离水立方不到180米的空中四合院，推开四合院窗户，向外眺望，水立方与鸟巢一览无余。四合院分两层，面积大约700多平方米。不过，就算你跟盖茨一样有钱，你也买不到，那里的四合院只租不卖，盖茨也只能年租而已，一年租金高达1亿元人民币。

比尔·盖茨花亿元租房看奥运

7月24日凌晨，比尔·盖茨官方证实，关于媒体报道的盖茨在中国花1亿元租楼看奥运的消息“我们可以确认该消息是假的。”

这类无中生有的假新闻多是因为“主题先行”造成的，当记者在客观现实中找不到事实以证明事先确定的“新闻主题”时，就只有造假。其实，记者只要具有基本的职业道德，坚持新闻用事实说话的原则，这类假新闻是很容易防止的。

2．捕风捉影杜撰新闻

2008年5月8日《黑龙江晨报》一条新闻报道：62岁的哈尔滨市民老滕因儿子没有考上名牌大学，为了激励儿子，自学考上清华大学研究生。2005年，老滕的儿子小滕即将参加当年的高考。老滕对儿子说：“你只能考北大、清华，不然天津大学也行，如果考不上，你就别考了，去别的学校也没有意思。”高考后，小滕以637分的成绩考进了南昌大学。为此，老滕狠狠地将儿子骂

六旬老人考取清华研究生激励儿子

了一通。

失望、气愤的老滕对儿子说："你考不上名牌大学，我给你考一个看看。"经过一年的努力，2006年老滕报考了清华大学艺术学院研究生班。考试的科目有专业知识、政治、外语。老滕以优异的成绩成为 2006 级清华大学艺术学院研究生班 27 名学生中的一员。

老滕拿到清华大学录取通知书到学校报到时，发现班上的同学都在30岁左右，就连他的老师也只有46岁。

事实上清华大学的院系设置中并未设置"艺术学院"，而与之相关的只有"美术学院"，而清华大学美术学院 2006 年没有招收一名 60 多岁的硕士研究生，并且"按照规定，清华大学美术学院招生有年龄限制，一般来讲，硕士研究生不超过 40 岁，博士研究生不超过 45 岁。"事实上，老滕并非考上清华大学研究生，而是报名参加了清华大学中国画高级研修班学习，是非学历教育，与研究生招生考试有着本质的区别。

无独有偶，20 世纪 80 年代成人吸毒的案例报道很多，但没有未成年人吸毒的报道，于是《华盛顿邮报》女记者库克认为，如果发现"未成年人吸毒"的新闻一定轰动美国，于是，为了制造轰动性的新闻，她便开始寻找相关线索。可是，却未能找到她所期待的材料。于是，库克就编造了一篇题为《吉米的世界》的关于"未成年人吸毒"新闻，发表于 1980 年 9 月 28 日的《华盛顿邮报》。报道记述了一个住在华盛顿南区的 8 岁男孩鲜为人知的吸毒故事。报道在当时引起社会极大的反响，并被授予美国新闻界最高奖——普利策新闻奖。但是，库克的谎言很快被戳穿了，人们通过大量周密调查，发现这个"吉米的世界"根本就不存在。在舆论的压力下，库克不得不承认：她是凭着自己的报道设想编造的新闻。

上述事例都是道听途说、捕风捉影，即而虚构臆造。而且，有些记者为了使假新闻表现得更加真实，往往会将假材料编造得绘声绘色，但没有了真实性，不仅使新闻的生命丧失殆尽，而且还会极大地损害记者和媒体的声誉。

3. 张冠李戴错写新闻

把甲做的事情转移到乙的身上，或者把两件没有多大意义的事情像树木嫁接一样组接成一件事，采取小说创作中那种“杂取种种，合成一个”的方法，也许真可以制造出一个很有价值的“新闻”来。

例如：2007 年 4 月 16 日中新网有新闻报道：今天发生在弗吉尼亚理工大学的特大枪击案凶嫌身份初步认定：该行凶男子是一名持学生签证来美国就读的中国留学生，现年 24 岁。但警方称他不是弗吉尼亚理工大学的学生。消息源《芝加哥太阳报》透露，他于去年 8 月 7 日乘坐美国联合航空公司的航班飞机从上海出发，在加州旧金山登陆美国，持学生签证入境。

事实上，在北京时间 4 月 17 日晚 9 时 40 分左右，美国 CNN 直播了案情新闻发布会，在会上，警方宣布，经过有关部门的细致调查，凶手的身份水落石出——23 岁的韩国学生赵承熙，弗吉尼亚理工大学英语专业本科四年级学生。

这条有损中国人形象并令中国人义愤填膺的假新闻产生的主要原因是信息源没有仔细核实，张冠李戴错写新闻。

4. 添枝加叶夸大新闻

在新闻报道中，如果能有生动精彩的材料，当然难能可贵，但是，如果没有这些的材料，就不能编造，也不能添枝加叶。另外，新闻报道中，说一些夸大不实的话和大而无当的话，这也是应该严格防止的。

例如：2008 年 9 月 11 日《武汉晚报》新闻报道：3 秒钟！一趟高速列车就可跨越长江。昨日，天兴洲长江大桥钢梁全部合龙，建成通车后，可允许列车时速达 250 公里。据了解，天兴洲大桥正桥全长 4657 米，其中正线钢梁跨越长江 1092 米，两侧采用高架延伸，下线进入武昌火车站不与公路相接，因此，高速列车过桥不用踩刹车，继续保持高时速，还突破了厄勒海峡大桥 160 公里/小时，刷新世界纪录，也是世界上列车跑得最快的大桥。

高速列车 3 秒钟可跨越长江大桥

四川新闻网第二天刊发题为《“时速5588公里的火车”让媒体蒙羞》的文章，为读者演算了这道算术题：一个小时有3600秒，3秒钟过一次，就是说这列火车能以这种速度一个小时过1200次。简单的乘法，4.657×1200=5588，因此这列火车的速度是5588公里/小时。这是什么概念？上海的磁悬浮列车的速度是400多公里/小时，世界上最快的列车速度也才550公里/小时，而超音速飞机的速度也不过1065公里/小时，也就是说这列火车的速度达到了超音速飞机的5倍多。其实，按照文中的数据很简单地就可以得出高速列车的过桥时间：桥的长度除以火车的时速250公里/小时，得到的结果为大约68秒，也就是一分多钟。

在新闻报道中，因关键数据夸张而涉假者屡见不鲜。过于夸张，不合常理，受众怎能相信？

5. 疏于审慎细节失实

细节失实的可能性最大，防止出错的难度也最大。

二战结束之后，菲律宾在美国的帮助下打退了日本的侵略，重新回到了被日本占领的国土。记者写道：麦克阿瑟将军和罗慕洛（菲律宾抵抗运动领袖）跳下冲锋舟，趟着齐腰深的海水重新踏上了解放了的菲律宾国土。记者很得意，认为写出了麦克阿瑟和罗慕洛的英勇，那么迫切地要踏上祖国的土地。美国人也很高兴。但菲律宾人笑了。因为麦克阿瑟将军身高1.90米，罗慕洛身高1.50米，如果海水到麦克阿瑟的腰就把罗慕洛呛死了，如果海水到罗慕洛的腰那才到麦克阿瑟的膝盖。这一句“齐腰深的海水”到底是谁的腰？也是细节没写好。所以细节要真实，否则读者会产生疑问，进而对你的整篇报道产生怀疑。[27]

准确是建立在每一个细节准确的基础之上的。是“夫人”还是“小姐”，是“教授”还是“副教授”，是“林肯大道”还是“林肯街”，总要力求准确无比。……如果连细节都不准确，报道的客观从何而来呢？[55]

防止这种失实的唯一的办法是采访和表达时精益求精，对细节反复推敲核对。

6. 现象存在本质失实

有时报道的具体事件是真实的，时间、地点等各种要素也没有偏差，但由于认识和评价与实际不符，仍然是失实的。也就是说，现象是真实的，本质是失实的。

例如：四川男子吴加芳因为在“5·12”地震中背亡妻回家的举动，被众多媒体包括境外媒体报道后，被广大网友称为“最有情意的丈夫”，半年后吴加芳与成都姑娘刘如蓉结婚，再度引起舆论议论。在后来的媒体采访中，吴加芳家乡的村民却指责他是薄情之人，背亡妻是被逼的，之前一直在和前妻闹离婚，而且他不赡养父亲。

从现象看，吴加芳背亡妻回家的举动确有其事，但从本质上看，报道对吴加芳品质的判断还是出现了偏差。

本质判断的失误也不容易防止。现象是否真实可以用种种客观的手段进行核查。本质是否真实本来就没有有效检验的手段，只有靠记者的主观判断，当然更具难度。但如果记者能够反复核查事实，多方征求意见，多层次的深入思考，还是能够比较准确地把握事实的本质的。

链 接

▲联合国《国际报业道德规约》

第一条：不得歪曲或隐瞒事实。

第二条：不得自私、攻讦、诽谤、抄袭；不得认谣言不认事实；凡记载不确而损失名誉者，必须立即更正。

▲《美国报纸主编协会新闻准则》

准则之一：为建立信义，报纸的报道文章必须真实，在它支配的范围内，如果报道不充分，不准确，或者不彻底，那是不可原谅的。

▲《美国职业新闻工作者协会章程》

第一条：真实是我们的最终目标。

▲《中国新闻工作者职业道德准则》

第四条：维护新闻的真实性。采写和发表新闻要客观公正。工作要认真负责，避免报道失实。如有失实，应主动承担责任，及时更正。

▲《中国青年报》2003（2004）1.30《新闻为什么不能实话实说》

建立诚信社会，从说真话开始；说真话，从真实的新闻开始。只有新闻充满真实的力量，才能完善社会的监督机制，保障公民的民主权利，更好地推动社会进步。

（二）新闻表达贵在精炼

新闻要求篇幅简短是新闻的特性所决定的。

从新闻传播特点看，新闻的传播一般都是一次性的完全传达，这就决定新闻篇幅不宜太长。而且新闻本身有时效性要求，必须在短时间内完成信息传递，而不能像文学表达那样不受时间限制，可以花上十天半月甚至更长的时间写一篇文章、一首诗，甚至花几年十几年的时间写一部长篇大作。新闻表达只有篇幅简短，才能在最短的时间内以最快的速度报道最新发生的事件。

从新闻媒体本身看，要在有限的版面和时间里尽可能地容纳较大的信息量，客观上就要求新闻要精炼，篇幅简短，以使版面和时间段容纳足够的信息数量，以便受众对社会现实有全方位的了解。

从新闻受众角度看，受众读报看新闻与读书看文学作品的阅读心理有差别。人们阅读文学作品，可以在长长的一段时间里慢慢品读，一本书一篇美文可以读上一年半载甚至数年。但受众阅读新闻，主要是为了获取最新信息。篇幅简短，信息量大，正好能满足受众的这种阅读心理。

当然，新闻表达要求简练，并不是意味着只要短就好。短只是形式上的要求，在内容上，还要求丰富精深，所谓妙微精深。

怎样才能把新闻写得“妙微精深”呢？我们结合一篇获得中国新闻奖的消息来分析。

本想告别“游击战”　开张连连“吃罚单”

郑州：罚单“赶”走首家擦鞋店

本报讯（记者肖树臣　通讯员肖明来　姜东辉）店门开张半个月，“大盖帽”们接踵而来搞检查，上交罚金近千元，最终“退店上路”继续摆摊打“游击”。这就是郑州市首家擦鞋店绿城保洁擦鞋公司的遭遇。

“绿城保洁公司”老板孙红涛说，郑州市区的固定人口和流动人口数百万，擦鞋业有大市场，况且，街头违规的擦鞋摊很多。于是他参照北京、上海等地的成功先例，着手创办这家“擦鞋公司”。今年3月份，他以每月800元的租价在东风路租下一间30多平方米的门面房，办理了有关证件，从社会上招聘50多名初中以上文化程度的下岗青年，经过培训后上岗。7月初，河南省省会有了第一家擦鞋店。

然而，门店新开张，生意还没有做红火，各个管理部门的“大盖帽”们便接踵而来。工商部门认为，擦鞋店是新的特殊行业，得办理特殊岗位就业证，但新行业没有标准，就业证自然办不成，如此只好接受罚款；卫生部门要擦鞋店跟饭店服务人员一样，持有健康证，没有办也得罚；城管部门来检查，称擦鞋店门口放着顾客使用的拖鞋属占道行为，被“清理”走了；街道居委会找上门来要收卫生费……

擦鞋店每天至少要接待两拨检查和罚款人员，半月的时间，擦鞋店上交罚金近千元。而擦鞋店每天只能收入30元左右。擦鞋店的店员更是心灰意冷，他们说，在郑州，下岗职工要找份工作干，可真难。

据了解，不少市民对本市第一家擦鞋店的消失普遍表示惋惜。他们认为，不占道的擦鞋店是现代化城市擦鞋业发展的新趋势。若能规范发展，无疑是件好事。有关部门应该为其提供一个宽松的发展环境，也是为再就业工程做出一份贡献。

（来源：《工人日报》2001年8月2日）

消息《郑州：罚单“赶”走首家擦鞋店》一文，在第 12 届中国新闻奖评选中，评为消息三等奖。这条短消息，从写作上来说，有一些成功经验值得我们借鉴和汲取。

1. 主题专一

多数新闻，尤其是消息，都采用一事一报的写法。集中报道一件具体的事实，主题专一，笔无旁涉，自然容易把新闻写得短小精悍。大量的新闻实践证明，一篇文章或一篇报道，若能抓住一点写深写透，把一件事、一个意思写清楚、写透彻，这篇报道便是好稿。这条消息围绕罚款这一个问题，集中写了首家擦鞋店被罚的经过和所带来的影响，全文 660 个字，没有废话、空话，言简意赅，短小精悍。

2. 选材典型

选择那些既有共性特征又有个性特点，有着广泛代表性和强大说服力的典型事件和典型材料进行报道，可以起到一以当十的作用，以少胜多的效果。这条消息中选用的“首家擦鞋店”被罚单“赶”走就具有代表性、典型性；文中所选用的材料——实施罚款的部门：工商、卫生、城管、街道居委会等，都很精当、典型，具有很强的说服力和感染力。

3. 以小见大

就是从小处落笔，向大主题开拓，引导受众从个别到一般，从感性到理性地了解新闻事实。以小见大衡量的标准是看能否见微知著，切忌短而不当，细小琐碎。这条消息通过反映首家擦鞋店被罚单“赶”走，向人们提示了再就业难的深层次原因。下岗职工再就业问题，党和各级政府十分重视，但到了一些职能部门，却是各唱各的调。本文抓住这一现实中普遍存在的问题予以解剖，使人们认识到，罚单赶走的不只是“擦鞋店”，只有全社会都来关注再就业工程，再就业事业才能发展。可见，这篇消息反映的主题是重大的，具有强烈的针对性和现实意义。[56]

4. 巧取一隅

对于复杂的事件，还可以只表现它的一个小小的局部。这样写虽有不够完整之嫌，但写好了也不乏新鲜感。把一个局部强调出来，本身就有些出人意料，立意不俗，就容易吸引读者。

下面这篇新闻就是巧取一隅、落笔不俗之作——

对中美建交最感意外的是卡特总统派驻台湾的大使

合众国际社台北 1979 年 12 月 19 日电 对于美国总统吉米·卡特突然决

定承认北京一事，最感意外的莫过于他派驻台湾的大使。

上星期五，正当昂格尔大使兴致勃勃地参加美国商会举办的圣诞舞会时，一个助手要他去接电话。

这位个子矮小、皮肤黝黑的外交官员离开舞厅的时间是夜间 11 时（华盛顿时间上午 9 时），他紧皱眉头。

他在 45 分钟后回来时，原先情绪轻松的昂格尔像是变成了另外一个人。

那天晚上举办舞会的商会会长罗伯特·帕克回忆说："他显得十分严肃，心事重重。"

这位大使对帕克说："今天安排得这么好，谢谢你了；不过，我得走了。"

陪同昂格尔到美国军官俱乐部（举行舞会的地方）门口的另一个企业家回忆说，大使"神经紧张，而且有些颤抖。"

当昂格尔和他的妻子钻进他们的黑色官方轿车时，他说："但愿我听到的消息是错的。"

500 名客人中的一些人就大使的这番话进行了猜测，但是谁也没有料想到这是华盛顿与北京建交。

昂格尔访问了总统府，并安排了在星期六凌晨 2 时同蒋经国进行一次意义重大的会晤。

68 岁的蒋经国从床上被叫起来，他穿着绿色灯芯绒上衣和便裤会见了他的仍穿着礼服的客人 。

蒋经国和他召来的一位部长默默地读着卡特的来信。

外交部次长钱复后来说，蒋立即提出抗议。

昂格尔说，他"记下了"总统的话，鞠了一躬，离开了总统的住处。

那时的时间是凌晨 3 时 50 分。

从美国驻台湾大使的反映这一小小局部去表现中美建交这一震惊世界的事件，为历史的转折留下了一段难得的细节。由此可见，不含大求全，有时反而能写出令人叫绝的妙文来。[54]46

5. 跳笔行文

这是一种在文体结构上采用多段体，在行文叙述上采用跳跃式的新闻写作笔法，也称为"新闻跳笔"，西方新闻理论又叫"断裂行文法"。"跳笔"行文一般把新闻报道中段落间的过渡、衔接、起承转合的连接词、联结句去掉，可使新闻报道信息量更集中，节奏更明快，效果更强烈。同时，也可以大大缩短消息的篇幅。一般叙述事件要求得注意上下衔接、具有连贯性、讲究起承转合，凡有转折处要用过渡段、过渡句或关联词语，以实现文脉的贯通，跳笔行文却主张"跳"，在句子与句子之间，段落与段落之间可以有甚至必须有较大的跳跃，取消过渡语句，直接把不同角度、不同阶段的事实一条条摆出来，段与段之间有着明显的断裂。

例如：

肯尼迪遇刺丧命　约翰逊继任美国总统

（路透社达拉斯 1963 年 11 月 22 日电）急电：肯尼迪总统今天在这里遭到刺客枪击身死。

总统与夫人同乘一辆车中，刺客发三弹，命中总统头部。

总统被紧急送入医院，并经输血，但不久身死。

官方消息说，总统下午 1 时逝世。

副总统约翰逊将继任总统。

这条消息除第一段导语外，其他四段，分别叙述了刺杀的情况、抢救情况、官方证实的死亡时间、继任情况。这四个不同角度的情况，形成四个层次，各自只有一句话，中间并无任何过渡，完全是自然排列。从表面形式看，全文是“散”的，段落间呈断裂状，但新闻事实依据其重要性联系着，零散的材料服从中心主题，像散文一样，形散而神不散。

（三）新闻表达力求鲜活生动

新闻也要追求新颖的形式、新鲜的语言，也要不拘一格、生动活泼、引人入胜。要做到“活”，除了事实要新鲜、角度要新颖以外，行文时还要注意做到形象生动，让读者如闻其声、如观其行、如睹其物、如临其境。

我们结合第 8 届中国新闻奖消息一等奖作品——《别了，“不列颠尼亚”》来分析怎样才能将新闻表达得鲜活生动。

别了，“不列颠尼亚”

新华社香港 1997 年 7 月 1 日电（记者周婷、杨兴）在香港飘扬了 150 多年的英国米字旗最后一次在这里降落后，接载查尔斯王子和离任总督彭定康回国的英国皇家游轮“不列颠尼亚”号驶离维多利亚港湾——这是英国撤离香港的最后时刻。

英国的告别仪式是 30 日下午在港岛半山上的港督府拉开序幕的。在蒙蒙细雨中，末任港督告别了这个曾居住 25 任港督的庭院。

4 时 30 分，面色凝重的彭定康注视着港督旗帜在“日落余音”的号角声中降下旗杆。根据传统，每一位港督离任时，都举行降旗仪式。但这一次不同：永远都不会有另一面港督旗帜从这里升起。4 时 40 分，代表英国女皇统治了香港5年的彭定康登上带有皇家标记的黑色“劳斯莱斯”，最后一次离开了港督府。

掩映在绿树丛中的港督府于1885年建成，在以后的近一个半世纪中，包括彭定康在内的许多港督曾对其进行大规模改建、扩建和装修。随着末代港督的离去，这座古典风格的白色建筑成为历史陈迹。

晚6时15分，象征英国管制结束的告别仪式在距离驻港英军总部不远的添马舰东面举行。停泊在港湾里的皇家游轮“不列颠尼亚”号和临近大厦上悬挂的巨幅紫荆花图案，恰好构成这个“日落仪式”的背景。

此时，雨越下越大。查尔斯王子在雨中宣读英国女王赠言说，“英国国旗就要降下，中国国旗将飘扬在香港上空。150多年的英国管制即将结束。”

7时45分，广场上灯光渐暗，开始了当天港岛上的第二次降旗仪式。156年前，是一个叫爱德华·贝尔彻的英国舰长带领士兵占领了港岛，在这里升起了英国国旗；今天，另一名英国海军士兵在“威尔士亲王”军营旁的这个地方降下了米字旗。

当然，最为世人瞩目的是子夜时分，中英香港交接仪式上的易帜。在1997年6月30日的最后一分钟，米字旗在香港最后一次降下，英国对香港长达一个半世纪的殖民统治宣告终结。

在新的一天来临的第一分钟，五星红旗伴着《义勇军进行曲》冉冉升起，中国从此恢复对香港行使主权。与此同时，五星红旗在英军添马舰营区升起。两分钟前，“威尔士亲王”军营移交给中国人民解放军，解放军开始接管香港防务。

零点40分，刚刚参加了交接仪式的查尔斯王子和第28任港督彭定康登上“不列颠尼亚”号的甲板。在英国军舰“漆咸”号及悬挂中国国旗和香港特别行政区区旗的香港水警汽艇护卫下，将于1997年年底退役的“不列颠尼亚”号很快消失在南海的夜幕中。

从1841年1月26日英国远征军第一次将米字旗插上港岛，至1997年7月1日五星红旗在香港升起，一共过去了156年5个月零4天，大英帝国从海上来，又从海上去。

（来源：新华社香港1997年7月1日播发）

1. 写好细节

细节是把新闻写活的根本。它不仅能增强新闻的可读性，而且能增强新闻的可信性，更好地表现主题。细节运用得好，能见微知著，使新闻人物、新闻事件更鲜活生动，使新闻报道更具有表现力和感染力。

在这篇新闻作品中细节的描写很成功。如“末任港督告别了这个曾居住过25任港督的庭院”、“代表女王统治了香港5年的彭定康登上带有皇家标志的黑色‘劳斯莱斯’，最后一次离开了港督府”、“将于1997

年底退役的‘不列颠尼亚’号”、“在英国军舰‘漆咸’号及悬挂中国国旗和香港特别行政区区旗的香港水警汽艇护卫下”……这些细节的描述将新闻事件的因果、始末交代得具体、清楚；把英国对香港的管治已到了“日落余音”的气氛渲染得淋漓尽致。使整个新闻报道生动形象，意蕴悠长。

2. 场景再现

如果在新闻报道中善于捕捉精彩的镜头、典型的场面，并给予形象的再现，无疑会使整个新闻活跃起来。

在这篇新闻作品中，记者作为历史的见证人，描写了英国撤离香港那一天的几个具有典型性的场景，把生动的现场气氛传达给受众。

第一个场景：下午 4 点 30 分，末任港督告别港督府，降下港督旗帜；

第二个场景：晚上 6 点 15 分，在添马舰军营东面广场举行象征英国管治结束的告别仪式；

第三个场景：子夜时分，举行中英香港政权交接仪式，米字旗在香港最后一次降下，五星红旗冉冉升起；

第四个场景：7 月 1 日零点 40 分，查尔斯王子和彭定康登上“不列颠尼亚”号离开香港。

记者写道：“在蒙蒙细雨中，末任港督告别了这个曾居住过 25 任港督的庭院”，“面色凝重的彭定康注视着港督旗帜在‘日落余音’的号角声中降下旗杆”，“停泊在港湾中的皇家游轮‘不列颠尼亚’号和邻近大厦上悬挂的巨幅紫荆花图案，恰好构成这个‘日落仪式’的背景”，“五星红旗在英军添马舰营区升起”，“查尔斯王子和第 28 任港督彭定康登上‘不列颠尼亚’号的甲板。在英国军舰‘漆咸’号及悬挂中国国旗和香港特别行政区区旗的香港水警汽艇护卫下，将于 1997 年年底退役的‘不列颠尼亚’号很快消失在南海的夜幕中”……，这一个个场景，如同镜头般具有画面感、可视性，让受众如临其境、如闻其声，读来回味无穷，并加深了对香港回归这一重大历史性事件意义的理解。

3. 气氛烘托

再现特定的场景，特定的形象，离不开生动形象的语言，富有个性化的语言，有助于增强新闻的感染力。

在这篇新闻作品中，“蒙蒙细雨中”、“雨越下越大”是天气状况的实写，但两处用笔对仪式的气氛起了烘托的作用；“面色凝重”，是对港督彭定康表情的实写，但在这里做交代，对“告别”仪式的氛围起了点染的作用；“英国米字旗最后一次在这里降落”、“‘不列颠尼亚’号驶离维多利亚港湾”、“彭定康注视着港督旗帜在‘日落余音’的号角声中降下旗杆”、“雨越下越大。查尔斯王子在雨中宣读英国女王赠言”、“另一名英国海军士兵在‘威尔士亲王’军营旁的这个地方降下了米字旗”、“五星红旗伴着《义勇军进行曲》冉冉升起”等这些描述，让受众仿若置身新闻现场，听到了降旗声、下雨声，讲话声和升旗的乐曲声……

一条主题重大的消息，能够表达得如此鲜活生动、情景交融，的确需要记者具有相当深厚的新闻采访和写作的功力。

导 语

新闻要以事实说话，是指新闻表达的内容是“事实”，那么，新闻事实以什么手段或载体去表达呢？当然是“语言”。传播具有新闻价值的信息时所使用的文字语言就是新闻语言。艾丰说：“好的新闻语言是一种独立的语言。创造和推广实用的优美的新闻语言，是我们的历史责任。”

第九章　新闻表达的载体
——新闻语言

什么是新闻语言？“新闻语言就是从新闻的角度对全社会进行‘选择’和反映时所用的工具。它的本质是信息传播的语言、报道事实的语言、解释问题的语言、快速交流的语言。”[57]

文学是语言的艺术。那么，新闻是不是语言的艺术？新闻当然也是语言的艺术。“新闻语言可以通过不断地改造完善，成为与其他文学作品相比毫不逊色的语言。——当然是就各有特色而言。”[57]233

新闻语言，服务于事实的报道，肩负着向受众表述新闻事实、传递新闻信息的使命。新闻语言是一种独立的语言。

一、新闻语言是综合功能语言

语言是在人类长期的生产实践和历史发展中产生，让人用来思考和传递信息的符号系统，虽然同一个民族的语言在形式上是相同的，但不同行业的语言却有明显差异，例如学术论文中用科学语言说话；生活中人际沟通用日常语言说话；文学作品用文学语言说话……这说明语言有着不同的功能。商业用语、宗教用语、军事用语、科学用语、外交用语，也包括新闻用语，都是因语言功能不同而产生的语言体式，即语体。所谓语体，就是人们在各种社会活动领域，针对不同对象、不同环境，使用语言进行交际时所形成的习惯用语、常用句式、结构体式等一系列运用语言的特点。

新闻语言在长期实践中形成了自身的语体，有着独具的特点和规律，也有自身的语言技巧。

从语言的外在表现划分，语体可分为书面语体和口语体两大类。新闻要保证其真实性、指导性等价值要素，就应具有书面语体的特点；但新闻又是面向受众的，新闻要想亲近受众，为受众所接受，又必须带有一些口语体的特征。所以，总的来看，新闻语言是在书面语体的基础上吸取了一些口语体的特点，是兼具口语体特点的书面语体。

从语言的内在功能划分，语体分为日常语言、科学语言、文学语言等。日常语言的主要功能是交际，科学语言主要发挥的是语言的表意功能，文学语言发挥的主要是语言的表象和表情功能。那么，新闻语言发挥的是语言的哪一种功能呢？新闻报道的触角伸向现实生活的各个方面，因此新闻语言具有很强的包容性，所以新闻语言是一种综合功能语言。

新闻语言有时表现为平易近人的生活化语言；有时又表现为准确严谨的科学语言；有时又表现为生动形象的文学语言。

新闻语言就是这样一种独立的综合功能语言，它服务于事实的报道，以其质朴、实用的语言形态，富有表现力的语言风格来实现广泛的社会传播。

二、新闻语言的特点

新闻的客观性要求报道必须真实直接，不能随意夸大、缩小或含糊其辞，因此，准确性是新闻语言的第一特点。

（一）准确性

新闻文体承担着报道事实的责任，对准确性有着更高的要求。杰克·海敦在《怎样当好新闻记者》一书中提出“准确性高于一切”。“准确，准确，再准确”也是普利策的格言，他还强调：“你仅仅不发表失实报道是不够的，采取一切措施避免歪曲事实也是不够的……一定要坚信准确性对报纸来说犹如贞操对女人一样重要。”

新闻语言的准确性，包括：

（1）在时间、空间、数量、程度等方面，语言的所指与客观事实之间要高度吻合。

新闻表达，尽量不用“不久前”、“长期以来”、“经过几小时努力”、“短短几天内”等语句代替可以明确表达的具体时间；尽量少用“一些”、“不少”、“无数”、“许多”等代替可以具体表明的程度。如果能说清几月几日就不要用“最近”、“日前”等语言来表达。

（2）概念明确、判断准确，防止“陌生化”和夸张。

新闻语言在力求明晰之外，还要注意防止“陌生化”和夸张性词语。文学语言常常通过系统违反语言规则追求一种新奇的效果，从而达到审美需求。比如有诗人用“做了一次内部的沐浴”来表达“喝水”，就是典型的陌生化手法。文学语言承担着营造独特美感韵味、激发读者想象的任务，常常要依赖语言的模糊和多义性。而这样的“陌生化”表达如果用于新闻报道中是不可思议的，因为首先新闻报道用事实说话的原则要求在语言的表达上要明确、直接，而陌生化语言无法直接明确地表达事物，所以新闻语言要反陌生化。另外，新闻面向的是大众而非小众，所以在语言表达上要兼顾大众的总体水平，不能追求用词的陌生化。

新闻语言也不可有任何夸张性表达。“两耳垂肩，双臂过膝”这是《三国演义》中对刘备形象的夸张性描写，这样的描写在文学作品中会让人物栩栩如生，但这样的夸张用于新闻，受众就会质疑。因为，受众对新闻和文学的阅读需求是不一样的。他们对新闻的第一需求永远是明明白白传递信息。所以，新闻语言的第一要求永远是清晰明确，否则就会造成新闻传播中的失实。

（3）慎用可能产生歧义的词语。

新闻表达用词要十分谨慎，要求慎用可能产生歧义的词语，否则表意就不会准确，很容易让受众误会。

一是，在事实尚未清晰时，如果使用决定性词语，就容易引起歧义。

比如：一名银行职员琼斯从他五楼的宿舍跳下来自杀身亡，但记者赶到现场时，警察和法医都不敢做出肯定性的判断。这时如果记者写成“琼斯从五楼跳下去摔死”，一个“跳”字就意味着琼斯是自杀的。但是万一最后警方确认是他杀，报道岂不是失实了吗？如果说成“被推下来摔死”，就又肯定了他杀，排除了自杀的可能性。这时用中性词“坠楼”最为准确。[54]63

二是，由于一词多义，造成歧义。

比如：“我叫他去。”在这个句子中，“叫”可理解为让、使、派，也可以理解为喊、唤、招等意思。理解不同，句子表达的意思自然不同。所以在新闻表达时，也要谨慎地使用一词多义的词。

三是句子结构的不同停顿组合，造成歧义。

例如：“消灭了敌人的士兵”，对这个句子的理解，如果在“的”后面停顿，此句的意思就是：“士兵消灭了敌人”，如果在“了”后面停顿，此句的意思就是“敌人的士兵被消灭了”。关键在于“敌人的”这个词语是随下与“士兵”组成偏正短语，还是随上与“消灭了”组成动宾短语。对于这种不同的停顿造成的不同结构组织而形成的歧义句，新闻表达时要恰当安排句子结构，以避免产生歧义。

总之，虽然任何文体的写作都要求语言表达要准确，但因为新闻担负着向受众表述新闻事实、传递新闻信息的使命，因此，对语言准确性的要求更加严格。

（二）白描性

新闻表达不仅要求准确，当然还要求形象生动，这就使得在新闻的写作中免不了要使用描写手法。描写似乎更多的是一种主观性较强、修饰性较强的表达方式，这与新闻的客观性原则有一定的矛盾。但描写也可以是客观化的。按照描写的风格和详略的不同，描写可分为细描和白描两种类型。细描也叫工笔，是一种精雕细刻、浓墨重彩的描写方法。它的色彩感和装饰性都很强，描写偏重于某一事物所引起的主观感受，不太注意事物的原始形态。从遣词造句方面看，它较多使用形容词、副词，大量使用比喻、夸张、象征、对偶、借代等修辞手法。新闻中用的描写是白描。白描是绘画的一个术语，指只用线条勾勒，不用色彩，也不讲究明暗层次，寥寥几笔画出事物形体姿态的绘画方法。在写作中，也可以借鉴这种绘画的方法，只不过构成形象的质料不同罢了——绘画用颜料，写作用文字。[54]63

白描，它没有浓墨重彩的铺陈，没有任何形容和烘托，更没有夸张，却准确而又传神地写出了人或事物的形象。 这种方法从表面上看没多少技巧，实际上却蕴涵着更高难度的技巧，是高水平的语言表达的能力。

穆青对白描是这样论述的：这种表现手法，有时也借语言的音响和色彩来加强效果，但主要依靠事实、形象、思想来打动读者。它的特点是豪华毕落见真谛，从平凡中见到深刻，在沉静中见到热烈；尽量做到自然流畅，不事雕琢。

请看一篇运用白描手法十分成功的经典之作——

光荣属于美国飞行员

中国南部某地电 在天空中，一场大战正在进行，地上的人们都停止了手中的活计，翘首仰望。最后，天上只剩下一架美国飞机，它那巨大的红底白五角星军徽分外耀眼。它单枪匹马，同两架日本鬼子飞机格斗。双方对射了一阵，两架日本鬼子的飞机先后栽了下来，轰然一声，从地面上升起了两条烟柱。

就在这个时候，人们也注意到，那架小巧玲珑的美国飞机也受了重伤。它吼叫着，声音很像用松节油作燃料的卡车在大路上行驶，而这辆卡车早已超载……最后，美国飞机也栽了下来，摔得很厉害，机身碎成了几大块，机翼也卷曲了。

人们在飞机的残骸中找到了驾驶飞机打日本鬼子的飞行员。他个儿高，块儿大，就像其他美国人一样。他的外衣的左右肩上缝着两条窄窄的丝带，背上缝着一面中国国旗，旗上印着几行字，大意是说这个人不远万里，来到中国，帮助中国人民赶走日本鬼子。

尽管人们知道他活不多久了，大家还是把他小心地抱了起来，送到一所房子里，为他精心治疗。他的腿和手臂摔断了，身上也有几处枪伤，肚子被打穿了，从外面，可以看到内脏。人们尽量让他舒服一些。他自己也明白，他活不了许久了。

就在人们尽量照料他的时候，他同他们又说又笑，用蹩脚的中国话开他们的心。可惜，他们不懂他的话，因为这个村的人们讲另一种方言。然而，大家都能理解为什么这个垂死的人强作欢颜，他们都看到了他的伟大，他的善良，他的力量和尊严。

他死了。人们用白布把他包起来，因为白色代表着人们对死者的悼念。他们用村里最好的棺木把他装殓起来，再把棺材抬到停泊在河中的船上，打算把他交给能把他转交给陈纳德等美国将军的那些人。

在棺木的旁边，他们放了一口箱子。箱子里盛着他的军服，那是在他痛苦不堪的时候，人们给他脱下来的。同衣服放在一起的，是人们在他的衣袋里找到的东西——有装着钱的小皮夹，有他本人和妻子、两个儿女的又厚又大的照片，有美国香烟，有银制的打火机，有折刀，有小小的棕色的美国硬币，上面铸着一个头像，是个长胡子的老头。

当这一切安排停当之后，村里的四个青年人带着长竹竿走到船上，他们将撑着船沿河而上，把美国飞行员交还给他的同胞。

死难的英雄就要回到他的同胞那里去了——这个消息在沿江地区迅速传开了。居住在两岸和在舢板上的人们都蜂拥而至，等待看这条船的到来。沿途，人们燃起了长串鞭炮，向一个为中国而战的美国飞行员致敬，向一个像英雄那样去笑、去死的人致敬。

（作者：美国陆军军士长玛里昂·哈格罗夫，原载《美国佬杂志优秀作品选》，1945 年纽约版）

这篇发表于二战期间的新闻特写，淡淡着笔、慢慢道来，语言没有铺排，没有渲染，没有华丽，但我们却被深深打动。

“他的腿和手臂摔断了，身上也有几处枪伤，肚子被打穿了，从外面，可以看到内脏。人们尽量让他舒服一些。他自己也明白，他活不了许久了”。无需形容他伤得有多重，只是将事实告诉读者，就已经让我们心痛不已。

“同衣服放在一起的，是人们在他的衣袋里找到的东西——有装着钱的小皮夹，有他本人和妻子、两个儿女的又厚又大的照片，有美国香烟，有银制的打火机，有折刀，有小小的棕色的美国硬币，上面铸着一个头像，是个长胡子的老头。”无需说明他是怎样的一个美国人，我们只从他的遗物中就明白他是一个多么留恋生活，多么热爱亲人，多么追求生活品质的人……

可见，白描是一种至高的写作境界，他要求作者具有更高的写作智慧、语言驾驭能力和非凡的表达功力。

链 接

这也是一篇运用白描比较成功的作品——

最爱舟舟的那个人走了

许多人都知道舟舟，他是中国著名智障指挥。然而，人们不知道的是，舟舟的妈妈身患癌症十二年。支撑她活下去的唯一理由是，她必须用舟舟能够理解的方式告诉他“爱永远不会离开”，她必须尽可能安排好舟舟将来的人生——

1994 年 3 月，43 岁的武汉市机床厂厂医张惠琴被确诊患了乳腺癌。这一年，舟舟 16 岁。舟舟患有 21 对染色体综合征，永远都只能有三四岁孩子的智力。

为了舟舟，张惠琴决定好好活下去。在经过手术和半年的治疗后，她出院回到家里。

此后，她每天替舟舟换洗干净衣服，教他爱干净、讲卫生。这样是希望别人不至于太厌恶舟舟，会尽可能地接纳他。家里，她、丈夫和女儿都用头天的剩饭当早餐。但张惠琴每天给舟舟一块钱，让他出去吃早点，目的就是希望他能学着多接触社会，使用钞票。

正在这时，张惠琴丈夫胡厚培所在的武汉市交响乐团的一位同事，偶然中发现舟舟对于音乐的天才感受力。

张惠琴兴奋极了，她终于找到了适合舟舟的生活方式和生存方式。夫妇俩决定送他上智育培训学习班，还请一些指挥家来指导舟舟……

1999 年元旦前夕，中国残联特地邀请舟舟参加残联举办的春节晚会。在那次晚会上，舟舟将自己的音乐天才发挥得淋漓尽致。残联主席邓朴方拥抱着舟舟，深情地说：“一切生命都是伟大的！”

中国残疾人艺术团赴美前，在北京 21 世纪剧院汇演，党和国家领导人观看了演出，舟舟的指挥获得了全场雷鸣般的掌声。此后，舟舟又在美国巡演指挥了包括美国国家交响乐团在内的几个世界顶尖交响乐团。

然而这时，在国内的张惠琴却被查出由于化疗不彻底，癌细胞已经转移并扩散。医生告诉过张惠琴，她必须坚持定期去化疗和复查。但一次化疗就得几千元，她舍不得，只要身体还能支撑住，一般能拖就拖。她要为舟舟尽可能多攒一分钱。

一个多月后，舟舟从美国回来了，这时张惠琴的头发因化疗已经全部掉光。

舟舟摸了摸妈妈光光的脑袋，突然流着泪说："妈妈，你得了病吗？"这是舟舟第一次知道妈妈有病。他的话像一股暖流涌入了张惠琴的心里，她感到莫大的慰藉！她曾经以为舟舟永远不会懂得什么叫生病，什么叫问候。

张惠琴加紧了培养舟舟良好生活习惯的训练：她像训练婴孩一样每天无数次地叮嘱舟舟，早晚要刷牙，饭前便后要洗手，每天要洗脚，每周要洗澡……令她欣喜的是，舟舟也有了更多自我表达的意识。

这年，张惠琴陪着舟舟随中残联艺术团循环演出。到新安时，她感觉到胸腔似乎要爆炸一般的疼痛，完全站不稳了。她想，也许自己不行了。但她不愿意影响舟舟演出，更不愿让舟舟看见自己痛苦的模样，因此面对舟舟时，她居然从来没有皱眉，没有喊过一声痛。

张惠琴在等到丈夫赶来陪舟舟后，才连夜回到武汉。在同济医院，医生惊呼：她已经满胸腔积液，不知她是怎么忍受巨大痛苦呼吸的，而且她还四处颠簸奔波。张惠琴不得不赶快住院抽取积液，并进行化疗。

一天，张惠琴看一个电影故事。故事名叫《小孤星》，讲一个四岁小女孩在母亲车祸去世后的故事。女孩在母亲的墓地前拼命刨土，要把妈妈找出来。

张惠琴看着，震惊了，她一直只想着要怎样安排舟舟将来的生活，却从来没想过舟舟会怎样看待她的死亡。

张惠琴告诉自己，她一定要教会舟舟学会面对妈妈的离开。她无法想象因为自己的死亡，令舟舟感觉到被遗弃，感觉到孤独与绝望。

张惠琴从舟舟最喜欢的游戏——打手机入手，一次又一次反复告诉他，如果有一天妈妈不在了，你要学会给妈妈打电话。她拿着手机放在舟舟的耳边，对他说："你看，就像这样子，你看着天空对妈妈说话，那时妈妈就在天上注视着你。"

张惠琴指着院子里的小树对舟舟说，如果以后要找妈妈的话，就去看那一棵树。那是棵春天里开花的树，你可以把要送给妈妈的小礼物。比如一块蛋糕，比如一颗糖埋在树底泥土下，妈妈就会吃到。

张惠琴一遍又一遍地对舟舟说，你只是看不见妈妈的身影，但妈妈永远在你身边，在照片里，在录影带里，在你凝视的每一颗星星里，在拂过你身体的每一阵风里，在你清晨起床迎接的第一缕阳光里。只要爱在，爱你的人就在。

舟舟听着，他有时听不懂，但他有时分明是听懂了。

2006年5月27日下午，张惠琴在武汉市161医院肿瘤科骤然辞世。

去世前，张惠琴已经与武汉市红十字会眼库签订了眼角膜捐献志愿书。她的志愿书是这样写的：舟舟是在社会的关爱中成长的，我也要回报社会，帮助那些失明的人。

（来源：《现代家庭》2006年9月上，作者：千北）

（三）简洁性

简洁是新闻语言应该拥有的品质。契科夫说，简洁是才能的姊妹。简洁是所有优秀文章的美学品格之一，更是新闻报道特别要求的写作规范，因为新闻的简洁，意味着快速、直接和有效的信息传递。

新闻语言简洁，要做到：

（1）删除多余的字

比如：这个俱乐部的成员出席了这次会议，简洁表达为：俱乐部成员出席了会议；两辆汽车都完全报销了，简洁表达为：两辆汽车都报销了；一座 18 层高的楼，简洁表达为：一座 18 层的楼；他离开火车走下来，简洁表达为：他走下火车；他说的是他要走。简洁表达为：他说他要走；过去的经验使他成熟，简洁表达为：经验使他成熟。

（2）少用间接动词形式

例如：这些人物举行一次会议，简洁表达为：这些人将开会；法官做出了一个决定，简洁表达为：法官决定。

（3）主动语态通常比被动语态更有力

例如：那人被学生看见了。比较好的表达是：学生看见了那个人；这次事件为许多人所目击。比较好的表达是：许多人目睹了这次事件。更好的表达是：20 个人目睹了这次事件。

（4）多用短语

例如：事故发生在维纳街和麦伯尔街的街角交界处，更好的表达是：事故发生在维纳街和麦帕尔街交汇处；讨论持续了两小时之久，更好的表达是：讨论持续了两小时。

简洁是一种美，更是一种力量。伏尔泰说：要想令人生厌，就什么也不要删除。在不长的篇幅内将新闻表达得言简意赅，是记者的基本功。

（四）大众性

新闻是一种运用最广泛的语体形式，新闻报道必须与受众有较强的接近性。因此，新闻语言必须通俗易懂，明确朴实，使用规范的现代汉语词语。“有专家统计了 19 篇新闻作品的 6500 个总词量并加以分析，通用词语占绝大多数，口语词次之，专业术语、行业习惯语、方言、俚语、歇后语、谚语、格言、古语词、外来词用得极少。有些专业术语非用不可时也用得十分谨慎，对极少数一般读者不熟悉的专业术语要作必要的解释。”[58] 可见，新闻语言的通俗易懂是大众传媒获得良好传播效果的一个必然途径。

高尔基在《新闻工作者的伟大历史使命》中指出：新闻语言"当然是越朴实越好"，"真正的智慧，通常总是用很朴实的方式反映出来的"，"语言越朴实，越生动，就越容易理解"。[59]

新华社曾经发文要求："我们一切发表的文字必须以最大多数的读者能够明了为原则。"新闻语言要做到通俗易懂，用语要简洁通俗，用词贴切、得体、有力，并达到语言雅俗共赏的较高境界。

避免使用术语和行话。有能力的记者不使用术语同样能准确地报道和描述事实。例如：有一条关于气象站天气预报的报道——

本报讯 辽宁省东沟县气象站不仅能够做出短期、中期和长期的预报，而且还能做出超长期预报。"

法新社在转发这条消息时修改为：

法新社电 绝大多数气象台可以告诉你今天、明天甚至两个星期内是否下雨，然而中国一个县的气象站不仅能做到这一切，还能对今后十年的气象变化做出预报。

尽量不用行话。使用受众容易理解的普通词汇、常用词汇，而不是政府官员、新闻发言人、法官、律师使用的语言。如：这些人被指控犯有众多的侵犯人权的罪行。更有力的写法应该是具体的而不是抽象的：这些人被指控犯有强奸和谋杀罪。

不要使用外来语，除非汉语中找不到替代词。在新闻表达中，越是笔法老练的记者，越是追求用字的平常，做到语言平白如话，通俗易懂。

同时记者还要善于吸收大众语言中的精华，多用大众口语。例如："据新华社巴颜浩特（2002）3月19日电 在沙尘源头采访，记者时常遇到倒毙在戈壁滩和沙漠中的驼羊的尸骨，而觅食的驼羊也形容憔悴。记者不禁叹息：在这里做个畜生好辛苦。/在阿拉善右旗努日盖苏木一个叫梭梭井的地方，牧民白桂珍告诉记者：'这几年的沙尘暴越来越猛，一场大风过后，就能在草场中找到死羊。'/走进额济纳旗苏泊淖尔苏木牧民达布罕家，我们惊奇地发现，每只山羊都戴着一只口罩。达布罕老人解释说：'哪是口罩呀，这是给山羊补喂饲料。'"[60]"在这里做个畜生好辛苦"、"一场大风过后，就能在草场中找到死羊"、"哪是口罩呀，这是给山羊补喂饲料"等，都是口语化表达。穆青提出："如何把群众的语言巧妙地用到我们的新闻写作里，这是很有意义的事情。语言要经常搜集，经常学，经常记。写东西要概括，最好用群众的语言来概括，不要用咱们的腔调来概括。"[61]在新闻中最好的文字，就是与大众至亲的文字。

但需要说明的是，我们只是强调要学习大众语言的精华，并不是要求用口语写作。新闻语言必须以规范化了的现代汉语语言作为基础，使用规范化的语言，新闻写作永远不能忽视对语言的提炼。

杰克·卡朋在《美联社新闻写作指南》中指出新闻写作仅有信息是不够的，记者在交稿之前，应该向自己提三个问题：第一，我是不是已经把我想要表达的意思表达出来了？第二，我是不是已经尽可能简洁地把意思表达出来？第三，我是不是已经尽可能用简单的文字把意思表达出来了？

三、新闻语言的禁忌

（一）忌含糊笼统

如果新闻表达含糊笼统，就会让受众不得要领。下面结合一个案例来说明。

案例：

轻信他人代办房产证　不料跌落骗子陷阱

老太折房两套无家可归

本报讯　德福巷63岁的程老太太，因为轻信他人，把自家的两套房子委托他人办房产证，结果房产证没办来，委托人偷偷卖掉房子，还先后骗了她现金十几万，现在她没家可归，老伴和孩子也因此失踪了。

在德福巷21号院的车棚里，记者见到了老太太，半身不遂的程老太太现住在车棚小屋里。她告诉记者，她家原来有老伴和一个弱智的儿子，现在老伴和孩子都因为房子和钱财被骗，而受刺激失踪。

程老太太告诉记者被骗的经过：2005年3月，认识了家住正大制药厂家属院的中年女人张某。当得知程老太太在德福巷小区有两套拆迁房，只有临时房产证，张某告诉程老太太，自己可以帮其找人办理正式房产证。程老太太又认识了一位女子杨爱琴，签了委托书，委托其办证，还给了其1万元现金。结果老人发现自己闲置的那套房，被杨爱琴卖掉，而房款也迟迟不给程老太太。今年年初，杨爱琴告诉程老太太，自己在索罗巷有套空房，而程老太太住的房子可以租出去挣钱。于是程老太太搬到了索罗巷。程老太太又发现这套房子也被杨爱琴卖掉，杨再也不见了。程老太太的家人找到介绍人张某，张某说给她些钱，她可以帮老太太赎回这套房。程老太太又相信了她，先后给了她11万元现金。不久，张某也不见了。

今年7月的一天，突然有房产中介公司的人来索罗巷程老太太住的房子，告诉她这套房子是杨爱琴租来的，只租了半年，租期满了中介要收房。程老太太一家先后损失了房子、现金共35万元。此后，程老太太一家无家可归，老伴和孩子也先后失踪。程老太太只好在车棚暂住，在亲戚的照料下生活。上月，程老太太已在公安碑林分局经济大队报案。程老太太想通过媒体呼吁公安部门尽快缉拿骗子归案，同时提醒老年人不要轻易相信他人。

这条消息，语言表达不明确。

第一，时间交代不清。新闻中说到了程老太太受骗的全过程，但很多地方的时间概念没有交代，整个事件给人的感觉不够连贯。诸如：2005年3月程老太太认识张某，但在之后的事件发展过程中没有时间交代，使得读者难以把握事件进展的脉络。

第二，人物交代不清。对于程老太太、杨爱琴、张某都没有人物背景交代，因此，读者对于她们之间的交往、卖房、租房、受骗的事件发展，难以找到判断依据。

第三，事件原由表达不清：程老太太怎样认识的杨爱琴？为什么会信任她？"老人发现自己闲置的那套房，被杨爱琴卖掉，而房款也迟迟不给程老太太"，程老太太怎么还会把第二套房又交给她？等等。

读了这篇报道，感觉记者对所报道的事实所知有限，表述不清。如果没有充分的调查和采访，就很难向受众传递全面清晰的信息，其传播效果就会受到影响。

链 接

下面是一篇与以上案例同源新闻，这篇报道，比较清晰地报道了事实。

两处房屋被骗　老伴儿子出走

6旬老太寄人篱下孤苦度日

本报讯　（记者拓玲）只因为太相信两位女子的花言巧语，63岁的程桂玲老人竟在不到一年的时间里先后丢掉了两套两居室的住房。手拿与骗子签订的委托书，老人如今欲哭无泪。然而屋漏偏逢连阴雨，家中的不幸却并未因此结束，受不了打击的老伴与儿子去年突然失踪后至今杳无音信。没了家的老人如今只能在社区看车棚的小屋里孤苦度日。

一年内两套房屋被骗卖

患有脑溢血后遗症的程桂玲老人和老伴李长振原住在德福巷东小区，2005年3月的一天，两人在小区车棚与一女子张春红聊得很是投缘。听说因房屋拆迁，老人在德福巷东、西小区各分有一套住房，且都是临时产权证。张春红便称自己认识人多，可以找人帮老人换成正式产权证。随后又叫来另一女子杨爱琴拟了份委托书。“当时说的是她们帮我办两套房的继承过户手续，没想到她们在委托书上又加上了帮我办理两套房产的租、售等一切事宜的意思。”视力不好的程老当时稀里糊涂就签了字，并随之去公证处做了公证。

骗得了老人信任，又有了法律上生效的委托书，很快，老人在德福巷西社区14号楼3单元一套61.82平方米的住房就被张、杨两人以11万元的价格卖给了一位高女士。“我光在三张收款条上签了字，可11万元现金一分也没收着。”2005年8月，杨爱琴再次找到程桂玲老人，称其在索罗巷有套住房，因长期无人住，想请老人和老伴过去住，然后帮老人把德福巷东社区的房子租出去，一年最少挣1万多元租金。还没等程桂玲老人考虑几天，杨爱琴就找搬家公司帮老人搬到了索罗巷。直到今年3月，老人才恍然大悟。“三月份有一天，人家房屋中介公司找上门来，说我们住的房子是杨爱琴租的，只交了半年的房钱，现在房子已到期，叫我们尽快搬走。”

再回到德福巷东社区16号楼一单元的房子，才发现房屋早换了主人。程桂玲老人在今年3月已将房子以15.5万卖给了另一对老人。而此时之前的张春红又出现了，称只有找她才能帮老人赎回房子，无奈的程桂玲老人向亲朋借11万元给了张春红，没想到换来的竟是漫长的等待。

老伴儿子出走寄人篱下度日

因为房子被骗的事，程桂玲老人经常与老伴发生口角，今年8月的一天下午，李长振老人与老伴吵架后，与先天智障的儿子李乐一气之下离家出走了，至今没有任何音信。提起日夜思念的老伴，程桂玲几次哽咽。没了住所，老人现在暂时住在社区看车棚的8平方米小屋，只靠每月400元的退休金艰难地度日、看病。程桂玲老人说：“现在一打杨爱琴的电话就是‘已关机’，再也找不到她们了，我晚上做梦都是被骗的经过。到底啥时候能赎回我的房子？”孤苦伶仃的老人显得特别无助。

碑林公安分局介入调查

事发后，程桂玲的亲属张先生曾到南大街派出所报案，但派出所工作人员称案情重大，他们无法处理。10 月 17 日，张先生又来到碑林区法院报案大厅，工作人员表示，该事件属于经济诈骗案，可向碑林公安分局报案。10 月 19 日，看到张先生的报案材料，碑林公安分局经侦科民警受理了此案。记者昨日在经侦科三中队尹队长处了解到，目前此事正处于案件调查阶段。

（来源：《西安日报》2006 年 11 月 12 日）

（二）忌数字堆砌

一些新闻报道不厌其烦地罗列细节和数字，这也是语言的堆砌。

看一条消息——

西洽会首日告捷

安徽代表团 33 个项目共签约 39 亿

中安网 4 月 6 日西安讯 西洽会首日告捷。今天下午，安徽省代表团经济技术合作项目签约仪式在西安皇城宾馆举行。今天共签订项目 33 个，总金额达 39 亿多元。

来自签约仪式现场的消息，我省代表团今天下午集中签约的项目包括，外资项目 1 个，协议总投资 1000 万美元，吸引外资额 360 万美元；国内横向联合项目 17 个，总投资 19.0940 亿元人民币，吸引外地资金 14.9444 亿元；其中项目合同 5 个，总投资 4.36 亿元，外地投资额 2.2188 亿元，项目协议 12 个，总投资 14.734 亿元，外地投资额 12.7256 亿元。科技项目 4 个，合同总投资 7265 万元，外地投资额 2000 万元。产权交易项目 2 个，总投资 12 亿元，外地投资额 1.2 亿元；其中项目合同 1 个，总投资 2 亿元，外地投资额 2 亿元；项目协议 1 个，总投资 10 亿元，外地投资额 10 亿元。内贸合同 9 个，合同交易额 6.395 亿元。

陕西省委常委、政法委书记赵正永、安徽省人民政府副省长黄海嵩、安徽省人民政府副秘书长张秋保、安徽省经济贸易委员会主任杨振超等出席了今天的签约仪式。

（来源：中安网）

这条新闻简直就是数字的堆砌，显然记者对新闻材料缺乏整理，对语言更是缺少概括和提炼。这样的数字虽然很精确，但却使得新闻事实很模糊。

（三）忌用生僻字词

新闻是一种大众文体，它的受众群广泛，这就要求新闻用词要大众化，让绝大多数受众认识、懂得。如果新闻表达中用一些生僻字词，无疑会成为受众阅读的障碍。受众就会对新闻望而生畏，避而远之。

如，某地市报上刊登了一条题为《夤夜查险》的报道。赫然出现在标题中的“夤”字不知要拦住多少读者。据《现代汉语词典》(修订本)，“夤”的读音为yín，意思为“敬畏”或“深”。可见，这条标题中的“夤”的意思应为“深”。那么，这条报道的作者或编辑，为何不用“深”，而偏偏要用“夤”。用“夤”字的时候不知有没有想过，作为一张面向基层的地市报，用这样的生僻字合不合适呢？又如，有张面向农村、农民的大报，在一篇歌颂一位老农民关心公益事业的报道中没有明确指出老人多大年纪，而是用“耄耋”一词代替。农民读者恐怕很少有人知道这一词的意思（据《现代汉语词典》(修订本)，“耄耋”的读音为：mào dié；意思泛指老人，其中“耄”指八九十岁的年纪，“耋”指七八十岁的年纪）。退一步说，就是理解“耄耋”一词意思的读者，也会被弄糊涂，报道中的老人究竟是多大年纪呢？是七八十岁，还是八九十岁？

报道是写给读者看的，没有人看的报道就失去了价值。读者少的报道，其价值就不大。从以上例子可以看出，不少报道失去价值或价值不大的原因在于作者或编者有意或无意用了生僻的字或生僻的词后造成的。因此，我们写报道时，对于某些生僻的字、词，要设问一下：“大多数读者看得懂吗？”[62]

（四）忌用公文语言

公文是公务文书的简称，有时也称文件，如命令、决定、通知、通报、报告等。新闻语言与公文语言在某些方面确有近似之处，如都要简洁准确，但两者在传播中有根本不同。在新闻传播活动中，传者和受者处于平等的地位，除了信息本身的价值，没有任何因素可以对受众作出限制和约束，而在公文传递中，传者和受者是有等级差别的，语言富有指令性。因此，新闻语言如果带上了公文语言的权力色彩，受众就会反感，就会拒绝接受。

目前，新闻媒体中用得较多的公文语言模式的表达有：用 “该”，用“第一……第二……第三……”，用“一是……二是……三是……”。这些字或句式用在公文中是很合适的，但这类字、句式出现在新闻报道中就使报道显得不伦不类了，既不像公文，又不像新闻。为何新闻报道中经常出现这种不伦不类的表达呢？原因就在于，不少新闻记者热衷于泡会议，跑机关，拿到别人现成的公文如：通报、通知稍作修改便当新闻发表。这样的新闻报道，难免公文味。虽然收集包括公文在内的材料，是采访的方法之一，但根据收集到的公文写新闻报道时，不能抄公文，而是要把公文中有新闻价值的东西用新闻语言表达出来，切不可留下公文的痕迹。比如说，通报中称某人或某单位时，一般用“该同志”或“该单位”。在新闻报道时，就不能照搬通报中的这种模式，应该把“该同志”用“他”或“她”代替，把“该单位”用“这个单位”代替。又如，新闻报道中经常出现的“一是……二是……三是……”或“第一……第二……第三……”的语句模式，完全可以用分号（；）来表示并列关系，或者用“和”、“及”、“或”、“或者”来表示并列关系。[62]

总之，新闻语言的表达只有符合新闻的本质要求，符合新闻的传播规律，它才会有效，才会充满活力。

导 语

新闻体裁就是新闻作品的具体样式，它是新闻形式的因素之一。犹如人们做衣服，必定要量体裁衣，要选择一定的样式，新闻写作也要选择表现样式，一切新闻作品的思想内容都要通过这样或那样的体裁来表现，没有体裁的新闻作品是不存在的。所以，要表达新闻，记者就必须要理解和掌握新闻的体裁。

第十章　新闻表达的文体式样
——新闻体裁

新闻的体裁简单地说是用来表达新闻的文体样式，在新闻发展的历史上，出现了多种多样的新闻体裁，例如消息、通讯、新闻特写、新闻言论、新闻专访、报告文学、深度报道等。这些名目繁多的新闻体裁的产生和演变，都有一定的社会根据和它本身的发展规律。

一、新闻的体裁

新闻体裁作为新闻内容的表达方式，也是新闻内容最常用的分类方式，它往往依据新闻内容的基本性质对新闻进行分类。新闻体裁的分类历来不统一，尤其是电子传播手段广泛运用于新闻报道以及新闻业的发展等原因，使得新闻体裁的分类更加多种多样。一般而言，新闻体裁可以分为：消息、通讯、新闻特写、新闻言论、新闻专访等。

（一）消息

1. 什么是消息

消息是对新近发生的有社会意义的事实进行简明扼要、迅速及时的报道的一种新闻体裁。因其在新闻诸文体中使用频率最高，使用数量最多，是新闻报道中最常用最活跃的基本体裁，所以我们常说的“新闻”就是消息，狭义的新闻专指消息。广义的新闻，除消息外还包括通讯、特写、专访、言论、调查报告以及各种新兴的新闻体裁。

消息篇幅短小，讲求时效。消息又有报刊文字消息、广播消息（口播和录音新闻）、电视消息（口播和声像新闻）。

消息是新闻报道的核心性报道方式，就新闻传播活动的整体而言，消息在新闻报道方式中的核心性地位已延续了一个半世纪以上。因此，学会写作消息是对新闻记者的起码要求。

2. 消息的五要素

何事（What）、何人（Who）、何时（when）、何地（Where）、何因（Why）是消息的五要素。因为在英文当中这每个要素开头的字母都是“W”，所以简称五个 W。五个 W 是检验消息是否写得完整的一把尺子，从理论上讲，每条消息都应该回答五个 W。

例如：

24 岁的警察朗尼恩在星期六凌晨约三点零五分被一把 0.22 口径手枪击中右脸颊之后现在在“郊区医疗中心”伤情已经稳定，他在停车想喝一杯咖啡时，偶然地打断了一次抢劫企图。29 岁的劫犯，斯科基人格瑞姆和 21 岁的诺威尔在一家位于欧文公园和埃斯特大街上通宵方便商店里击中了朗尼恩。

这条消息的导语回答了所有问题——

何人：警察约翰·朗尼恩；

何事：右脸颊被击中；

何时：星期六上午三时零五分；

何地：欧文公园和埃斯特大街上的通宵商店；

何因：他打断了一次抢劫企图；

如何：被一只 0.22 口径手枪（击伤）。

当一条消息写成后，我们可以用五个 W 衡量一下，一般来说，如果五要素齐全，那么报道就是完整的，否则，消息对事实的交代就不够完整，受众就会对新闻提出质疑。

3. 消息的分类

消息从不同的角度分类，就有不同的类型。

按媒体分：有文字消息（报纸）、广播消息、电视消息、网络消息等。

按新闻所报道事件的性质分：有事件性新闻和非事件性新闻。

按报道内容分：有政治新闻、经济新闻、科技新闻、军事新闻、体育新闻、教育新闻、文艺新闻、社会新闻等。

现在国内比较通行的是按写作特点来分类，把消息分为动态消息（包括会议消息）、综合消息、人物消息、经验性消息（典型性报道）等。

（1）动态消息：动态消息是同经验性消息（典型报道）等相对而言的，类似西方新闻界的硬新闻，是最常见的消息类型。它迅速及时地报道国内外正在发生或新近发生的新闻事实，是反映新事物、新情况、新动向的消息。动态消息最基本的写作要求是以一地一事、一人一事为对象，在简短的文字中叙述新闻事实，以事物的最新变动为主要着眼点，给受众以动感和现场感。我们常见的会议消息也属于动态消息。

案例：

中华浩浩五千载　谁见铁龙渡大海

今天火车登陆海南

吴邦国出席粤海铁路通道轮渡建成庆典

本报海口1月7日电　（记者 朱海燕）　我国第一艘跨海火车渡船——粤海铁1号，像漂移的陆地，载着火车驶向海南。

今天上午9点15分，渡船从琼州海峡北港出发，10点1分抵达海口南港。

6级海风掀起滔天白浪，汪洋大海上不见一片帆影。渡船在波峰浪谷间行进，十分平稳，杯水不摇。

吴邦国站在布满鲜花飘扬彩旗的南岸栈桥上，临风而立，迎接渡船上岛。他满脸喜悦，似乎在对大海说：执政为民的共产党人彻底改写了海南与大陆不通火车的历史。

自古以来，天涯路短，思念情长。苏东坡被贬海南时，这里的路只有1195里；洪武元年，官道仅2230里。苏东坡、海瑞一批千古功臣，均无力将孤悬海外的海南与祖国拉近。

张之洞曾提出“筑铁路至海南腹地”的设想；孙中山勾画了火车轮渡琼州海峡的蓝图。然而这些宏愿终被大海吞没。

1942年，日本侵略者为掠夺财富，在八所一带用4万中国人的生命筑了200公里的铁路。新中国成立后，虽经改建，但作为“孤立的存在”几乎被人遗忘。

交通不畅，物流不旺，经济难上。

1993年启动的洋浦开发区，计划15年建成一座40万人口、600亿元产值的现代化城市，目前生产总值仅3.3亿元，人口不足4万。1995年，海南引进外资14.6亿美元，2001年降到5.7亿美元。去年瓜果菜出岛340万吨，卖了53亿元，而汽车运费付掉18亿元，还有40%因装不上汽车烂在地里。海南有年2000万人的旅游接待能力，因交通不畅，只能接待1200万人。

党中央、国务院深情关注着海南。江泽民指出，通道是海南经济发展的生命。于是，一条致富线作为实践“三个代表”思想的杰作写进南国热土。

1998年8月开工的粤海通道，投资45亿元、全长345公里，由湛海线、火车轮渡和西环线组成。其中高科技的渡船，减摇能力达50%，在8级风浪中可平稳行进。

通道连接全国7万公里铁路网，将全面整合海南的经济结构和物流资源：90%的港口吞吐量、80%的商贸业、70%的仓储业因铁路正呈现出蓬勃生机。

铁路使海南的交通能力提升一倍。运价降低2/3。仅瓜果菜出岛，一年将多收入50亿元。

10点48分，吴邦国为火车轮渡开通剪彩后，上千海南人涌向码头看热闹。一位老大爷挤进去又被挤出来，帽子都挤掉了，他嘴里喊着："让我再看一眼。"

这时，一首《春天的故事》骤然响起，人们感受到"铁龙渡大海，琼崖尽是春"。

据悉：由于琼州海峡火车轮渡成功，大连到烟台间火车轮渡也即将上马。

（来源：《中国铁道建筑报》2003年1月11日）

《今天火车登陆海南》是第14届"中国新闻奖"消息类二等奖作品，是一条动态消息精品。消息反映的是我国铁路渡海的新闻大事件，反映新事物、新情况、新动向。记者对消息中的人物、场面细致入微地加以描写和刻画，给受众以动感和现场感。

（2）综合消息：综合消息是把发生在不同地点、不同单位、各具特色、性质相同的事实综合在一起，并体现同一个主题的报道。它的特点是涉及面较广，声势较大，在综合、概括事实的基础上，进行分析，提出见解，揭示规律。

案例：

一种行之有效的思想宣传方式在我区推行——

山歌唱响主旋律

本报南宁讯（记者甘毅）"深奥道理不易懂，山歌一唱心里明"。宣传干部以往喟叹，做群众思想宣传工作好像秀才遇到兵。近年来，我区河池、百色、柳州、桂林等地市的干部们却从群众中找到了一把宣传金钥匙：山歌。巧借各族群众喜闻乐见的山歌宣传党的大政方针，繁荣了文化，唱响了共产党好、社会主义好、改革开放好的主旋律，效果奇佳。

请看一组农民编著的山歌：

"三个代表三根弦，三根琴弦紧相连；三根琴弦齐奏响，美妙音符洒人间。"

"贫富悬殊几千年，穷人有谁来可怜；唯有中国共产党，敢拿扶贫来攻坚。"

"三中全会新精神，广西贯彻最认真；中共政策广西化，1234610。"

"改革开放二十年，城乡处处变新颜；楼房建到茅草岭，麻雀难找旧屋檐。"

"独生龙来独生凤，独生子女好威风；不信你去桂林看，哪个不夸独秀峰。"

听了山歌，思想开窍，"三个代表"、"扶贫攻坚"、"自治区党委'1234610'工作思路"、"改革开放"、"计划生育"等大道理很快家喻户晓。

自治区党委宣传部对山歌宣传方式大加倡导，自治区党委常委、宣传部部长潘琦甚至带头登场唱山歌。政府行为与民间行为相结合的歌王擂台赛和主题山歌会深受群众欢迎。歌手们针尖对麦芒地进行"华山论剑"般的斗歌，令在场观众听了"笑得眼泪都标（流）"，山歌化的政策条文无形中入脑入心。被封为“广西歌王”之一的刘应林对记者说：“歌王是群众的代言人，替群众说心里话，句句都是肺腑之言，可信、可亲、可以接受，所以群众爱听、爱唱、爱看、爱读。”

同时，群众自发形成的歌圩热火朝天。走近金城江边、宜州市火车站、百色烈士陵园、柳州鱼峰山公园，树底下，石凳上，山歌声彼伏此起。有的乡镇圩日，文化站用广播播放农事山歌，赶圩的农民驻足细听。

在河池地区，宣传部门用山歌宣传形成了一整套经验。一是领导干部达成共识。党政部门用山歌做宣传，旅游、工商、税务、计生、农林水等部门也在用山歌搞宣传中尝到甜头。二是形成了老中青少年具备的“歌手梯队”。三是山歌活动开展得如火如荼。如河池铜鼓山歌艺术节、“三月三”歌节等，其火爆程度，可以用“万人空巷”、“人山人海”来形容。今年4月，在刘三姐的故乡宜州市河流乡举办的以宣传“三个代表”为主题的“刘三姐杯”山歌大赛，惊动邻近数县，参赛队伍40个，观众达4万余众。

山歌活动密切了干群关系，促进了农村两个文明建设。巴马龙凤村村民集资建庙堂，观看了“崇尚科学文明、反对封建迷信”山歌大赛后，立即将庙堂改为“科学文化室”。宜州市孟山屯老百姓通过听山歌弄懂了自治区党委“1234610”工作思路，及时调整农业结构，家家户户种桑养蚕，仅此项人均年收入达4300元，有一户农民编了一首山歌刻在自家木柜上。

好歌儿越唱大路越宽阔。时下，庆祝党的80岁生日的山歌会又在全区展开。

（来源：《广西日报》2001年6月22日）

这是一条成功的综合消息，其成功之处在于作者具有较高的政治和新闻敏感性，在综合、概括事实的基础上，进行分析，提出见解，揭示规律。报道具有较高的指导性和参考价值。

（3）经验消息：经验消息是报道典型经验，用以推动全局、指导工作的一种消息体裁。是反映事物发展变化的阶段性、概况性、经验性或典型性的报道。经验消息报道的事实一般不是突发性的，事情的发生、发展有比较长的过程。它所选择的事实有典型意义，能在不同程度上反映某一个时期、某一项工作的全貌。经验消息报道不是简单的现象罗列，而是通过纵、横对比、分析、阐述，总结经验，揭示事物的本质。这类消息贵在题材重大、典型，提供的经验具有普遍的意义。

案例：

三亿专款雪中送炭　千所小学改换新颜

广东着力解决农村困难家庭子女读书难

本报广州5月6日电　记者温红彦 刘霄 王可　我们常常轻松而随意地使用“座无虚席”来形容观者的众多、来烘托场面的精彩。新中国的义务教育为追求“座无虚席”，筚路蓝缕奋斗了半个多世纪。如今，“座无虚席”在广东省的每一所农村中小学的课堂上成为现实。去年秋季以来，广东已基本做到没有一个孩子因贫困失学、辍学。对于广东省委、省政府来说，这四个字并不轻松，因为它承载着全省88.8万贫困中小学生书杂费全免的义务教育；这四个字沉甸甸，因为它意味着从今以后全省每年须支出3亿多元的财政专款。

在广东省16个贫困县之一的清新县高田镇看到，镇里的西坑小学各间教室真的“座无虚席”。校长张浩中告知，全校260个学生，有50个学生书杂费全免，而往年，开学三四周了，他们的座位还空着。清新县今年春季开学时，第三天全县小学生回校率就超过99%，这在往年是从未有过的。农民们感激地说，党和政府出钱解决孩子的书杂费，我们还有什么理由不送孩子读书！

农民的感动缘自政府的行动。去年6月国务院作出关于基础教育改革与发展的决定后，广东省委、省政府作出积极部署：通过省财政专项补助，对人均收入1500元以下的农村困难家庭子女义务教育阶段免收杂费、书本费，全省88.8万中小学生可以免费读书，免收金额3.32亿元。广东省农村义务教育阶段的中小学生有800多万人，这意味着每10个学生中，就有1人享受全免的待遇。

政府的行动来自党政领导班子认识的提高。广东省委、省政府是从实践“三个代表”重要思想的政治高度来做这项工作的。代表最广大人民的根本利益，就要让农村困难家庭感受到党和政府的关怀，而使农村困难家庭的子女都能上学，是最根本的关怀。省委书记李长春说：要保证一个不漏。省长卢瑞华说：需要多少钱就拨多少钱。

这一体现“三个代表”重要思想的具体行动深得民心。省教育厅负责同志说，省委、省政府真正把教育摆在优先的地位，我们教育系统的干部体会最深，常常是我们要一块钱，省里给一块五甚至两块钱。为解决原来拖欠教师工资问题，省财政在前年增加转移支付资金5亿元基础上，去年又新增3亿元。在资金投入上有效地解决了学生和教师两方面的负担，有力地巩固了“普九”成果，使我们干劲倍增。

继去年采取重大举措之后，广东省今年又推出一个重大举措：在年内加快改造革命老区和山区1000所农村小学，省财政为每所小学补助30万元，共计3亿元，要求将有危房的学校改造成规范化学校，乡镇中心小学要建成有规模、上水平的学校。副省长李鸿忠在接受采访时说，这是为了落实政府义务教育的责任，着眼于经济社会的长远发展，也是为了进一步体现教育公平，力争让所有经济欠发达地区的孩子和城市的孩子站在同一个起点上。

（来源：2002年5月7日《人民日报》）

这条经验消息获得第13届中国新闻奖消息类二等奖。这条消息以“三个代表”重要思想为主题，颂扬改革开放的新成就，主题重大而鲜明。通过介绍广东在义务教育上的工作经验，揭示事实的本质，提供的经验具有普遍的意义。

（4）人物消息：人物消息是以人物为报道主题的消息。人物消息要抓住人物的本质特征、选取新鲜、典型的事实材料来表现人物的思想和精神面貌。它的特点是：篇幅短小，叙事单一，内容、主题集中；时效性强，要求快速采写、报道。

案例：

伟人的俭朴震撼万名观众

小平夹克衫　感动三代人

童曙泉

自《世纪伟人邓小平——纪念邓小平同志诞辰100周年展览》10日在国家博物馆公开展出以来，已经有近万名首都各界群众前往参观、缅怀邓小平同志。人们从一件件展品中，再次感受到小平同志的伟大。

王老先生是在女儿和外孙的陪同下，来到国家博物馆的。参观中，王老先生的外孙惊奇地发现，小平同志生前穿的一件夹克衫好像有毛病：夹克衫纽扣间距都是15厘米左右，但最下面一颗纽扣离衣服下摆只有四五厘米，显得非常不协调。找讲解员一问，王老先生和他女儿、外孙三代人不禁齐声感叹：邓小平如此朴素随和，真是可钦可佩！

原来，当年邓小平视察南方之前，女儿给他买了这件夹克衫。回家试穿发现下摆长了一截。邓小平舍不得把这件新衣服搁置浪费，就让裁缝剪掉一截下摆。在整个视察南方期间，这件灰蓝色夹克是邓小平的两件主要外套之一。他就是穿着这件纽扣不协调的夹克衫，站在罗湖口岸，深情地眺望香港的。

听到这个故事，几位围过来的观众不约而同地鼓起了掌。负责布展设计的国博工作人员龚青女士眼眶都湿润了，她说，虽然这件衣服纽扣间距不协调，但和邓小平这位老共产党员朴实无华的作风是和谐一致的。

在展厅后部，分别按0.7∶1和0.5∶1比例复制的房间格外引起观众注意。这是邓小平在景山后街家中的办公室和会议室。30来平方米的房间完全按真实情况布置，暖壶、沙发等物品都是由邓小平家人提供，都是邓小平当年用过的。

右侧房间内，只有9张老式的套布沙发，8个小茶几，一条两米多的条案和一个小书柜，再也没有其他装饰，这就是邓小平设在家中、用了二十多年的会议室。这里曾召开过许多重要会议。邓小平的办公室也很普通，办公桌上是一把十几元的暖壶、放大镜、毛笔和孙辈送的一个小毛绒玩具。唯一的电器是一台彩电，产于上个世纪80年代，一直陪伴到邓小平去世。

许多观众感慨道：“小平同志真是太俭朴了”

（来源：《北京日报》2004年8月12日）

这条人物消息获得第15届中国新闻奖消息类二等奖。消息篇幅短小，叙事单一，内容、主题集中，以一件不为人知的夹克衫小角度、人性化切入主题，借三代普通观众的眼睛，以鲜活的事实，准确、形象、生动地展示了一位老共产党人的人格魅力。

（二）通讯

1. 什么是通讯

通讯是综合运用多种表达方式，详细深入而又生动形象地报道新近发生的事实的一种新闻体裁。它和消息均是主要的新闻报道形式。通讯也分报刊文字通讯、广播新闻专题、电视新闻专题等。

据考证，“通讯”一词是由“通信”演变过来的。最早的新闻，传递手段主要靠电报和信函两种方式。用电报传递的稿件叫“电讯”，由于电报费十分昂贵，一般都写得极其简略，就是我们现在所说的消息。而采用信函的方式传递的稿件，就写得比较详尽了，里面有较多的议论和描写，比电讯要充实、生动得多，被称为“通信”。后来，随着新闻事业和电讯业的发展，本来运用信函传递的稿件，也改用电报传递了，于是人们又把“通信”改称“通讯”。这就是“通讯”名称的由来。[54]150

“我国报纸之有通讯，实以黄远生为始”，辛亥革命时期，上海的《申报》、《时报》为了从北京获得新闻，聘请身居北京的名记者黄远生为特约撰稿人，《申报》还专门开辟了《北京通讯》专栏，刊登黄远生从北京发来的稿件，黄远生开创了通讯这种新闻文体，其“远生通讯”被视为民初中国新闻界的一大招牌。随后，通讯这种新闻体裁在我国不断得以发展。

通讯是我国特有的新闻体裁，西方传媒没有“通讯”体裁，他们的新闻特稿类似于我国的通讯。

小贴士

黄远庸（1884—1915）新闻记者。江西九江人，名为基，笔名远生。21岁时中光绪甲辰进士，成为清末最后一批进士中最年轻的一位。但他无意仕进，以新进士之资格赴日本留学，1909年毕业于日本中央大学法科。回国后先在清政府邮传部任职，辛亥革命后脱离官场，从业新闻，黄远生先后任《申报》、《时报》、《东方日报》、《少年中国》、《庸言》、《东方杂志》、《论衡》、《国民公报》等报刊特派记者、主编和撰述，成为蜚成于世的著名新闻记者和政论家，是中国第一个以新闻采访和写作著称于世的人，时人誉之为“报界之奇才”。曾参加进步党。后在美国旧金山被刺死。著作编有《远生遗著》。黄远庸的死是一个谜。他的生，则是一段被湮没的传奇。

新闻报道有了消息，为什么还要有通讯呢？是因为消息和通讯有不同的功能，各自满足着受众的不同阅读需求，是相互不能替代的。

2. 通讯的作用

一是为受众提供更多的新闻细节。消息叙述简明扼要，一般不展开情节，而通讯材料比消息丰富、全面，其容量比消息厚实、充足，通讯能够相对完整、具体地报道人物或事物的过程，详尽、具体地报告事件的经过、演绎人物的命运，充分展开情节，描写细节和场面。

二是使新闻具有感染心灵的艺术品格。同一个新闻事实，采用消息和通讯两种不同的体裁表达，会给受众不一样的感受。消息在表达上主要是平面的叙述，语言追求简洁、明快、准确。通讯则较多借用文学手段，可以描写、抒情、对话，可以用比喻、象征、拟人等修辞。因此通讯在报道真实的人和事的过程中，善于再现情景，给人以立体感、现场感。

通讯和消息的本质区别在于，消息是对新闻事实概括的实用性的反映，而通讯是对新闻事实在详细的实用反映基础上还有些审美化的反映。

虽然就这两种体裁而言无所谓孰优孰劣，它们都有着各自的长处，适应着不同的需要。但是，就某些题材而言，比如报道新闻人物，用具有艺术品格的通讯体裁要比用消息体裁更有传播效果。

3. 通讯的种类

通讯的种类按内容分，包括事件通讯、人物通讯、工作通讯、风貌通讯。按形式分，包括记事通讯、访问记（专访、人物专访）、小故事、集纳、巡礼、纪实、见闻、特写、速写、侧记、散记、采访札记。

（1）事件通讯：是指报道新闻事件发展过程的通讯，是以写事为主的通讯。通过较为详尽地展示事件的完整过程，挖掘其意义，揭示其本质，进而反映社会风尚，弘扬时代精神。并不是所有事件都能成为事件通讯的题材，事件通讯所描述的应当是新闻事件。事件通讯是“消息”的补充和发展。事件通讯“事因人生，人以事显”，事件和人物是血肉相连的，所以，事件通讯不能孤立地写事，而要刻画好与事件有关的人物形象，使事件和人物相辅相成。

（2）人物通讯：人物通讯就是以人物为中心报道对象，以人物的思想、言行、事迹为报道内容的通讯。人物通讯中的人物当然要具有新闻性，各行各业的英雄模范人物、人们普遍关心的社会名流、在平凡的生活和工作中体现了某种人生价值或者为人民作出贡献的普通人、甚至某些对社会有警示作用的反面人物都可以成为人物通讯选择的对象。报道对象的选择取决于其蕴涵的新闻价值，一般来说报道选择的人物必须具有先进性或典型性，能体现时代精神，反映社会面貌；有能构成新闻的较充分的事迹；生命形态和生活轨迹有一定的独特之处；人物有鲜明的个性。

(3) 工作通讯：是介绍某单位先进事迹，传播其典型经验和做法，总结实际工作中的经验和教训或者探讨有争议的亟待解决的问题的通讯。工作通讯以介绍工作经验和分析问题作为主旨，凭借事实，深入分析，要求写出背景、做法、成就、经验、教训。工作通讯生动活泼，讲究文采，比典型的报道更详尽，比工作总结要具体生动。工作通讯形式多样，包括随笔、散记、侧记、札记、记事等。

(4) 风貌通讯：又称“概貌通讯”，是记述某地区、部门、行业、工程的新面貌、新气象的通讯。它是以反映社会生活、风土人情、自然风光和日新月异的建设成就为主的报道。风貌通讯与事件通讯不同，它不是围绕一个人物或一个中心事件来写，也不要求写一件事发生、发展的完整过程，而是围绕主题集中各方面的风貌和特色进行报道。在表达方式上，一般采用“巡礼”、“纪行”、“散记”、“侧记”等形式。

此外，还有以写一个片断、一个场景、一场冲突为对象的“新闻故事”、“小通讯”之类，也是通讯家族中充满活力的成员。

（三）新闻特写

新闻特写，是从消息和通讯之间衍生出来的一种报道形式。当 20 世纪广播、电视等电子媒体相继出现以后，其视觉化、形象化的特点，使得纸质媒体压力巨大，为了与电子媒体竞争，纸媒便越来越多地借鉴了摄影中“镜头感”的传播效果，用各种文字表现手法来写作新闻，于是“新闻特写”这种新闻体裁脱颖而出。

1. 什么是新闻特写

新闻特写是截取新闻事件和新闻人物在特定场合中的“片断”、“剖面”或者细节，作形象化的再现与放大的一种新闻体裁。新闻特写通过一个片断、一个场面、一个镜头、对事件或人物、景物做出形象化的报道。新闻特写讲究形象性和趣味性，并以局部强调为鲜明特色，用类似电影“特写镜头”的手法来反映事实。

2. 新闻特写的特点

(1) 特定场合和局部强调。特写所写的内容，在时间上成点，在空间上也成点。就是说，特写表现的一般是一个特定的时空交汇点上的形象画面。时间和空间的局部性使这种文体有一种特有的“局部强调”性质。

特写与消息的共同点是，简要和迅速地报道新闻事实。它与消息的区别在于，消息往往择要地报道新闻事件的全过程，而特写主要抓住新闻事件中富有特征的片断，浓笔展开。

例如报道一场精彩的 NBA 球赛，消息需要报道比赛的全过程，而特写则可以只写比赛中最精彩的一球或只是某一个球员（比如姚明）的表现。

新闻特写与通讯的共同点是，都更多地借用文学手法，生动形象地报道新闻事实。它和通讯的差异在于，特写比通讯更强调时效性、新闻性，同时在报道同一件新闻事实时，通讯一般向读者展示其纵断面，来龙去脉比较完整；而特写则集中笔力，着重展示新闻事实的某一个横断面，不一定需要完整的情节。

例如:2008 年 8 月 8 日国家体育场内，阵阵激昂的鼓声拉开了第 29 届奥运会开幕式的大幕，烟花灿然，群星闪耀，圆梦奥运的光荣与骄傲在每个人的心中激荡。一些媒体用通讯的形式记述了这个难忘的不眠之夜。而有一家媒体记者以新闻特写对三里屯的一些酒吧里通过电视屏幕观看开幕式的外国朋友进行了报道，记者通过对其中一些外国朋友的采访，描述了来自五湖四海的宾朋在北京感受着中国文化的博大精深，感受着北京这座古老而年轻的奥运之城的热情。由此可见，特写比一般通讯写作更集中、细腻、突出，而且写作更迅速、精练。

（2）描写手法。特写有着消息的快捷和通讯的生动，快捷是得力于选材集中，生动则要依靠描写手法。例如：

1981 年 3 月 30 日，里根总统在华盛顿希尔顿饭店召开的一次劳工集会上发表演讲，演讲结束后，当里根走向他的轿车时，从大约 10 英尺远的地方，一连串射过来五六发子弹，总统中弹时，刚刚举起左臂向人群挥手致意。总统的脸上露出一种迷惑和不肯相信的表情，他被一位秘密警察硬推进轿车。总统在后排座位上坐好之后，轿车迅速驶向医院。在出事现场，里根的新闻秘书吉姆·布雷迪负了重伤倒在人行道上，鲜血从他脑部的一个伤口滴到钢铁格栅上。在他身旁，一个便衣警察倒在淌着雨水的人行道上，身体痛苦地蜷缩成一团。

（来源：http://www.wst.net.cn/history/3.30/1.htm）

如果上述这个特写用消息体裁表达，那么，上述描写就要被形象性细节性较弱的叙述来代替，很可能写成这样：

1981 年 3 月 30 日，美国总统里根在华盛顿希尔顿饭店召开的一次劳工集会上发表演讲后遭到枪击胸部受伤，同行的白宫新闻秘书詹姆斯·布雷迪和一名华盛顿当地警察以及一名联邦特工也在枪击中受伤。

（3）灵活性、趣味性和幽默感。

特写也不像消息那样严肃和凝重，如果所写的题材允许的话，它会有较多的趣味性和幽默感。

例如：

三岁娃娃将被征入伍

合众国际社纽约电（原电日期不明）谁也搞不清楚这是怎么一回事儿——本星期五，居住在纽约市约克城高地的三岁小女孩皮丽·夏普洛收到了应征入伍通知书。

昨天，她像平时那样吃早餐，她边吃边看一张华盛顿征兵处寄来的通知单。根据这张通知单，她得在“从十八岁生日那天起三十日内报到入伍”。

尽管小皮丽仍有许多年时间考虑这件事，但她已明确表示：“我不去！”

这是一篇活泼幽默的新闻特写。三岁小女孩要被应征入伍，真是一个奇闻，读者的阅读兴趣迅速被激发。报道语言非常幽默，三岁小女孩居然一边吃早餐，一边像模像样地看应征入伍通知单，然后斩钉截铁地以三个字表明了她坚决的态度：“我不去！”，令人哑然失笑。

二、消息和通讯的区别

通讯与消息同属新闻体裁，但有明显的区别。我们将同一题材的消息和通讯进行比较，便很容易辨析消息和通讯的区别。

2008 年“5·12”特大地震中，由浙江省对口帮扶援建广元市的 51 所希望学校没有倒塌，没有一名学生在大地震中伤亡。

有媒体在 2008 年 5 月 30 日以消息体裁报道了这一事实——

浙江援建四川广元的希望学校地震中无学生伤亡

中国园林网 5 月 30 日消息：据浙江省政府经济技术协作办公室及广元市、青川县对口帮扶办提供信息，由浙江省过去对口帮扶援建广元市的希望学校，没有一名学生在“5·12”特大地震中伤亡。

为实现区域协调发展，1996 年以来，党中央、国务院号召率先发展起来的东部沿海省市对口支援西部贫困地区，而浙江省被确定对口帮扶四川省广元市等地。12 年来，浙江省通过帮建学校、卫生院、敬老院等公益事业项目，开展扶贫新农村、产业合作、人才培训交流、结对助学等工程，有力地促进了对口地区的脱贫致富和经济社会的发展。

"5·12"特大地震发生后，在广元市，由浙江对口帮扶援建的51所希望小学、4座中学教学楼中，除青川县5所希望小学有不同程度损坏外，大部分楼房保持完好，且没有一名学生在震灾中伤亡。

浙江省政府协作办表示，过去援建广元希望小学、卫生院、敬老院的工作中，浙江省与广元市有关部门坚持把工程质量放在第一位，科学规划与论证，严格实行招投标和全程工程监理制度，确保对口帮扶项目工程优良。

……

（来源：新华网浙江频道　2008-5-30 9:24:52）

这条消息670字（为了节约篇幅，引用时删节了最后一段文字），整条消息概括简短。

那么，报道同一事实的通讯又是怎样的呢？2008年7月30日，《钱江晚报》以长篇通讯的形式对比进行了报道。

这里只节选这篇通讯的开头部分——

大地震中，浙江援建广元的51所希望学校倔强挺立，在校师生无一死亡；灾后两月来，本报记者跨越浙川追寻奇迹——

一片不塌的蓝天

6月1日傍晚，一场8级大风和冰雹袭击了青川县城。县政府大院里，青川政协的向明月挽着裤腿，站在雨水中忙着加固他的办公室——一顶蓝色的救灾帐篷。"整个青川现在找不出10所好房子，你看，县政府大楼都塌了。"看着泡在水里的帐篷，向明月神色黯然。地震后，青川这座川北千年重镇伤痕累累，有98%的房子受损，4695人遇难，全县25万人无家可归，被国家确定为10个"极重灾区"之一。而最让这个青川教育局前任局长心痛的，是那些倒塌粉碎的校舍和学校废墟下掩埋的幼小生灵。青川有40%的学校在地震中被夷为平地，倒塌校舍11.2万平方米，364个来不及逃生的孩子被废墟吞噬。而浙江援建广元的51所学校中，就有5所位于青川。这5所学校，都是向明月在任时建的。

地震后，知道这5所学校都没有倒，在校师生平安，向明月特地找到教育局负责基建的唐建勋，郑重地向他连声说"谢谢"。"如果所有的房子都像这5所学校，青川有多少人可以活下来啊。"说这些话的时候，向明月说不清是伤感还是宽慰。是的，房屋，本是人类保护自己、抗风御雨的处所。然而，劫难中，人类却首先直接死于倒塌的建筑物，房屋，成了助纣为虐的帮凶，成了人类的坟墓！这，是怎样的伤痛和不堪？

2008年5月12日，四川汶川8.0级大地震，6.9万人遇难。

……

地球一声叹息，山崩地裂，灰飞烟灭。

古希腊的普罗泰格拉曾放言，“人是万物的尺度”。可是，令人类汗颜的是，在每一次劫难面前，生命却总是那么的轻若纤埃，犹如一粒微尘，在茫茫宇宙中飘荡，风过无痕。留给我们的，是心痛的思考和无尽的惋叹。

所以，可以想象，当我们在6月1日，汶川大地震后20天，踏上这片破碎的土地时，心中的悲欣交集。广元之行，是为了寻找一个奇迹背后的秘密。这个奇迹使数万幼小的生命逃脱了死神魔掌——浙江援建广元的 51 所希望小学在大地震中依然挺立，师生平安。

所以，可以想象，当我们听到51所希望小学震中不倒的消息时，心中的那种温暖与慰藉。51所学校，是数万孩子头顶的蓝天，是他们忘却贫苦憧憬未来的灿烂星空，是他们遭遇灭顶之灾时的生命方舟。假如，灾难并非那些倒塌学校的唯一原因，那么，这51所希望小学的每一片砖瓦后一定藏着动人的责任与爱心故事？

……

（来源：钱江晚报，2008年7月13日第8版）

这篇通讯一万多字，尽管这里摘录的只是一个开头，但我们也还是能感觉到通讯和消息的区别。

1. 内容上，消息简略单纯，通讯详细丰富

消息往往是将事件的几个新闻要素报道出去：何事、何时、何人、何地、状况、原因等，让受众尽快了解到最重要的概括性信息，而通讯是一种对事实详细、深入的报道体裁。通讯往往在消息之后，将事件的来龙去脉、前因后果等受众渴望知道的详细信息完整地报道出去。它满足了受众在知晓新闻事件大致情况后，探求事实深层原因和获知详细过程的兴趣，使受众较完整、较深入地了解新闻事件或新闻人物。

因此，详细、深入、完整是通讯文体的突出特色。

“5·12”特大地震中，青川有40%的学校在地震中被夷为平地，倒塌校舍11.2万平方米，364个来不及逃生的孩子被废墟吞噬，而浙江援建广元的 51 所学校却没有倒下。这是不可多得的新闻素材。记者获知后迅速用消息作了报道，使这件新鲜事迅速传播。

一个引人注目的事件在社会上引起反响之后，顿成舆论热点。人们对新闻事件的前因后果，具体过程便会产生浓厚的衍生性兴趣。

浙江援建青川的希望学校的经过怎样？大地震中希望小学师生逃生情况如何？什么原因使得浙江援建青川的希望学校没有在大地震中倒塌，师生安全吗？

当所有这些想要知情的愿望聚集起来的时候，在地震两个月之后的7月13日，《钱江晚报》发表了以《一片不塌的蓝天》为题的长篇通讯，

以“广东建筑师眼中灾区最好的房子和它的选址故事”、“一个包工头的亏损和328个孩子逃生的故事”、“一位绍兴老市长的挑剔和青川基建股长的庆幸”、“两条珍藏的短信和广元教育局长的肺腑之言”四部分详细的信息，环环相扣的情节材料，报道了这一事实背后的故事以及前因后果。

2. 形式上，消息程式性强，通讯创造性强

从结构上看，消息是一种程式化的文体，它的外部结构由标题、消息头、导语、主体、结尾组成，标题、导语又都有一些常用的模式。消息的写作，在很大程度上是按着固定的模式进行操作，创造性只体现在一些局部性的地方。而通讯的写作没有固定格式，每一篇都有自己独特的结构形式。

另外，消息的表达方式和语言也都有一定的程式。在表达方面，消息主要用叙述，其他表达方式用得很少。在语言上，消息运用词语的直接含义，简洁朴素，循规蹈矩。而通讯表达方式丰富多样，语言常有新颖独特的创造性运用。

3. 风格上，消息朴实，通讯富有文采

消息一般没有文学性，朴素实用。通讯则有较强的文学性，生动活泼而富于文采。

例如通讯《一片不塌的蓝天》中有这样的片断：

……当这些原本陌生的名字和那一幢幢挺立的教学楼出现在我眼前，20天来压在我心头的那块石头也一点点轻轻地碎了，我的心变得温暖异常——那一刻，我只想感谢这些天来所见到的一切——感谢那些在几十秒钟内就把孩子疏散到安全地带的老师；感谢那些勇敢逃生的孩子；感谢那些没有为了几个钱而偷工减料的包工头；感谢那些为了几根钢筋而较真急眼的建设者；感谢那些张开了裂缝却依然在废墟中傲立的教学楼——天崩地裂的那一刻，51幢不倒的楼，是51座坚实的脊梁，是51片不塌的蓝天，它们撑起的，是数万名孩子幸福的天堂。……

记者借用文学表现手法，使新闻具有艺术的品性。

4. 时效上，通讯不如消息迅速及时

一般而言，通讯的时效性不及消息。消息内容简略，篇幅短小，采访快，写稿也快。通讯有大量的细节，篇幅一般比消息长，采访要更深入，写稿时间自然也比消息长一些。当然，通讯是新闻体裁，写作和发表也要求越快越好。

三、华尔街日报体

关于一个城市的失业率，我们的媒体会怎样报道呢？对失业率的报道，有一份报纸它会这样写——开头是：约翰先生家里乱透了，桌子上放着银行催收房款的账单，他家已有两个月没交房钱了，如果再不交，房子就要被质押了；孩子在一旁暗自流泪，因没交学费，他不能再去上学了，也不能再和学校的小伙伴们玩了；妻子在另一个房间里暧昧地打电话，估计是变心了……然后，话锋一转，它会说：像约翰先生这样的家庭在过去的一周里又增加了多少，这是联邦政府最新公布的失业率数据。最后，还要再回到约翰先生，约翰先生喃喃自语：今晚在哪里睡觉还不知道呢。这张报纸就是 1889 年由查尔斯·道和爱得华·琼斯创办的《华尔街日报》，而这种报道形式是典型的华尔街日报式写法。

小贴士

《华尔街日报》（wall street Journal）于 1889 年由查尔斯·道、爱得华·琼斯创办，之后，经过一个多世纪的岁月洗礼和激烈竞争，该报已经成为道琼斯公司财经新闻社的喉舌，发行量在 200 万份以上，成为美国乃至全球的第一大商业日报。迄今，这家报纸已经走过了一百多年的历程。

（一）什么是华尔街日报体

近年来，随着特稿写作的兴起与发展，我国媒体引入了一种写作体裁——华尔街日报体。

《华尔街日报》是一家以财经报道为特色的综合性报纸，侧重金融、商业领域的报道。怎样才能把复杂的商业活动写得通俗易懂，把枯燥的经济新闻写得生动活泼、可读性强呢？这个问题在 20 世纪 30 年代后一直困扰着《华尔街日报》人，后来发生了一件事给了他们启发和机会。1979 年，美国《巴尔的摩太阳晚报》的记者乔恩·富兰克林发表了一篇读起来像短篇小说的医学报道《凯利太太的妖怪》，讲的是一群年轻的神经科医生大胆创新用一种全新的手术方式为凯利太太治疗脑血管瘤的事情，这篇报道结构新颖、语言优美，充满悬念。《巴尔的摩太阳晚报》的编辑面对这样一篇从未见过的新颖稿件，犹豫不决，最终他们在新闻版的下方尝试性地刊登了此稿的一部分，登报当天，无数读者电话打到编辑部，询问凯利太太的病情，也就是询问稿件的结果。编辑部意识到了这篇报道的分量和重要，立刻在新闻版的显要位置刊登了稿件的后半部分内容。

这篇稿件在美国新闻界引起了轰动和争论。当年，《凯利太太的妖怪》意外地得到普利策奖评委会的赏识。以它为首届获奖文章，普利策奖评委会从当年开始增设“特稿写作”奖项（Pulitzer Prize Feature Stories），一种新型的新闻写作方式由此得到了承认。[63]《华尔街日报》敏锐地发现了这种文体的独特之处，将这样一种写作方式引入深度报道和特稿写作中，在报道的开头通过讲述一个与新闻主题密切相关的人物故事，引出所要报道的新闻，然后逐渐展开，深化新闻主题。渐渐地，《华尔街日报》形成了极富个性的并有一套约定俗成的写作步骤的独特文体——华尔街日报体（简称华体）。其行文特点是从某一具体的事例（或人物、场景、细节）写起，经过过渡段落，进入新闻主体部分，叙写完毕以后又回到开头的事例（或人物、场景、细节），有时也用总结、悬念等方式结尾，在一个更新的层次上揭示人物与新闻主题的关系。

写作步骤与结构如图所示：

第一步：开头（一个生动活泼的小故事）→第二步：过渡（承小故事启大主题）→第三步：展开（集中力量深化主题）→第四步：结尾（回应开头故事作总结或升华）。[64]

下面我们以《华尔街日报》上的一篇报道为例，详细地分析它的四个部分。

（标题）提高猪的生活质量[65]

第一步：（开头）当乌尔里奇·克鲁特美尔的1 500头猪吃完晚餐后，他就爬进猪栏，与他饲养的猪挤在一块儿。

但很明显，这里的气氛很不友好。只要克鲁特美尔沾满泥浆的靴子挨到地面，他的猪就会紧张地往后退。当几只略显好奇的猪靠近了一点时，他关切地摸了摸一头猪的嘴。那头猪本能地张嘴就咬。

克鲁特美尔猛地把干瘦的手臂抽了回来，痛得喊出声来。猪群又急忙散开，他咕哝着说：“只有对猪一点都不了解的人才会想出这个馊主意。”

报道以描述人物不同寻常的举动（爬进猪栏与猪挤在一起）开头，而不是从事情或问题谈起，它以具象性的文字吸引读者的注意力，激发读者想象，同时也设下了悬念：克鲁特美尔为什么要与猪在一起?谁出的这个馊主意?

第二步：（过渡）他所说的那些对猪不了解的人是指北莱因－威斯特伐利亚州的政府官员。这个地区是德国人口最集中的州，也是出产猪最多的地方。政府官员们想让那些对肉类持谨慎态度的消费者重拾信心，因为去年爆发的疯牛病和其他食品丑闻已令消费者恐慌不已。官员们说，作为应对措施的一部分，肉类必须经过更严格的检测和卫生防疫；而同样重要的是，农场主在喂养牲畜的过程中要与它们有更多的直接接触。

开篇之后的过渡段承小故事启大主题，使报道很自然地过渡到主题。将克鲁特美尔爬进猪栏的举动与政府对养猪的要求衔接了起来。同时也回答了开头设置的悬念。

过渡段之后，便开始解释或阐明报道的主题。

第三步：（展开）该州农业部唯恐本地农场主有什么不明白的地方，在最近颁布的一项法令中，为北莱因－威斯特伐利亚的600万头猪明确规定了新的、改善了的权利。每头猪应当有1平方米空间的猪圈，有打盹用的稻草或软橡胶垫。当玩耍时间到了时，猪必须有钢链或可咀嚼的玩具……

但真正使农场主心怀不满的是，该法令宣布农场主或帮工必须每天至少花20秒钟观察一头猪，并用文字记录下他们对猪的关爱，以表明他与猪待在一起的时间足以达到规定的标准……

迄今为止，该法令尚未让农场主和他们的猪更亲近……

并不是北莱因-威斯特伐利亚的农场主们不喜欢他们的猪……

克鲁特美尔和其他当地的农场主为了保住自己的生计，已经根据德国的农业创新计划来饲养他们的猪了……

但农场主担心的是，新法令可能会把他们逐出这一行业……

记者用了13个自然段阐述了德国北莱因-威斯特伐利亚州政府颁布的一项关于猪的法令内容、农场主对法令的不满及不满的原因等，以集中力量深化主题在主体部分。报道在这部分精心安排引人注目的材料或人物语言，用生动的细节保持读者的兴趣。

第四步：（结尾）“我们可以制定世界上所有的法规。但猪会选择它们自己喜欢的生活方式。”克鲁特美尔说。

结尾又回到开头故事人物，只用了短短的两句话作总结，升华了主题。

（二）华尔街日报体的特点

1. 以人物开篇，用故事来组织报道

“华尔街日报体”最突出的特点是以与新闻有关的人物开篇，用故

事来组织报道。故事生动有趣，将故事落点于普通人，增添新闻与大众的接近性，以激发受众的兴趣。华尔街日报体往往借用文学写作中的故事描绘手法，把枯燥的硬新闻变得生动活泼、通俗有趣，通过气氛的渲染，使人如临其境，如见其人，如闻其声，使得文字新闻也具有可视性。

2. 从小处落笔，向大处开拓

华体的另一个特点是从小处落笔、向大处开拓主题，引导读者从个别到一般、从感性到理性地了解新闻事实。

例如：《华尔街日报》一篇报道——计算机公司与学校。这篇报道叙写的是美国犹他州威卡特公司开办沃特福德学校，进行计算机产品试验的做法和效果。这是一桩“工业和教育联姻”的大主题。而文章的开头以一个年仅6岁的小作家，正在使用计算机写她的短篇故事，这样一个小角度切入。“一个很有志气的小作家，坐在电子计算机终端显示器前，写她最新的短篇故事。她对人们说，虽然初学时有点困难，但现在计算机使她的写作方便多了。“在幼儿园的时候，我也说不准自己爱不爱用计算机，”她说，“但是打从进入一年级起，我确实爱上了它。”这位六岁的小作家，梅利莎·利·史密斯，按了下键钮，瞥了周围一眼，取出了一张绿白相间的打印稿，上面印着她的短篇故事：《过多的鹦鹉学舌》。”将小女孩又稚气又认真的神态描写得生动可爱，引发了读者的阅读兴趣。接着便自然向大处开拓，展开了对沃特福德学校和威卡特公司层次清楚而又具体生动的叙写。报道的最后几段，在叙事的基础上提出了“工业和教育联姻”的主题，并且以“这是成功的婚姻吗？”的设问，引导读者去比较、思索。[66]

链 接

计算机公司与学校

一个很有志气的小作家，坐在电子计算机终端显示器前，写她最新的短篇故事。她对人们说，虽然初学时有点困难，但现在计算机使她的写作方便多了。

“在幼儿园的时候，我也说不准自己爱不爱用计算机，”她说，“但是打从进入一年级起，我确实爱上了它。”这位六岁的小作家，梅利莎·利·史密斯，按了下键钮，瞥了周围一眼，取出了一张绿白相间的打印稿，上面印着她的短篇故事：《过多的鹦鹉学舌》。

史密斯小姐上的是沃特福德学校。这所学校是1980年威卡特计算机设备公司创办的，用来进行计算机产品和微机化教育的试验。大约有250名一年级到九年级的学生，每天要上机学习一小时。即使幼儿园里的孩子，每星期也要上机两次，就在他们学习字母表的同时，也来学习掌握键盘上那打乱了的字母序列。

家长们的关心

在全国，1984年将有大批计算机售给中小学，其价值估计将达450 000 000美元。随着越来越多的家长主张让他们的孩子置身于计算机革命之中，可以预料，计算机市场会日益繁荣。各家计算机公司正在竞相争夺孩子们的市场。

例如，阿普尔计算机公司已经给中小学捐赠了几千台计算机，并且正在掀起一场以孩子们为对象的广告宣传。国际商用机器公司开始注重孩子们所用的教学软件的生产，以增加PCJR型计算机的销路，这种机子的销路迄今不能使这个公司感到满意。但是，只有设立在犹他州奥尔良市的威卡特公司采取措施进入一个全日制的私立学校，对它生产的软件和硬件进行试验。

开办这所学校，是一伙教育工作者的主意，他们在1977年建立了威卡特社团。这是一个非营利性的研究团体，旨在研究运用科学技术改进教学的途径。1980年，这些教育工作者决定开始营业，组成了威卡特计算机设备公司来生产计算机和软件。大致在同一时间，这所学校在私人赞助者的支持下，作为一个非营利机构开办起来了。最近两年间，这家公司是亏损的。

沃特福德学校同威卡特公司关系十分密切。学校的女校长南希・休斯顿是威卡特公司主席达斯廷・休斯顿的妻子。公司同学校签订了合同，让学生进行软件运用的试验。而这所学校又是威卡特公司唯一最大的股票持有者，拥有该公司已经售出的2 000万份股票的20%左右。

这项实验是在一幢砖瓦结构的平房里进行的，那儿原来是所天主教学校，坐落在一座雪山脚下。门厅里边横七竖八地堆放着垒球运动衣、背包和午餐饭盒。音乐室里传来叮咚作响的琴声，弹奏着《山谷里的农民》的曲子。穿过大厅，在那计算机房里，打印人员正在大声念着程序设计。

一阵铃声响过以后，二年级学生一窝蜂似的拥进计算机房。男孩们都穿着蓝色的运动衫，女孩们一律穿着方格花纹连衫裤。一个个急急忙忙地走进分隔开的白色小间，在按照高矮顺序排列的椅子上坐下。这时终端显示器发问道：“你叫什么名字？”学生们写下自己的名字，于是课程就开始了。

当然，这里也不是一切都已电子化。当计算机提出附加题目时，有些孩子用铅笔在草稿纸上运算，也有些扳着指头计数。有个孩子在键盘上打下正确的答案，得到计算机的赞许，他露出了一张笑脸。他的另一个答案错了，结果得到一个“×”；他朝着计算机伸出舌头，做了个怪相。

这些孩子（有很多人的家长就在威卡特公司工作）似乎很为自己的工作感到自豪。“一遍又一遍的测试也许会把你弄得头晕目眩。但是，我们是第一批使用机子的人，所以我们要确保机器没有一点毛病。”一个11岁的孩子克拉克·纽厄尔说道，“我们必须确保这是一种完善的程序，使它能畅销无阻。”

太粗劣了

学生们也要对程序的内容进行评价，这些程序是为各种课程（从打字、数学以至公民学）编制的。“有时候内容编得太粗糙了，我们要他们把它从程序中抽掉”，五年级学生莱斯利·普里特这样说。另一个同学抱怨说，“在某些程序里，我们被安排来同计算机争论政治问题，真叫人厌烦，我们不愿为政治之类的材料伤脑筋。”

对大多数学生、特别是那些年纪最小的学生来说，学习计算机似乎并不比学习其他东西来得困难。一个扎着小辫的五岁女孩伊莱札·米勒执拗地说：“美术比计算机更难学，你得要画直线、涂颜色，计算机比那玩意容易得多了。”一年级孩子上机时感到最难办的只是要把小手指伸长，以便够到那个清洗键。学校负责人说，计算机提高了学生的考试成绩。不过，孩子们在学业上的成功，也可能是班级小（每班25人）以及学校的实验气氛带来的结果，这种气氛会激励学习情绪。但是，实验气氛也不是对任何人都有益的。例如莱思和伊莱恩·史密斯夫妇有两个孩子在沃特福德学校，他们感到这所学校有长处也有短处。他们的大孩子喜欢这所学校，学得很好；可是小的明年打算回公立学校去读书了。“这里确实有许多压力，”史密斯先生说，“孩子们被要求执行某种任务，如果他们跟不上，就会感到沮丧。”

这是成功的婚姻吗？

沃特福德学校的女校长休斯顿夫人说，学校教职人员决不会为实验而使学生受到损害。“我们真正关心的东西是教育，”她说，“但是检验这点的唯一途径是公司是否会获得成功。我们不得不让工业和教育联姻。”

这桩婚事的成败如何还有待观察。到今年3月31日为止，威卡特公司作为股票上市公司已满一年。在这一年里，公司总收入约为2,300万美元，亏损1,300万美元。公司的股票已从每份18美元跌到3美元。有人还提出诉讼案，指责公司的创办说明书造成了错误的印象（威卡特公司则认为这种论断是没有依据的）。

威卡特公司曾向商行和政府出售整套计算机装置，通常用于培训课程。但是该公司认为它的优势在于软件程序，每套生产成本约为100万美元。这些程序包括各年级基础科目的全部教学内容，当然这也都经过少年教育专家在沃特福德学校测试过的。

不论这项实验的长远前景如何，休斯顿夫人希望孩子们懂得：他们的贡献是值得赞赏的。她说，在威卡特公司签订了一个650万美元的合同去为得克萨斯州的一个学校区装备电子计算机之后，“我们号召整个学校向孩子们表示感谢，并且向他们阐述我们的计算机装置进入公立学校这件事的重大意义。然后，我们一起吃了一餐炸面饼，表示庆祝。”

（来源：1984年6月6日《华尔街日报》，作者：卡里·多兰）

要成功学习和写作华尔街日报体，简单模仿它的结构是远远不够的，关键是要掌握它的采访写作技巧。

（三）华尔街日报体采写技巧

1. 用整个感官现场采访

“华尔街日报体”一个突出的特点是强调视觉新闻。新闻要有细节，要形象化、立体化，要再现人物、现场和事件的精彩片断。采写这样的视觉新闻，关键在于记者要深入现场进行采访，细致观察。《华尔街日报》要求记者必须到新闻的第一线，搜集所有与新闻有关的故事，全身心投入到故事中，因为真正的故事发生在新闻现场。

新华社记者张严平就是一个善于现场采访的记者。2005年张严平采写了长篇人物通讯《索马花儿为什么这样红》，文章发表后，被一百多家中外媒体转载，互联网上的点击率更是突破了200多万次。

《索马花儿为什么这样红》的主人公叫王顺友，是一位40多岁的苗族邮递员，一条路、一匹马、一个人，在大山里默默行走了20年，为大山深处的藏族百姓传递邮件。

张严平发现这个人物，被他感动，想要报道他。张严平说：我觉得不用语言，而是要你跟着他，进入他的生活，走他的邮路，进入他的世界。用你的整个感官去采访，用你的脚去采访。之后，张严平和一些记者同行与王顺友相约，在那条绵延500多公里的邮路上，一同行走了二十多天。

在邮路上王顺友沉默寡言，不与记者交谈。张严平一直在观察王顺友，希望能找到与他对话的切入点。后来她发现在山高路险的邮路上，大家都骑着马，而王顺友在最难行走的路上都牵着马走。张严平问他为什么不骑马？他说，他和马在一起的时间比他和妻儿在一起的时间都长，所以对马非常有感情，他是舍不得骑。张严平发现王顺友看着马，摸他的马的时候，眼神变得非常生动和柔和。张严平终于找到了与王顺友谈话的切入点——他的马。果然，谈到他的马的时候，这个少言寡语的汉子一下子进入了他的世界，滔滔不绝地谈了很多。张严平就是这样一点点走进了王顺友的世界。

为什么当时很多记者都随王顺友走了邮路，而只有张严平能够找到与王顺友谈话的有效切入点呢？

张严平说：因为我觉得记者采访，不光是拿笔要记，眼睛非常重要，你要观察。让他能体会到，你和他有共同情感，他才会真正跟你谈心里话。

记者只有具备这样的眼睛，才能有“神来之笔”。

2. 用细节打动受众

在“华尔街日报体”中，一个细微的动作，一个截取的画面，一个特征明显的事物，都可以成为锦上添花的细节。

挖掘细节需花费很多精力，记者必须亲临现场，充分调动对细节的捕捉能力。我们一些报道枯燥干巴的原因在于记者没有现场采访或采访不深入，缺少细致的现场观察，没有找到典型场景和细节。

杨刚是大公报的记者，据说这个女人不简单，稿子写得好，社会交际能力也非常强。1945 年抗战胜利后，杨刚被派去采访毛泽东到重庆谈判的全过程。采写的第一篇稿件是毛泽东抵达重庆。其中就有几个非常好的细节描写。例如，有一个细节是八月的重庆天气较热，毛泽东脱掉外衣后，里面是崭新的衬衣，连衬衣叠压的痕迹还在。另一个细节是毛泽东上楼时她居然看到毛泽东穿的皮鞋底是崭新的。从这些细节的描写中可以看出毛泽东的个人素养和对谈判的重视。

大公报重视对细节的描写也是一个传统。发展到现在，在 2005 年 4 月 29 日的下午 3 点，胡锦涛和连战在人民大会堂见面。胡锦涛站在红地毯上等着连战过来后同他握手，世界各大媒体都报道了国共两党在时隔 56 年后又一次握手，但是谁能说出握手的时间？大公报做到了。大公报是这样报道的：56 年后国共两党最高领导人在人民大会堂红地毯上又一次握手，握手时间 26 秒。没有任何一个报纸写出握手的时间。这个细节再次被大公报捕捉住了。

细节要有典型性，要选择典型环境中的典型人物的典型细节来体现典型性格。

3. 寻找报道的最佳切入点

“华尔街日报体”的写作总要从一个具体的事件或人物作为切入点，以小见大，引出一种社会现象或一项政策法规。这个切入点只是一个引子，报道的重点是由这个人或事引出的主题。

一种社会现象、一件国内外大事往往涉及众多人物，不能随手选择某个人或某件具体事情作为引子切入主题，切入点要有贴近性、典型性，只有那些具备一定的普遍性和代表性、最好有一定的戏剧性或悬念性的人或事，既能自然过渡到新闻主题，又能引发受众的阅读兴趣。

4. 用直接引语说话

“华尔街日报体”强调报道中尽量引用人物的原话，写明人物的真实姓名。麦尔文·曼彻尔在《新闻报道与写作》教材中写道：“报道新闻应该进行‘展示’而非‘陈述’的定律就是：必须把直接引语写入新闻的重要部分。记者在采访时都会留意闪闪发光的言辞、犀利透彻的评说以及新闻人物对新闻事件的简要概括。直接引语能使新闻事件更具戏剧化色彩，能使读者直接聆听新闻人物‘说话’。此外，它还是帮助读者做到真实报道的手段，能使读者直接感受到新闻事件是否真实。总之，如果新闻中使用了直接引语，读者就可这样推断：既然新闻事件的参与者在直接说话，那么这件事必定真实无疑。”

例如：

温家宝总理说：教师是太阳下最光辉的职业

金秋时节，北师大校园里阳光灿烂、鲜花盛开。9日上午9时许，中共中央政治局常委、国务院总理温家宝和国务委员陈至立专程来到北京师范大学，看望刚刚入学的免费师范生，在英东学术会堂，与几百名学生和老师进行座谈。

温总理首先说：“目前，师范生免费教育制度已在全国六所师范大学试点。实施这一制度，就是要在全社会真正形成尊师重教的浓厚氛围，让教育真正成为最受尊重的事业，鼓励更多的优秀青年终身做教育工作者。我在教师节到来之际，来看望老师们，看望将来要成为老师的同学们，并和大家进行讨论、交流。”

总理平易近人的开场白，赢得了一阵阵热烈的掌声。同学们不再拘束，纷纷举手发言。

来自新疆的刘珍一同学告诉总理，自己报考免费师范生，是受了作教师的奶奶和中学老师的影响。“我们那里缺少优秀教师。我学成后，一定会回到家乡，为家乡的教育事业作贡献。”

温家宝总理看望北京师范大学师生

听到她的话，温总理点了点头说：“你的话很朴实。大家都希望我们的国家早日实现现代化，在世界上受到尊重。这靠什么？靠发达的经济、先进的科技、充分的民主、完善的法制、高尚的道德和高水平的国民素质，其中最根本的是国民素质。师范院校肩负培养和提高国民素质的重大责任。国家兴衰在于教育，教育好坏在于教师。从这一点来说，师范教育可以兴邦。”

总理说：“我以前讲过穷人的经济学，今天讲讲穷人的教育学。我们的国家太大，尽管这些年经济社会发展很快，但发展很不平衡，很多地方特别是农村还很困难。因此，我们必须大力发展教育事业，努力使教育体现出最大的社会公平，让所有的孩子都能圆上学梦。”总理讲述了他在基层看到的贫困家庭孩子渴望上学的情景，深情地说：“无论是做教师，还是做人，都应该有一颗同情心、一颗爱心。同情和爱心是道德的基础。希望我们的学生懂得农民的甘苦，把他们记在心里；希望教育部门、学校和老师更多地关注贫困家庭和孩子。学校的大门是向人人开的。让所有贫困家庭的子女都能上学，真正享有受教育的平等权利，这就是穷人教育学。”

温家宝动情地对大家说：“教育事业是人类最崇高的事业，教师是太阳下最光辉的职业。教师不仅可以影响一个学校的孩子，还可以影响整个社会。希望你们在这所有光荣传统的学校里，接受文化的熏陶，感受人文情怀的温暖，呼吸自由的空气，真正享有智慧之光、仁爱之美，成为德才兼备的人民教师。”

温总理的话，在会场里激起长时间热烈的掌声，引起了所有人深深的共鸣。参加座谈的全体免费师范生赠送给总理一份特殊的礼物——一本留言册。每个同学用笔在上面写下了自己的心愿。

分手的时间到了。校园的道路上，挤满了前来送行的师生。总理与大家一一握手，依依惜别。

（来源：东北教育网（edu.dbw.cn）2007-09-10-08:30:32 作者：邹声文）

在这篇报道中，用了四段温家宝总理的原话以及其他人物的原话，这些直接引语在引号的作用下，使人物的话语即时地呈现类似电视新闻的“同期声”的音响效果，增强了新闻的真实性和现场感。

列夫·托尔斯泰在形容其名著《战争与和平》的力量时，他说：“我不讲述，我不解释，我只是展现，让我的角色替我说话。”[28] 所以，直接引语还可以借用新闻人物之口说出记者和媒体想要表达的立场和观点。海湾战争爆发后，美联社作出报道，其中有两句雷·戴维斯上校的直接引语：“这是一段正在谱写中的历史”和“我们已经在这里等了 5 个月，现在我们终于能做派我们来做的事情了”。[66] 这两句直接引语不仅说出了战争的意义，而且表达了美军官兵的喜悦心情。

用直接引语说话更能展示人物个性色彩。路透社曾有篇报道前南斯拉夫总统斯洛鲍丹·米洛舍维奇在海牙国际法庭受审的新闻，其中有一部分是这样写的：米洛舍维奇说，“就请您按照您接到的指示宣读判词吧，您不必让我把一份用 7 岁孩子的智力写成的判决从头听到尾。”这位 60 岁的前南斯拉夫总统还说："请允许我自我纠正一下：那个 7 岁孩子是个 7 岁弱智孩子。"[67]

如果引用的语言内容多而长，可以对语言进行选择，引用最为关键的话语。但选择不等于断章取义，一定要准确无误地引用人物的原话，不能无中生有，拼凑嫁接。

总之，如何更好地把握华体，康德的一句话可以给我们一些启发：我不是教哲学的，而是教人们哲学地思考。是的，如果能够用华体的意识进行思考，也许会比单纯的模仿其采写方法和模式要好得多。

链 接

华尔街日报记者写作守则

1. 勇敢无畏。你是代表的《华尔街日报》，当代最重要的财经新闻。不像一般报纸的记者，我们的读者是依据你们的报道而做决定的。因此你有责任访问任何人，每一个该提问的人。

2. 无我。当你持笔在手，你就不要管他是亨利、杰姆士或福特。

3. 句法简单。不要用副词、形容词，直截了当评述其事，一律用主动语态。当然，也有例外，不过这些例外是给纽约时报用的。

4. 清楚易懂。你写的是不是你要说的？

5. 抓住正确的要点。编辑可以为你改写，但是只有你们才能收集到事实的真相。这些一定要在前三段之中交代清楚。

6. 说一个故事。引用已证实的资料是强有力的旁白工具。当然，要安排在高潮处。

7. 开头重于一切。修改 30 次，最后第 31 次地尝试，选出流畅完美的一段来。

导语

如果把语言活动比作奔流的河水，那么，结构便是堤岸，它确保语言活动在一定的框架内进行，如果失去了结构，语言活动就会散漫无羁。中国古代文论家刘勰在其《文心雕龙》“附会”篇中指出，结构是“总文理，统首尾，合涯际，弥纶篇，使杂而不越者也。若筑室之须基构，裁衣之待缝辑矣”。文章文本部分与部分、部分与整体之间的内在联系和外部形式的统一，是文本的框架，是对语言材料的组织和构造。

第十一章　新闻表达的文本框架
——消息的结构

文章都是由主题、材料、结构三个要素组成的。主题是文章的“灵魂”，要明确无误；材料是“血肉”，要丰富，并能集中地反映主题；结构则是文章的“骨架”，是谋篇布局的手段，是运用材料反映主题的方法，要恰当合理。

一、消息的外在结构

消息一般由标题、消息头、导语、主体和结尾这四个部分组成。导语一般就是开头的一个部分，也就是开头的一个自然段；主体一般就是中间的一个部分，可以只是一个自然段，也可以由几个自然段组成；结尾一般就是最后的一个部分，也就是最后的一个自然段。

消息头是消息体裁独有的外在标志，消息头包括电头和本报讯（或本站讯）。

新闻通讯社总是以“××社×地×月×日电”作为消息头，来表明电讯稿发出的单位、地点和时间，它的表现方式是加括号或用显著字体标出，置于稿做开头。新闻通讯社的消息头主要以电报、电传、电话等方式发稿，故称作电头。在我国，电头目前有新华通讯社的电头和中国新闻社的电头。如〔新华社北京 10 月 30 日电〕；中新社北京 10 月 30 日电。

“本报讯”（或本站讯）意指“本报消息”、“本网站消息”， 标志着稿件是由本报社或本网站自己的记者或通讯员采写的稿件。如果是外埠采访、外地寄稿，需标明发稿的地点、时间，写为“本报×地×月×日专讯（或专电）”。

电头和本报讯的作用在于表明新闻稿的发出单位，以示承担发表新闻作品的责任，接受社会监督；消息头注有发稿的地点、时间，以说明新闻的来源、时效。不过，有无消息头并非消息的绝对标志。有些消息，例如某些描写性消息，也不一定都加消息头。不同国家、不同媒体，做法也不尽相同。

例如：

平垸行洪退田还湖带来历史性转折（引题）

洞庭湖长大五分之一（主标题）

三年增加蓄洪能力27亿立方米，蓄洪面积扩大554平方千米（副题）〔标题部分〕

本报讯〔消息头〕　洞庭湖变大了！经过三年规模空前的综合治理，洞庭湖面积扩大1/5。这个自明清以来不断萎缩的湖泊，终于出现了历史性的转折。〔导语〕

湖南省有关部门的统计表明：1998年以来，全省已将220处阻洪堤垸实施平垸行洪、退田还湖，洞庭湖蓄洪能力增加27亿立方米，扩大蓄洪面积554平方千米。水利专家称，整治后的洞庭湖如果再遇到1998年那样的特大洪水，水位可平均降低0.1米。岳阳城陵矶的水文标尺上，凶猛的洪水再也爬不到那令人毛骨悚然的高度。

长大了的洞庭湖别有一番景象。隆冬时节，原来人丁兴旺的华容县集成垸、汉寿县青山湖垸已无人迹，成千上万的白鹭、野鸭、天鹅在栖息、飞翔，成片的杨树在风中摇曳，赶走了冬天的苍凉。

据史料记载，明朝嘉靖年间，洞庭湖方圆八九百里，号称“八百里洞庭”，洪水期湖面达6000平方公里。此后数百年泥沙淤积，盲目开垦致使“堤垸如鳞”。在实施综合治理前，这个长江水系的重要调节湖泊面积减少到2691平方公里。湖面锐减，调蓄能力削弱，灾害频频发生，湖区人民深受水患之苦。仅以1998年为例，洪涝灾害造成的直接经济损失就达197亿元。

1998年特大洪水过后，党中央、国务院对整治洞庭湖极为重视，国家投资70亿元。洞庭湖治理改变了单纯加高加固大堤“堵”的传统办法，湖南省30个县、区及大型农场实施了平垸行洪、退田还湖、移民建镇等以疏导为主的综合治理方略。三年中，湖区8.4万农户、30多万群众告别故地，实施大迁移，成为湖湘史上的一大壮举。澧县的澧南垸、西官垸是治理的重点地区，许多老人虽难舍故土，但更感谢党和政府让他们离开了“水窝子”。两个垸子8万多人有序搬迁，实现了安居乐业。“平垸行洪还洞庭浩浩荡荡，移民建镇让百姓世代安康”，搬迁户新居门上贴的这副对联反映了湖区人民的共同心声。〔以上4段是主体部分〕

人与自然在洞庭湖开始和谐相处。随着治理的深入，烟波浩渺的八百里洞庭将再现人间。〔结尾〕

（来源：《湖南日报》2001年12月26日，作者：万茂华 赵成新 李志林 王利亚）

消息的结构，从外部看，由标题、消息头、导语、主体、结尾组成，这是消息共同的结构形式，但每一篇消息内在的构造形态却各有不同。下面我们对消息的内在结构方式进行分析。

二、消息的内在结构

（一）倒金字塔结构

消息的“倒金字塔结构”，是消息写作中最常用的一种结构方式。倒金字塔结构是以事实的重要性程度或受众关心程度依次递减的次序，先主后次地安排新闻材料的一种消息结构形态，犹如倒置的金字塔或倒置的三角形，因而得名，也称“倒三角”结构。也就是在写作过程中把最重要的材料放在开头，比较重要的随后安排，再次的再向后排，最不重要的放在最后。

究竟采用倒金字塔结构写出来的消息是个什么样子呢？

1．如果报道的新闻事实本身就具备清楚的主次秩序，倒金字塔结构就可以根据新闻事实的重要性程度，先主后次地安排新闻材料。

例如：

第81届“奥斯卡金像奖”揭晓

新华网洛杉矶2月22日专电（记者曹卫国） 第81届奥斯卡颁奖典礼22日晚在好莱坞柯达剧院举行，由英国导演丹尼·博伊尔执导的低成本影片《贫民窟的百万富翁》不出所料成为当晚的最大赢家，一举囊括了包括最佳电影、最佳导演在内的8个奖项。

获10项提名的《贫民窟的百万富翁》讲述了在印度孟买贫民窟长大的青年马利克利用从艰辛生活中学到的“智慧”在电视抢答竞赛中获胜并最终找回失去爱情的故事。该片在上月揭晓的金球奖中就是最大赢家，一举获得最佳导演和最佳影片等4项大奖。

博伊尔在一群印度青少年和儿童演员的簇拥下上台领取了大奖。手持最佳导演奖小金人的博伊尔对剧组在孟买拍摄影片时获得的支持与帮助表示感谢。他感谢所有的孟买人，称他们“让小金人显得微不足道”。

与此同时，获得提名最多的影片《返老还童》此次表现则不如预期，在13项提名中仅获得最佳视觉效果、最佳艺术指导和最佳化妆3个技术类奖项。

因在《泰坦尼克号》中饰演女主角而广为影迷熟知的英国女影星凯特·温斯莱特在获得6次奥斯卡提名后首次折桂，终于获得影后称号。她在影片《生死阅读》中扮演曾担任纳粹集中营看守的德国妇女汉娜。温斯莱特说这是她饰演过的最具挑战性的角色。她对于获奖非常兴奋，称自己在很早以前就梦想过这一天的到来。

美国著名影星西恩·潘凭借在影片《米尔克》中扮演遭暗杀的同性恋权利社会活动家而再次获得奥斯卡影帝称号，令人颇感意外。现年48岁的西恩·潘曾在2004年凭借影片《神秘河》获得奥斯卡最佳男主角奖。此前，因性格放荡不羁而被好莱坞抛弃的美国实力派演员米基·鲁尔克因在影片《摔跤手》中的出色表现而被很多人视为最佳男主角奖的热门人选,但最终与小金人失之交臂。

奥斯卡最佳男配角奖被在《黑暗骑士》中扮演小丑的已故澳大利亚演员希斯·莱杰获得，可谓众望所归。专程从澳大利亚赶来的莱杰家人上台替他领取了奥斯卡小金人。年仅28岁的莱杰去年年初在纽约寓所因过量服用处方药不治身亡。他的意外去世引发了电影界同行和影迷的极大关注，并成为他参与演出的最后一部影片《黑暗骑士》的票房动力。

在影片《午夜巴塞罗那》中扮演女画家的西班牙当红影星佩内洛普·克鲁兹获得最佳女配角奖。她将风情万种的女画家演绎得惟妙惟肖，在本年度已获得各类电影评奖中的大部分最佳女配角奖。

日本导演泷田洋二郎执导的影片《送行者：礼仪师的乐章》获最佳外语片奖，影片通过一名年轻入殓师的眼睛，透视生命与死亡的尊严。广受好评的《机器人总动员》获得最佳动画长片奖。

美国及世界其他国家正在经历的经济衰退给本届奥斯卡奖投下了阴影，通用汽车、欧莱雅等知名企业今年纷纷退出颁奖典礼的赞助商行列。这在某种程度上也表明，作为一年一度的重要娱乐事件，奥斯卡奖对公众的吸引力正在下降。

为挽回日益流失的电视观众，本届奥斯卡奖组织者改变了以往由知名谐星主持颁奖典礼的传统做法，改由擅长歌舞的澳大利亚人气男星休·杰克曼担任主持人，颁奖晚会也设计了更多百老汇式的歌舞环节。

此外，最佳男女主角和最佳男女配角这四个极受影迷关注的奖项揭晓方式也作出了改变，每个奖项都由往届获得过同一奖项的5位知名影星上台共同揭晓。当晚上台颁奖的嘉宾不乏罗伯特·德尼罗、迈克尔·道格拉斯、妮可·基德曼、索菲亚·罗兰等大牌影星。

（来源：新华网2009年02月23日）

在这条消息中，最佳电影奖和最佳导演奖是人们最关心的、分量最重的两个奖项，放在导语中表达。接着是对最佳电影的介绍，它是主体中最重要的内容。其次，交代最佳男女主角奖获奖者和他们的作品，这也是比较重要的奖项。其他奖项则按其重要程度的不同一一在后面列出。

2．如果新闻事实本身并无确定的主次秩序，那就要求记者对新闻材料进行分析判断，按照自己的理解分出主次，然后再组织结构。

例如：

东京宣布无条件投降

（美联社 1945 年 8 月 14 日电） 日本投降了！

杜鲁门总统今晚 7 时宣布，日本已无条件投降，造成历史上空前巨大破坏力的战争随之结束。盟国陆海军已停止攻势。

总统说，日本是遵照 7 月 26 日三强致日本的最后通牒所规定的条款无条件投降的。这项最后通牒，是三强柏林会议期间发出的。

八天以前，日本遭到有史以来第一枚原子弹——一种威力最大的炸弹——的轰炸，两天以前，俄国宣布对日作战。在这种情况下，日本被迫于本星期五宣布接受最后通牒中包括的全部条款，但要求继续保留天皇制。

次日，美、英、苏、中四国对此作出答复，声称如天皇接受盟军最高司令部的命令，则可以继续在位。

杜鲁门总统今天还宣布，道格拉斯·麦克阿瑟将军已被任命为占领日本盟军武装部队总司令。

杜鲁门总统说："现在正在作出安排，以便尽早举行接受日本投降的正式签字仪式。"

他说，英国、俄国和中国也将派出高级将领，代表各自的国家在受降书上签字。

这是一条典型的倒金字塔结构新闻，导语只有一句话"日本投降了"，表达了新闻最重要的事实。之后的材料安排是根据记者对新闻事实重要程度的判断来安排先后次序的。导语之后依次转述了杜鲁门的讲话内容、报道了日本投降的意义和具体信息、提供了相关的背景材料；介绍了日本投降签字仪式等事宜。

这条消息内容的重要性是依次递减的。读者从前往后，不管读到哪一段，都能得到相对完整的新闻信息。如果编辑要删节，也可从后向前删，无论删到哪一段，都不影响消息的完整性。

由此可见，倒金字塔结构的优点很明显，对于读者来说，它便于阅读。倒金字塔结构可以让读者在任何地方停止阅读都能获得对新闻事实的较完整认识。对于编辑来说，它便于编辑。倒金字塔结构的消息，编辑要删节，只需从后面开始删即可 ，不管删到哪里，余下的都还是一篇完整的消息。对于记者来说，它便于写稿。记者在写作时只需按重要程度将材料组织在一起，无需创造性的构思，使完成稿子更为快捷。

因为具有这些优点，所以倒金字塔结构在消息写作中充满活力，占据着主导地位。

例如：

台湾封锁黄植诚驾机回归大陆的消息

合众国际社台北1981年8月12日电 台湾几乎完全封锁了一名军官驾驶美制F－5F型喷气机回归大陆的消息。

除了转载官方发布的消息之外，这个岛屿的新闻工具没有一家提及黄植诚少校上星期六（8月8日）驾机飞往台湾海峡对面福建省某空军基地一事。

北京于8月11日（星期二）公布了黄植诚叛逃的消息，世界各地的报刊、广播电台和电视台立即对此进行了广泛的报道。

台湾发表的声明只说“黄少校和飞机的下落不明”，并且透露飞机上还有一名驾驶员许秋麟中尉，后者跳伞降落在海里，被台湾救回。

声明说，许没有受伤，但当他弹离座舱之后曾一度昏迷。观察家认为，这是政府的解释，旨在说明为什么这位中尉不知道他的教官和那架飞机发生了什么情况。

声明说，许坐在后座，由于飞机导航系统和无线电出了故障，黄命令他跳伞。空军说，由于这个技术原因，飞机不能返回。

空军一位经验丰富的试飞驾驶员（他要求不透露姓名）轻蔑地说，空军关于这架飞机由于导航系统和无线电出故障而不能返回台湾的说法是站不住脚的。

他说，黄少校今年29岁，他起码有7年以上的飞行经验，而且多半时间在台湾海峡上空飞行。他说：“像他那样的飞行员，闭着眼睛也能飞回台湾。”

军界人士对本社记者说，雷达曾发现这架双引擎飞机接近福建沿海，然后发现它折回，飞临国民党控制的东引岛上空，许在那里跳了伞。随后，这架飞机朝内地飞去。

上面提到的经验丰富的空军驾驶员说，军界人士的话证实了他的看法，即这位叛逃者故意给许一个跳伞的机会，让他在那个水域跳伞，从而可以被台湾国民党政府救回。

他说，在台湾空军中，飞行学员对教官一向是既尊重又害怕的。他说：“我认为，许中尉是知道这位少校的叛逃意图的，但不能也不敢阻止他。”

（二）时间顺序结构

此结构形式又叫编年体结构。就是以时间的延续为基本线索，发生在前的表述在前，发生在后的表述在后。这种结构叙事条理清晰，现场感强，适合于故事性强、以情节取胜的新闻，尤适合写现场目击记。但由于倒金字塔结构更适合于消息的文体特性，时间顺序结构在消息写作中运用得相对要少。时间顺序结构消息有些有导语，但通常不一定有单独的导语。时间顺序结构的缺点是开头平淡，消息的精华也可能淹没在长篇的叙述之中。另外，采用时间顺序写出来的文章，可能篇幅会长一些，不够简洁。

1. 以事件自身发展顺序组织结构

依照事件本身发生、发展、运动的顺序来组织材料、安排结构，是时间顺序结构常见的情况 。

例如：

冻死的孩子重新复活

美国威斯康星州一个名叫麦肯罗的孩子，今年只有两岁半。1月19日，在家里人没有注意的情况下，他穿着一身睡衣，只身来到零下29度严寒的室外。家里人发觉后把他抱回屋里时，麦肯罗的一部分血液已经“冻结”，手脚也都僵硬了。当他被送往医院时，体温已下降到15.5度。但是，在经过了包括使用心肺泵等先进设备抢救以后，麦肯罗竟然奇迹般地复活了。像这样处于低温状态下的人能够死而复生，在世界上是没有先例的，参加抢救麦肯罗的医生对此感到惊叹不已。现在，除了他的左手可能会有冻伤后遗症以外，其他恢复都很正常，估计三四周内，即可恢复健康。

这篇新闻稿，是按照事件本身的发展顺序来写的：麦肯罗到室外、家人将他抱回屋子、将他送进医院、医院抢救、奇迹般地复活。这是一条没有导语的时间顺序结构消息。

又如：

赫鲁晓夫辞职

（法新社巴黎1964年10月15日电） 据可靠消息说，赫鲁晓夫已辞去苏共中央总书记、苏联部长会议主席两项最高职务。

虽然今年早已出现某些传闻，可是，直到16时05分才首次证实此事。当时驻莫斯科的外国共产党记者被告知不要离开收音机，等候“重要消息”。

接着在16时09分，法新社驻莫斯科分社注意到，往常在下午出版的《消息报》没有出版。1分钟后，一条电讯谈到了苏共中央领导机构将发生变动的传闻。这时，法新社记者注意到在莫斯科苏共中央委员会所在地前面停了许多黑色轿车。

大约半小时后，即16时34分，法新社记者注意到赫鲁晓夫没有出席在克里姆林宫为古巴总统多尔蒂科斯举行的午宴。到16时47分，莫斯科宣布，《消息报》到明天早晨才出版。

16 时 55 分起，情况更惊人了：人们看到赫鲁晓夫的名字从《真理报》上消失了。17 时 45 分，从赫尔辛基传来的消息说，赫鲁晓夫"可能辞去了他在苏联领导机构中担任的职务之一"。18 时 04 分，法新社从巴黎发出的电讯证实他已辞去了两个职务。

虽然赫鲁晓夫下台已经肯定了，可是，这时人们还不知道下台的原因。最后，在 18 时 45 分。从莫斯科传来了半正式的消息：赫鲁晓夫辞去了他在党和政府的两个职务。

4 分钟后，即 18 时 49 分，据同一来源的同一人士说，继承者已确定：党的首领是勃列日涅夫，政府首脑是柯西金。

从那时起，从莫斯科传来了各种各样的传说。18 时 53 分的消息说，接替赫鲁晓夫的决定是在一次中央委员会会议上通过的。赫鲁晓夫参加了这次会议，他谈到了自己的健康状况，提出了辞职。

稍后不久，即 18 时 55 分，法新社驻莫斯科分社宣布，据消息灵通人士说，赫鲁晓夫业已辞职。

（来源：颜雄主编《百年新闻经典》）

这篇新闻稿，除了导语表达了核心事实外，主体部分是按照"赫鲁晓夫辞职"这一消息发布的时间顺序来写作的。这是一条有导语的时间顺序结构消息。

2. *以采访调查过程安排结构*

按照记者采访或调查的顺序安排结构，即将采访调查的过程按时间顺序表述出来。这是一条有导语的时间顺序结构消息。

例如：

臭鸡蛋味弥漫三区

初步判断怪异气体来自化工厂

晚报今日讯 "我们这里空气里悬浮着一股刺鼻的怪味，像液化气又像敌敌畏。"今晨 6 时开始，陆续有市民拨打本报新闻热线 82860085，称他们被空气中弥漫的怪味呛醒了，线索来自水清沟、四方实验小区、芝泉路、太平路、山东路、武昌路等市南、市北、四方 3 区。

"早上起来我还以为家里的液化气漏了，赶忙到厨房查验，结果没发现什么异常。"家住镇江路的李先生告诉记者，当他打开窗子时，才发现外边空气里的怪味比房内更浓。"不知道这是什么气体，熏得我直头晕、恶心。"家住南京路的市民蒋女士来电称，她是在上班途中闻到这股怪味的，因为对气味过敏，她只好用手套将口鼻捂了一路。

记者接报后立刻向12319热线咨询，得知该气体并非液化气或天然气。随后记者向市环保热线12369咨询，得知怪异气味仅限于市南、市北和四方三区，李沧和崂山并未出现类似情况。据这三区环保分局的工作人员介绍，气体可能来自化工厂或加工厂，他们自从早上就开始对辖区内的化工厂排查，目前市北和市南已经排查完毕，未发现可疑情况。市环保局的工作人员认为，今晨北风3～4级，气味可能由北方刮来，综合位于四方区北侧的李沧区未出现怪味这一情况，可以初步判定怪异气味可能来自四方某化工厂，截至今晨8时记者发稿，怪味逐渐变淡，四方环保局的工作人员还在调查。

据青医附院的急诊内科的医护人员介绍，工业气体若非有毒，且不至于造成缺氧，便不会对人体造成伤害。今晨三区天空虽然弥漫着浓重的怪异气体，但市120急救中心尚还没有接到求助电话，截至记者发稿时尚没有出现因中毒或过敏入院的病员。

（来源：《青岛晚报》2007年1月4日）

这条消息所依据的不是事件本身的发展过程，而是记者调查事件发生原因的过程。这种写法，呈现的不是事件的原始形态，而是调查采访的原始形态。

例如：

海拔4161米：总理跟我们合影

本报格尔木玉珠峰5月1日17日电（记者　毕锋　李晓华）　今天16时30分，共和国总理温家宝专程乘坐火车，来到海拔4161米的玉珠峰站工地，与工人们共度劳动者自己的节日。

今天是第116个五一国际劳动节。14时30分，温总理来到青海格尔木市郊30公里的青藏铁路南山口铺架基地。他健步走下汽车，直奔工人中间，与大家热情握手交谈。工地上，欢呼声、掌声响成一片。

“来，我们一起合个影。”总理的提议让早已激动的工人师傅们更加欣喜若狂。青工小夏非常兴奋地说：“真没想到，总理会主动同我们照相，跟做梦一样。”

“和大家在工地上过节，心里感到非常高兴。”总理对这些长年累月工作在“生命禁区”的辛勤劳动者深情地说：“建设这条世界上海拔最高、难度最大的铁路，非常不容易。”“我向大家表示致敬和感谢！”

轨排成品区旁，温总理与70多名劳模合影。站在前排中间的罗发兵、李金城、马新安、程红彬最令人羡慕。他们昨天与总理同在北京人民大会堂出席全国劳动模范和先进工作者表彰大会，今天又和总理在青藏高原相聚。

15时，总理登上一列由两台东风4型高原机车牵引的铁路工作车，沿着尚未运行而被称为“幸福路”的青藏铁路新线，以70公里的时速，穿越戈壁荒滩。90分钟后，列车徐徐停靠在玉珠峰站。

玉珠峰站在全路首次采用数字无线通信网络，是全线25个无人值守车站之一，离格尔木站110公里。

天公作美，这里虽然不像南山口那样阳光明媚，但飘飘洒洒的雪花突然消失了。温总理身穿橘红色羽绒服，和蔼的笑容让大家无拘无束。职工们围在总理身边，用照相机将历史定格在“玉珠峰”站牌前。站台上100多名职工几乎人人都与总理合了影。

看到机车上两位司机一直坚守岗位，温总理多次举起右手致意。16时40分，总理独自走上铁道，背对机车和机车司机。霎时间，快门声响个不停。

（来源：《人民铁道报》2005年5月3日）

（三）并列式结构

这种结构方式常常会用于综合消息和经验消息的写作中。特别是在综合消息中，报道的具体事实不止一个，需要在新闻中并列地叙述若干个新闻事实，这样就形成了并列式结构。

并列式结构的层次清楚，层次与层次之间的关系不是因果关系，也不是递进关系，而是彼此平行的，从意义上说并无主次之分。每个层次都是相对独立的，各层次之间相互补充，共同说明同一个新闻主题。

例如：

爱尔兰否决《里斯本条约》欧盟各国反应强烈

新华网　北京6月14日电　综合新华社驻外记者报道：据英国天空电视台13日报道，爱尔兰在12日进行的全民公决中否决了旨在取代《欧盟宪法条约》的《里斯本条约》。欧盟委员会以及德国、法国等欧盟国家随后表示遗憾，一些国家表示将继续全力推进条约批准进程。

爱尔兰选民以86.24万票对75.25万票的投票结果，否决了《里斯本条约》，从而使欧洲一体化进程再次陷入困境。爱尔兰是欧盟27个成员国中唯一就《里斯本条约》举行全民公决的国家。

爱尔兰总理考恩对公决结果大为失望，但表示应尊重爱尔兰人民的意愿。

全力支持否决《里斯本条约》的新芬党领袖亚当斯则认为，13日对欧洲和爱尔兰而言是一个“好日子”。他说：“我们拒绝接受条约是因为我们有顾虑，因为多数人希望看到一个不同的欧盟。”

欧盟委员会主席巴罗佐13日在布鲁塞尔召开的记者招待会上强调，这一结果并不是爱尔兰对欧盟的否定，更不意味着该条约已经“死亡”。巴罗佐说，欧盟委员会相信“其他欧盟国家仍会继续相关的批约程序”。巴罗佐表示，将于19日在布鲁塞尔开幕的欧盟峰会将听取爱尔兰总理考恩的汇报，并对爱尔兰民众所关心的大事作深入研讨。

法国和德国13日发表联合声明，对爱尔兰全民公决否决《里斯本条约》表示遗憾。联合声明说，两国尊重爱尔兰公民的民主决定，但对此结果感到遗憾。法德两国表示，希望其他成员国能继续进行批准程序。

西班牙第一副首相德拉维加13日表示，尽管爱尔兰在全民公决中否决了《里斯本条约》，但西班牙政府仍然主张继续批准该条约的进程。他说，西班牙政府明确支持《里斯本条约》，希望完成其批准进程，因为条约标志着欧洲建设向前迈出的重要一步。

荷兰首相巴尔克嫩德13日表示，荷兰不会因此而中断批准条约的程序，荷兰将继续全力推进条约审批进程。他说，虽然爱尔兰公决结果令人失望，但目前作出任何断言还为时过早。荷兰议会下院本月5日批准了《里斯本条约》，议会上院将于今年夏天之前进行表决。荷兰舆论普遍认为，议会上院将毫无悬念地通过条约，从而使荷兰顺利完成审批程序。

匈牙利外交部发言人塞莱什泰伊13日说，匈牙利对爱尔兰在全民公决中否决《里斯本条约》表示遗憾，但他同时认为全民公决的结果并非一定意味着这一文件的失败。塞莱什泰伊还表示，匈牙利确信可以找到一个解决办法，这一解决办法既尊重爱尔兰选民的意见，又能保留这一条约的价值。

捷克总理托波拉内克13日发表声明说，爱尔兰全民公决否决《里斯本条约》会使欧盟政治复杂化。托波拉内克说，因为欧盟有牢固的法律基础，爱尔兰全民公决否决《里斯本条约》不会威胁到欧盟27国的正常工作。

捷克总统克劳斯当天则发表声明说，爱尔兰全民公决否决《里斯本条约》是“自由和理智战胜人为精英工程和欧洲官僚主义的胜利”。

《里斯本条约》是欧盟各国领导人去年12月13日在葡萄牙首都里斯本签署的新的欧盟改革条约，旨在取代被法国和荷兰全民投票否决的《欧盟宪法条约》。根据规定，《里斯本条约》在获得欧盟各成员国批准后，将于2009年1月1日生效。迄今为止，法国、奥地利、匈牙利、保加利亚、罗马尼亚、波兰、斯洛文尼亚、马耳他和葡萄牙等18个欧盟国家已经批准了该条约。

（来源：http://news.xinhuanet.com/world/2008-06/14/content_8366920.htm，2008年06月14日）

这条消息的导语是对整体事实的概括叙述，结尾是说明性背景材料，主体分别叙述了欧洲各国对爱尔兰全民公决否决《里斯本条约》的反应，互相之间是并列关系。这样的写法突出了空间的广延性，在较大范围内对新闻事实的整体面貌进行了描述。

例如：

洛杉矶种族歧视事件在各国反应强烈

美国法院偏袒白人警察作出的不公正裁决而引发的洛杉矶暴力冲突，在世界范围内引起了强烈的反响。许多国家的领导人和新闻媒介都纷纷对此发表评论，分析这场冲突的原因和性质。

伊朗总统拉夫桑贾尼5月2日直截了当地指出，洛杉矶的种族歧视事件表明，美国需要对社会进行改革，美国比其他国家更需要对自己的事务进行改革。他呼吁人权活动家们放弃在其他国家的活动，去美国调查。

马来西亚总理马哈蒂尔发表谈话指出，洛杉矶之所以发生流血冲突，其原因是美国政府没有帮助黑人赶上越来越富的美国白人，也反映出美国黑人对白人越来越严重的抵触情绪。

法国总统密特朗在电台指出，美国社会是保守的，但它在经济上走自由主义道路，此次暴力冲突实际上就是由此形成的经济矛盾而引起的。一位不愿透露姓名的日本官员说，洛杉矶事件暴露出美国社会的弊病。

美国在东方的盟友韩国对洛杉矶事件的反应迅速，它立即派外务部代表赴洛杉矶同加州州长和洛市市长会晤，强烈要求对在这次种族歧视事件中蒙受严重损失的朝鲜移民给予赔偿（朝裔美国人有85家商店被焚烧）。同时汉城已关闭了它在洛杉矶的领事馆。

印度公众在美国驻新德里新闻中心外举行反美示威，高喊“该死的种族主义”、“停止对黑人的袭击”等口号。

新加坡报纸一针见血地指出，美国习惯于大谈特谈人权，而实际上是“口惠而实不至”。菲律宾《商报》概括地说：“美国没有人权可言！”埃及的报纸说，洛杉矶事件使人对美国的司法制度的公正性表示怀疑。日本《朝日新闻》指出，“冲突事件表明，黑人的权力在白人占多数的情况下是何等的微弱。”德国《南德意志报》评论说，洛杉矶事件宣告了所谓“各种族结合的大美国神话”的破灭。印度报纸说，洛杉矶事实是对“鼓吹人权”的美国的讽刺。英国评论家认为，洛市冲突是美国少数民族愤怒和绝望的征兆。甚至美国的《纽约时报》也批评美国政府长期无视种族问题。西方分析家指出，洛杉矶暴力事件的蔓延表明，美国确实存在着种族歧视和侵犯人权等不平等现象。

（来源：1992年5月5日《工人日报》）

消息的内在结构形式除了倒金字塔结构、时间顺序结构、并列式结构之外，还有许多其他结构形态，如因果式结构、对比式结构、悬念式结构等，这些结构方式并未在消息写作中普遍使用，故不再详述。

导 语

老舍说：“开头好比舞台上的演员亮相，因该开的有光彩，吸引人。”然而，在叙事文体中，故事的最重要内容常常会淹没在漫长的叙述中，难以实现“开的有光彩，吸引人”。而在新闻文体中，最突出最有新闻价值的事实往往在第一句就摆到了受众面前，这第一句就是导语。导语是消息中最重要的部分，是新闻事实的触角，是引发新闻阅读的最活跃的因素。

第十二章　新闻的表达核心
——消息的导语

导语是新闻（消息）所特有的，是消息的先导，位于消息的开头，它是新闻的提要或高潮。那么，什么是导语呢？

一、什么是导语

导语是消息开头用来提示新闻要点与精华、发挥导读作用的段落。它用最精粹的文字，简明、扼要、生动地写出消息中最主要、最新鲜、最吸引受众的新闻事实。

这个定义让我们明确了导语的这么几个要点：首先，导语是位于“消息头”之后的第一句话或第一段文字。如果消息只有一个自然段，通常第一句话就是它的导语。如果消息不止一个自然段，一般第一个自然段是它的导语。其次，导语是消息的精华，它表达的是消息中最为新鲜、最为重要的内容。第三，导语短小精悍，用最少的语言传达尽可能丰富的信息。

导语产生于 19 世纪 60 年代，开始于南北战争期间的美国，以后逐步推广到欧洲和日本。在 20 世纪初，我国新闻界也开始使用新闻导语。

导语是随着电报在新闻传递中的应用而产生的。南北战争期间，为了迅速地向人们报道战争的情况，记者们采用刚刚发明不久的电报技术来传送新闻稿。可是，由于电报技术的不完善，一条新闻常常只传了一半甚至一个开头，就因电报技术原因中断了。于是，为了使在电报中断情况下，也有可能将新闻的核心内容传递出去。记者们就想出来一个应对办法，即将最重要的新闻事实写在新闻开头。这种方法使新闻写作产生了革命性的变化，以后，很多记者如此写作新闻，于是，这种写法便渐渐约定俗成，导语也由此诞生了。

1. 第一代导语

1889 年 3 月 30 日，美联社记者约翰・唐宁在一条消息中写了这样一段导语：

萨莫亚·阿庇亚3月30日电 南太平洋沿岸有史以来最猛烈、破坏性最大的风暴，于3月16日、17日横扫萨莫亚群岛。结果，有6条战舰和10条其他船只要么被掀到港口附近的珊瑚礁上摔得粉身碎骨，要么被掀到阿庇亚小城的海滩上搁了浅。与此同时，美国和德国的143名海军官兵有的葬身珊瑚礁上，有的则在远离家乡万里之外的无名墓地上，为自己找到了永远安息的场所。

这个导语的特点是“5W”具备。这样的导语被称为“第一代导语”，又称5W俱全导语。自第一代导语之后近半个世纪，在写作实践中，人们又发现了第一代导语的种种不能令人满意的地方，如“5W”束缚了新闻，导语强调整体性和完整性，导致内容太多、主次不分、重点不突出、字数多、段落长。于是人们开始创新，出现了“第二代导语”。

2. 第二代导语

到20世纪50年代，纽约时报编辑主任特纳·卡特利奇提出“第二代新闻导语”一词。他在《我的一生与纽约时报》中说：“我们认为，再也没有必要，也许永远不会再有必要把传统的新闻‘五要素’都写进一个句子或一段中——何人、何事、何时、何地与何因。新闻导语，就是筛选一个最吸引人的新闻事实，写得既要生动有趣，又要富有强烈的感染力，诱引人读了开头还想往下读。它的位置在消息的开端部分。”“第二代导语”的特点是不再要求“五要素”俱全，只选择最重要的、最能激起读者兴趣的两三个要素写进导语，其余要素放到主体中再作表述。

3. 第三代导语

随着新闻实践的发展，产生了“第三代导语”，“第三代导语”也强调精短，趋向自由式，灵活多变，不注意对新闻事实的完整概括。

值得注意的是新一代导语的出现更加丰富了导语的写法，但并不意味着新一代导语出现以后就会淘汰前一代导语。事实上，到现在仍有新闻导语采用第一代导语的写作体例。

二、导语的作用

新闻导语是新闻的生命所在。威廉·梅茨在《怎样写新闻》中说：“导语是记者展示其杰作的橱窗”，“如果记者未能在导语中表现出水平，那么，他就没有水平。”

麦尔文·曼彻尔在《新闻报道与写作》一书中对导语的作用，进行了简明的概括，他说新闻导语的作用“一是要抓住事情的核心；二是要能吸引读者看下去。”

（一）抓住事实的核心

抓住事实的核心本就是导语的基本品格，导语要做到抓住新闻事实的核心，就要考虑——

1. 导语中是否包含了最有新闻价值的内容

美国亨特学院新闻学教授詹姆斯·阿伦森曾应中国外交部新闻司邀请来华讲学，他举例说明导语应有实质性内容。他说他在中国的报纸上看到了这样一条导语：

> 我们访问了中国科学院遗传研究所植物细胞遗传学研究室主任、副研究员陈英。

阿伦森认为，这样的导语“只会令读者望而生厌，不愿再看下去。其结果是，往往由于导语的缘故，就使读者错过了一些重要人物的有趣的新闻”。所以，他主张改为：

> 植物遗传学家陈英在1973年和别人合作，在世界上首次培育成功两个水稻新品种。[68]

所以，记者在写作导语时，要思考导语中是否包含了最有新闻价值的内容，并对“最有新闻价值的内容”做出准确的判断，将其提炼出来写进导语，而不要让它埋没在新闻的叙述中。这需要记者要具有判断新闻价值的能力，有时需要对导语写作反复推敲，认真修改。

例如：一位新华社记者在采写中国科学院古脊椎动物研究所研究员在恐龙研究的最新成果时，她的稿件导语经过了几个阶段的修改：

“中国科学家最近在恐龙研究中有重大发现”

↓

“中国科学家最近在恐龙蛋研究方面有新发现”

↓

“科学家最近发现恐龙的智力比人们想象得要高”

↓

“科学家最近在研究恐龙的生蛋方式时发现，体形庞大、貌似呆笨的恐龙其实比人们长期想象得要聪明得多：恐龙在保护后代繁殖方面表现了较高的智力”[69]

2. 导语中是否将最有价值的新闻事实置于突出的位置

有些导语中虽包含了最有价值的新闻事实，但并没有将它放在突出的位置。

比较同一新闻的两条消息的导语：

我国政府新近颁布了一项计划生育的新政策，即一对夫妇只准生两个孩子，最好只生一个。

一位外国记者写法不一样，他写道：

生两个好，生一个更好——这就是中国政府和中国共产党制定的生娃娃的新政策。

前一条导语虽然包含了最有价值的新闻事实——计划生育的新政策内容，但并未放在最突出的位置，后一条则加以突出。

在导语写作中要做到既包含又突出最有价值的新闻事实，就要学会用比较的办法确定新闻五要素中哪些是最重要的，同时也要判断什么要素是受众最为关心和感兴趣的。

（二）吸引受众注意力

导语的一个重要的作用就是能吸引受众往下读。美国新闻学者杰克·海敦说："导语需要你付出最大的力量。它是促使读者读下去的诱饵。"

那么如何吸引受众，使其阅读欲罢不能呢？

1. 让导语的内容接近读者

把所报道的新闻事实与普通大众联系起来，设法点明你要报道的新闻对大众的影响。比较下面两条导语的写法：

你的财产税终于减不成了

市议会昨晚决定，保持税收率不变……

——转引自（美）威廉·梅茨《怎样写新闻》

在这条导语中，记者刻意用了第二人称"你"，并且提到与"你"生活息息相关的内容，看上去似乎很遥远的新闻事实一下子就与受众的利益挂上了钩。受众读这条消息时，与其说是关心政府出台的新政策、还不如说是在关心自己的事。[70]

2. 表达要开门见山

如果在新闻导语中充满了空泛的语言、抽象的概念、流行的口号，那么，这些不良元素往往会挤掉重要新鲜的事实，这样的导语就会迅速熄灭受众对整条新闻的阅读兴趣。

例如：关于天津引滦工程的报道，新华社的导语是：

[新华社 1983 年 9 月 11 日天津电] 今天清晨，当天津千家万户拧开水龙头，从 200 多公里引来的滦河水源源流淌的时候，海河两岸的群众再也控制不住内心的喜悦，奔走欢呼："滦河水真甜啊！"饮水思源，到处响起了《献花歌》的嘹亮歌声："金色的秋天飞彩霞，彩霞化作鲜艳的花，鲜花献给解放军呀，它把我们的敬意来表达……"

同一内容的新闻，路透社的导语是：

[路透社 9 月 18 日电] 滦河引清水，人民品香茶，天津 230 万户人家每户免费供应 50 克龙井茶……

前一条导语写作中缺乏典型的新闻事实，语言华丽空泛，受众从中一无所获，其结果，这条导语就成了所谓的"盲导语"，受众便会对整篇消息失去兴趣。而后一条导语抓住了千家万户用滦河甜水品龙井香茶这一典型事实说话，有说服力和感染力。

三、导语的类型

导语的类型繁多，分类的方法也各不相同。人们曾依照不同的标准，把导语分为许多不同的类型。古典新闻学根据新闻五要素，提出了要素分类法，也就是在导语里突出哪一个要素，导语就以那个要素命名。例如：时间导语、人物导语、事件导语等。现代新闻学认为：这种分类方法不科学。美国哥伦比亚大学教授麦尔文·曼彻尔对上述分类法持否定态度，他认为这种分类法对于研究工作也许有用，但对记者的实际工作却没什么用处。不会有哪个记者在看了自己的采访记录后会想到："哦！这看来像是'何人'型的导语，或者像是'何事'型 的导语。"麦尔文·曼彻尔在 1977 年初出版的《新闻报道与写作》一书里，把导语分成两个大类：直接导语和间接导语。

（一）直接导语

直接导语是一种直接叙述新闻事实的导语。即在导语中开门见山、简明扼要地突出表现最新鲜、最重要的事实，或最有个性特色、最具有新闻价值的内容。它是消息导语的主要形式。

例如：

德国对荷兰、比利时、卢森堡不宣而战　欧洲大战全面展开

〔**合众社 1940 年 5 月 10 日电**〕 德国于今日黎明时分对荷兰、比利时、卢森堡不宣而战。

北约野蛮轰炸我驻南使馆

《人民日报》贝尔格莱德 1999 年 5 月 8 日电 1999 年北京时间 8 日早 5 时 45 分，以美国为首的北约至少使用 3 枚导弹悍然袭击我驻南斯拉夫大使馆。到目前为止，至少造成 3 人死亡，1 人失踪，20 多人受伤，馆舍严重毁坏。

这两条导语直叙新闻事实，开门见山、简明扼要，表达充满力量，是很出色的直接导语。

直接导语叙述的事实，一般是单纯的，只包含一个明确具体的新闻事件，如上例。但有时由于客观事物相对复杂，导语难以用一个主要事实来表达，因此，直接导语也可以按照新闻事实之间的内在逻辑联系，将两个新闻事实或几个事实有机地组合在一起叙述，这就是多元素导语。需要注意的是这类导语中的几个事实必须有紧密的关联。

例如：

本报讯 广州医学院疫苗科研工作取得了两项成果。一种治疗慢性粒细胞白血病的新药和一种预防幼儿肝炎病毒的疫苗相继研制成功，为癌症和肝病患者带来了福音。

本报讯 在人们印象中，联合国是个开会的地方，很少有人知道，联合国也是个蕴藏巨大商机的市场。联合国及其附属机构近日公布了 4 月份在全球的采购招标计划，面对一系列科技含量并不高的商品，本市众多企业却无动于衷，任商机从身边溜走。

（二）延缓性导语

又称间接导语，它不直接叙述新闻事实，而是通过解释、阐述、设置悬念或场面描写、气氛渲染等方法，先作铺垫，再引出新闻事实，目的是增强阅读的趣味性。

例如：

“9 月初的一天早晨，从钟祥县开往武汉的长途汽车就要启动了。考取了北京大学的农家子弟柯洪云欢欢喜喜地登上了汽车。这时，一位中年妇女急急忙忙地赶来，把一件棉大衣塞到了他手上。乘客们以为，这一定是这个学生的妈妈！可是，人们怎么也没有想到，这位妇女却是柯洪云的老师。”

这条导语写作借鉴电影手法，采用特写镜头式的表现，吸引受众。

“统治世界乒坛数十年的中国男子乒乓球队今天在这里遭受到前所未有的毁灭性失败，这一严重挫折使中国人感到十分沮丧。今天，乒乓球赛新闻层出不穷，倒霉的不仅限于中国人。但是，对中国人来说，这一天将作为黑色的星期四而永远留在记忆中。”

这条导语曲折迂回地表达主题，不失为一种好的表现手法。

以上两条导语都间接地体现了新闻主题，迂回舒展地引出新闻的核心事实或新闻要旨。间接性导语尤其适宜运用于时效要求较弱的非事件性新闻。

值得注意的是，导语中的描写应有明确的目的性，不能为描写而描写。所以，写作延缓性导语时所描绘的画面必须与事件有内在联系，有助于揭示主题，不可以让描写的内容游离于主题之外。

1987 年 11 月 19 日，中国癌症基金会组织建造的“战癌女神铜像”在京落成，不止一家报纸发了消息，消息的导语对铜像都做了一些描写。但是，通过对比可以发现，它们的写法以及由此产生的效果是有很大差异的：

新华社北京 11 月 18 日电 一只十脚螃蟹被一位女神牢牢踩着，女神手托一把利剑，双目坚定地望向远方——象征着我国人民同癌症做斗争的战癌女神铜像今天在北京落成。（《表现华夏儿女攻克癌症的决心 战癌女神铜像在京落成》）

本报讯 昨天，一尊 3.5 米高的仿古青铜战癌女神塑像，傲然耸立在中国医科院肿瘤研究所广场上。她身材修长、秀发如瀑，双手高擎智慧之剑，脚踏一只巨型螃蟹（英文中螃蟹与癌症为同一单词）（《战癌女神铜像昨揭幕》）

铜像女神象征的是“战”，以宣扬“战”癌的决心，而不是（至少主要不是）美与丑的对比。因此，新闻的主题也应当是战癌。描写本应扣紧这个主题，准确传达组建单位和雕塑家的意图。由此推论，前一条导语的描述是准确的，它用“牢牢”、“利剑”、“坚定”三个修饰词，突出了女神的意志和力量；后一条导语的描述停留于“美”，只将战癌女神写得婀娜多姿，离题较远。延缓性导语要避免出现这种情况。有经验的记者选择的每一个细节，每一个词语，都有助于突出主题。[71]

（三）直接导语和延缓性导语对比

为了对比直接导语和延缓性导语，麦尔文·曼彻尔举了一些例子——

直接导语：

华盛顿消息 昨天行政当局有关人士说，引起争议的驻联合国大使丹尼尔·莫伊尼汉已向福特总统递交了辞呈，他可能寻求在纽约担当民主党参议员的候选人。——合众国际社

华盛顿2月2日讯 丹尼尔·莫伊尼汉今天辞去了美国常驻联合国代表的职务。——《纽约时报》

延续性导语：

直到最后一刻，丹尼尔·莫伊尼汉还在说，他不知道是否应该辞去美国驻联合国大使的职务。他说："我下了30次决心"，"就像马克·吐温讲的'戒烟容易得很，我已经戒了一千次'"。上周，莫伊尼汉最后下了决心：辞职。

——《时代》杂志

当丹尼尔·莫伊尼汉向联合国道别的时候，他很显然是在走进另一扇敞开的大门——美国参议院。

——《基督教科学箴言报》

空军一号欢快地飞越中西部，午餐在途中进行。总统刚刚在他的座位上坐稳，麻烦事来了。"总统先生，有个不好的消息报告你，"白官办公室主任理查德·查理报告说，"帕特·莫伊尼汉辞职了。"福特抬起头来吃惊地问："为什么？"

——《新闻周刊》

这些导语虽然表达的是同一个新闻事实，但区别是十分明显的。直接导语开门见山，直奔要害，延缓性导语则要么兜一些圈子，引逗起受众的兴趣来；要么采用比喻、暗示的方法，间接揭示新闻事实。《时代》杂志利用马克·吐温的幽默语言，写得风趣诙谐；《基督教科学箴言报》使用"道别"、"走进"、"一扇敞开的大门"等比喻性词语，虽不直说，但意思很明白。《新闻周刊》更是用一个电影镜头式的场景刻画，最后给总统表情一个大特写。这些写法，当然比直接导语的表达更为生动。[54]

但不能因为更为生动而认为所有的新闻都可以用延缓式导语来表达，从以上的例子可以看出，直接导语和延缓性导语有着不同的适用范围。

1．从新闻本身来看，直接导语适用于时效性强的新闻和硬新闻，延缓性导语适用于时效性较弱的新闻和软新闻。

2．从刊播新闻的媒体来看，直接导语适用于广播、日报等快捷的媒体，延缓性导语适用于周刊、杂志等出版周期较长的刊物。

小贴士

记者写作导语时要问自己5个问题：

①什么事情是已经发生的事件中最重要的？

②什么人参加进去了？——谁干的或谁讲的？

③是用直接性导语，还是用延缓性导语？

④有没有什么吸引人的词汇或生动形象的短语要写进导语中？

⑤主题是什么？什么样的动词能最有效地吸引读者？

四、导语写作手法

消息导语的写作手法，多种多样，不拘一格。这里介绍几种常用的手法。

1. 动词，让导语更确切

动词的选用在写人、状物、叙事中都起着重要作用。要使新闻导语更准确、生动，必须运用确切有力的动词表现事实，而表达新闻事实的动词称为“新闻动词”，包含新闻动词的导语就是“行动性导语”，不包含新闻动词的导语是“非行动性导语”。

行动性导语中的主要动词应该是新闻动词，是新闻中的主要事件。例如：

中国外交部今天对印尼局势表示关注

这条导语就是非行动导语，因为其中的动词“关注”并不是表达新闻事实的新闻动词。

印尼排华迫使中国决定大批撤离驻印尼的华侨

这条导语是行动性导语，“撤离”是新闻动词。

昨天沈阳一家歌舞厅发生火灾，8人被烧死

在这条导语中，新闻动词是“被烧死”而不是“发生”。

我们要努力将“非行动性导语”变成“行动性导语”。例如：

非行动性导语：北京市政府今天就城市规划和外来流动人口召开会议；

行动性导语：北京市政府今天决定把外来人口就业数量限制在100万。

2. 描写，让导语有神采

消息是一种多用叙述、少有描写的新闻体裁，在导语中更不能展开精雕细刻的描写，但有时稍作描写，用较少的文字勾勒画面，既不违背消息简洁朴实的原则，又能达到生动传神的目的。

例如：

新华社西北1947年10月29日电 西北联防军司令员贺龙将军20日赐见清涧战斗中放下武器的蒋军76师中将师长廖昂。会见时，廖垂手鞠躬，局促不安，贺龙将军与之握手。

在贺龙接见时，廖昂“垂手鞠躬，局促不安”八个字，活灵活现地表现了国民党降将廖昂在强大的解放军的威慑下内心惊恐，在被贺龙将军接见时又有些受宠若惊的姿态和神情，可谓有声有色，形神兼备。其实算得上“描写”的只有这八个字，其余文字都是叙述。可见，描写并不一定要运用铺张的文字。[54]

【本报讯】一只羽毛雪白、红冠竖立、雄赳赳的大公鸡和四只同样漂亮的白母鸡，11 月 23 日代表它们的家族——“北京白鸡”，“神气十足”地通过了畜禽专家的技术鉴足。

这则新闻的导语运用白描的手法，一开始就将新闻事实——通过鉴定的北京白鸡的特点再现出来。记者抓住现场中有动感的画面，以画面入题，引出新闻事实。

当然，并不是所有的导语都适合使用描写。只有当报道事实本身具有较为明晰的或生动的色彩、声响、细节、动作、语言画面时，描写才更利于表达事物本身的某些特征。否则为描写而描写，反倒会让描写丧失价值。

3. 提问，让导语更具启发性

导语以提问方式开头，主体部分围绕导语提出的问题展开叙述。以提问方式写作的导语，可以对新闻事实起到强调作用，有助于启发受众思维并调动阅读兴趣。同时，也可以促使记者自己抓住要害，明确消息主体的写作方向。

例如：

导语：【美联社亚特兰大（1991 年）5 月 23 日电】一位女顾客拿着一条亮闪闪的红皮带问道：“这是用鱼皮制的？那些鱼鳞是怎么处理的？”

主体：这条皮带没有一片鱼鳞，没有一丝鱼腥味儿，极为柔软，用 14 种颜色画着独具一格的图案。这是亚特兰大海洋皮革公司推出的时髦产品。该公司总裁厄埃克森 10 年前就决定大批生产鱼皮。……厄埃克森说，他研究出一种制皮方法，用这种方法制出的鱼皮像布一样柔软，如牛皮一样耐用。

在导语中提出问题，提问的方式也不尽相同。

（1）先用问题引起受众的兴趣，紧接着叙述新闻事实。

例如：

漂亮的达坂城姑娘都哪儿去了？据了解，达坂城近亲结婚十分普遍，婴儿发育缺陷率居高不下，姑娘也不漂亮了。

（来源：《联合早报》2002 年 9 月 14 日）

（2）先叙述新闻事实，接着有针对性地提出问题，促使读者思考新闻事实的根源和意义。

央行宣布从10月9日起，下调一年期人民币存贷款基准利率各0.27个百分点，同时宣布下调人民币存款准备金率。这是一个月之内连续两次降息，对冷清的房地产市场将有何影响？

写作这类导语的关键是设计好要提出的问题，问题必须扣紧主题，服务于报道主旨，同时，问题还要有助于引发受众的兴趣和思考。另外，文字要力求简洁明快，要注意提问的语气不可太生硬，否则会让受众感觉在被质问。

4. 对比，让导语价值突出

写导语时也可以用对比的方法，把有明显差异的事物、行为或评价组织在一个导语之中，这样，彼此之间就形成了鲜明的对照，有助于揭示事物的特点、阐明新闻主题，从而引起读者的兴趣。

因为对比往往是将两个有差别，甚至相反的东西放在一起，使得事物的个性特征在对比中显露出来，因此，对比手法的运用能使新闻事实的价值更加突出。

（1）否定——肯定的对比

本报讯 35岁的回族中医马牧西现在在兰州可算是一个新闻人物。有人说他胆大胡整，给病人所下的药量之大像是治牲口，可是更多病人又是那么信服他——整夜排队挂他的号。

这条导语把人们对新闻主体人物的不同的评价和态度放在一起进行比较衬托，就更起到强调的作用。因为事物差异明显，泾渭分明，使得受众在心理上产生反差感受，从而产生好奇心。

（2）现实——前景的对比

本报讯 鲁山县辛集乡由于盖房材料匮乏，多数农户不得不用土坯和麦秸垛成简陋的草房。然而，在160米的地下 ，地质学家们发现了大量的新型轻质建筑材料——石膏。

这条导语将辛集乡农户建房简陋的材料与这个乡地下蕴藏的新型轻质建筑材料进行对比，突出表达了现代科学技术将帮助人们从简陋的土坯房搬进新型住房的美好前景。

（3）今——昔的对比

几年前还是水草不长，螺蚌不生，水鸟不停，鱼虾绝迹的鸭儿湖，现在又复活了！记者亲眼看到经过治理的湖面碧波粼粼，渔舟点点，成群的野鸭在湖里嬉戏。

这条导语今昔对比鲜明，使得新闻的价值从新闻事实的前后变动中得到了体现。

这些对比都有效地强化了新闻事实的价值和意义，比单纯从一个方面落笔效果好。对比写法，要求记者注意在联系与比较之中观察分析问题，发现事物的特点或者发现问题所在，并选准对比的切入点，用来形成泾渭分明的效果。

5. 引语，让导语真实可信

直接或间接引用与事实密切相关的人物的精彩的、有针对性的或富有个性的语言，从一个侧面揭示新闻事实。

（1）引语是对新闻事件的描述和介绍

例如：

本报讯 布鲁塞尔10月10日电 欧盟委员会主席巴罗佐说，欧盟将发展对华关系列为对外政策重点与优先目标，愿加强双边合作，为欧中关系进一步发展注入新动力。

（2）引语是对新闻事件的认识和态度

例如：

波黑驻华大使佩罗·巴伦契奇刚走进抗震救灾主题展览大厅，便表示要为中国四川地震灾区再捐款50欧元和200元人民币，这让组织者有些措手不及，只好临时为他举行了个简单的捐款仪式。“这些钱不多，但是我的一片心意。冬天很快就要来了，希望四川灾区的人们能够过得很好。”巴伦契奇说。

（3）与新闻事件密切相关的富有个性的情感流露

“啊，新娘子，让我亲亲你的脸蛋吧！”正在中国访问的大平首相夫人大平志华子，七日下午访问北京动物园，看望赠送给日本的熊猫“欢欢”。

6. 典故，让导语趣味盎然

由一段与新闻事件有关的历史人物、典故或民间故事引出新闻，会使得导语趣味盎然，增强受众的阅读兴趣。

例如：

《史记·项羽本纪》对“鸿门宴”有一段精彩的描写，其中那位无畏的勇士樊哙给人留下了不可磨灭的印象。《史记》说樊哙在发迹前“以屠狗为业”，现在，他的77代孙樊宪涛凭借祖上传下的精湛技艺成就了一番大事业，被人称为“中国狗王”。

又如：

山西古典蒲剧《蝴蝶杯》中，描写男主角田玉川有传家之宝“蝴蝶杯”，非常神奇，只要斟酒入杯，就有五彩缤纷的蝴蝶在杯中翩翩起舞，杯中酒干，蝴蝶也隐去。这种蝴蝶杯最近由山西侯马市陶瓷厂试制成功，第一批近两千只已销一空。[54]

这种写作手法主要用于延缓性导语中。要注意的是，所借用典故应与新闻事实有某种内在的联系，有可供借代之处。另外，所借用的内容最好是大众耳熟能详的，否则，会造成受众阅读障碍，反倒让导语失去生命力。

导语写作的手法不局限于这么几种，并且常常是多种表达手法同时运用。随着新闻实践的发展，导语的写作手法也在不断创新，因此，对于新闻导语的写作，我们遵循有法而又不拘泥于法的原则才是正确的态度。

链　接

几条导语的优劣对比

（1）报道朱建华破世界纪录的三条导语：

1983 年 9 月 22 日，我国运动员朱建华在第五届全运会上再次打破跳高世界纪录，跃过 2 米 38 这个新高度。国内外报刊争相报道：

[人民日报上海 9 月 22 日电]　我国优秀跳高运动员朱建华今天在上海虹口体育场举行的第五届全运会田径决赛中，跳过 2 米 38，打破由他本人保持的 2 米 37 世界跳高纪录。

[解放日报讯]　赭红色跑道、翠绿色草场相映生辉的虹口体育场沸腾了！四万名观众热烈地向飞越 2 米 38 高度，再次打破男子跳高世界纪录的上海选手朱建华欢呼，朱建华手持鲜花，绕场一周，在热情的观众面前，他的眼睛湿润了。

一位外国记者的导语：

“世界飞人”再创跳高世界纪录。中国朱建华跃过世界新高度 2 米 38。

《人民日报》和《解放日报》的导语写得各有特点，但和外国记者的导语相比较，就显得有些平淡和一般化了。《解放日报》的导语从现场情景、气氛着眼，写出了观众的情绪和朱建华的激动心情，有独到之处，但有些形容词用得不贴切，像开头第一句“赭红色跑道、翠绿色草场相映生辉”，似乎是多余的。

（2）这则导语改得妙

“85 秒！拳王泰森击败挑战者。85 秒!历史上最短的拳王卫冕战。85 秒！

1300 万美元尽入腰包。”

这是 1989 年 7 月 21 日新华社华盛顿电《泰森：85 秒卫冕成功》的导语。

重复是诗歌常用的手法，对于新闻导语来说，曾被教科书定为绝对的禁忌。然而真正的上乘之作，却只有在犯禁、破禁中才可以觅得。

上面这条导语，包含了四个信息：①拳王泰森击败了挑战者；②比赛仅用 85 秒；③这是历史上的拳王战中用时最短的比赛；④此胜为拳王赢得 1300 万美元巨款，信息量是很大的，而且把这次比赛的主要内容和重要特色全部概述了出来。

这则导语是编者改写的。让我们来对比一下《卫冕》一稿的原导语：“世界重量级拳王迈克·泰森今晚以 85 秒钟的时间，击垮挑战者卡尔·威廉斯，创造了历时最短的一场拳王卫冕战。”

这条原导语循规蹈矩，无可指责，因而也平平常常。从字数上看，它比新导语多 9 个字，共 50 字；从信息量上看，它少交代了 1300 万美元这层意思；从抓特点来说，它抓住了 85 秒这个创纪录的数字，但是给人的印象不深；从效果上看，它很难使读者产生身临其境的感觉。

原导语中，用了 7 个字来交代 85 秒这个事实。而新导语中重复三次 85 秒，也仅有 6 个字。当然，原导语还可以减少，但最多也只能减到“以 85 秒”，只比新的导语少 3 个字。可两者所产生的效果却有很大差别。更何况，由于用了三个“85 秒”作重复，使导语中其他的句子有如诗一般的凝练，比用简单的叙述句更减少了交代、过渡性字句，整个导语的字数反而减少了。

（来源：刘锦：《导语——展示杰作的橱窗》）

导 语

导语为新闻开了头，但新闻仅仅有了开头是不够的，它还需要以主体、背景、结尾来展开，从而共同完成新闻的表达。

第十三章　新闻的展开表达
——主体、背景和结尾

一、消息的主体

在消息中，导语以后、结尾以前的文字都属于主体部分。主体紧接导语之后，对导语作进一步的解释、补充与叙述，具体展开事实或进一步突出主题。也有学者认为将“主体”称为“新闻的躯干”更为确切，因为主体即中心部分，而消息的导语，特别是倒金字塔结构中最重要的事实在导语中出现，如果把新闻的躯干部分称为“主体”，则把浓缩消息精华的导语排除在外了，而导语在消息中无论如何应该处于“中心”地位。

的确，消息的主体与其他文章的主体是有区别的。其他文体的主要内容往往在主体中展开，文章开头可以不涉及核心内容，而消息的核心内容则往往出现在新闻的开头，也就是导语中。但这并不意味着消息的主体部分不重要，主体是消息的躯干，所占文字最多，是消息写作中不可忽视的重要部分。所以记者要呕心沥血地锤炼导语，同时也要精益求精地写作主体。

（一）主体的任务

主体必须沿着导语设定的方向做文章，《全能记者必备》一书中说：“导语以后的那部分内容一定要流畅地与导语衔接 ，并且支持导语中提出的内容。”，这是主体写作的大原则。在这个原则之下，主体的功能有以下几点。

1. 为导语补足新闻要素

威廉·梅茨说：“消息的主体则进一步展开、阐述和解释导语，导语中的任何陈述均须由下面段落中的事实予以支持，尤其是在导语中写到了引起争论的因素时更应如此。”

第一代导语五要素齐全，但导语写作发展到今天，更多的导语只涉及一两个新闻要素。如在导语中主要提示“何事”要素，而其他的新闻要素如“何人”、“何时”、“何地”就需要在主体部分补充完整。

例如：1945 年美联社记者爱德华·肯尼迪写了一条消息：《欧战结束！德国无条件投降！丘吉尔将公布“欧洲胜利日”》——

欧战结束！德国无条件投降！
丘吉尔今将宣布“欧洲胜利日”

美联社法国兰斯 1945 年 5 月 7 日电 德国于今天法国时间上午 2 时 41 分（即美国星期日东部战争时间下午 8 时 41 分）向西方盟国和苏联无条件投降。

投降仪式在德怀特·D·艾森豪威尔将军总部所在的一幢红色校舍内举行。

代表盟军总部在受降书上签字的是艾森豪威尔将军的参谋长沃尔特·贝德尔·史密斯中将。

伊万·索斯洛帕夫将军代表苏联，弗朗索瓦·塞书茨将军代表法国也在受降书上签了字。

艾森豪威尔将军没有出席签字仪式，但是，这个仪式一结束，这位盟军最高统帅就接见了约德尔将军和另一个德国代表汉斯·格奥尔格·弗里德海军上将。

盟国代表严肃地问德方，他们是否理解德国应遵从的投降条款。他们答复称是。

德国在投降时请求战胜国对德国人民与军队宽大为怀。德国无情地进攻波兰，从而挑起了这场世界大战，继而不断地进行侵略并建立惨绝人寰的集中营。

约德尔将军在无条件投降书上签字后说，他想讲几句话，当即获准。

他用低沉的德语说：“签字之后，德国人民和军队的福祸吉凶，就由胜利者决定了。”

他说：“在这场延续五年多的战争中，他们得到的也许比其他任何国家和人民多，但同时遭到了更多的苦难。”

盟国的官方通告将于星期二上午 9 时颁布，届时杜鲁门总统将在广播电台宣读一项声明，丘吉尔首相将发表“欧洲胜利日”公告，查尔士·戴高乐将军也将同时对法国人民发表讲话。

这条新闻史上著名的短消息，将何时——“今天法国时间上午 2 时 41 分”、何事——“德国投降”，在导语中加以突出，其他要素在主体中补充完成，以使主题和事件的来龙去脉更全面、更完善。

2. *为导语展开新闻材料*

导语是新闻事实的浓缩，简明扼要，它虽然叙述了主要的新闻事实，但不会提供事件的全过程，更不会提供翔实的数据和丰富的细节。所以，主体另一个功能就是对导语中涉及的内容，进一步提供有关细节和背景材料，使其更清楚、明确、具体。

对于消息而言，材料主要是指具体过程、数据、细节和当事人的语言等。

例如：在第九届中国新闻奖评选中获二等奖的消息《14 名下岗工竞得道路保洁权》——

青岛改革环卫管理方式

14 名下岗工竞得道路保洁权

本报青岛讯（记者于晓波 毕华德） 3 月 24 日上午，随着青岛市教师之家礼堂中一声声清脆的拍卖槌声，青岛市市南区 14 条道路保洁权被下岗职工和失业人员在竞标中夺走。这是青岛市首次用拍卖形式对环卫岗位招标。

市南区这次共拍卖 15 条道路的保洁权，其中 14 条道路的保洁权经过多轮竞价，分别为 6 位下岗职工和 8 名失业人员所得，其价格都大大低于以往政府维护这些道路清洁所需的费用。竞争最激烈的是香港中路，29 名竞标者从 10850 元开始，一直降到 8400 元，最后家住辛家庄的下岗女工宋珍玲中标。夺标后，她激动地说："我一定好好珍惜这个来之不易的岗位。"

据市南区清洁服务总公司负责人介绍，中标者对所竞标的道路要达到全天巡视检查，一天两次普扫，达到国家要求的"六不六净"标准。从 3 月 26 日起，这些中标者将与他们的招用人员共 58 人参加公司的统一培训，4 月 1 日正式上岗。通过竞标省下的金额将作为浮动奖金，视考核情况返还中标者。

据悉，此次竞标对在职环卫人员震动很大，区政府正在计划让在职环卫人员也参加竞标管理。（原载 1998 年 3 月 30 日《大众日报》）

这条消息的导语提示了新闻的核心事实——"街道保洁竞标"这一新生事物。主体部分则对导语中涉及的内容，进一步提供有关细节和背景材料和当事人的话语等，表现了城市居民择业观念的新变化及政府部门适时地拓宽再就业门路的新思路、新经验。

3. 满足读者了解新闻详细内容的欲求

如果导语引发了受众的兴趣，那么，他就不会满足于导语对重要事实的浓缩式表达，所以，对核心事实做出详细说明、介绍来龙去脉，以满足受众的需求也是主体的任务。

例如：在第 13 届"中国新闻奖"的评选中评为消息类一等奖的作品《看个"咳嗽"要掏 1065 元》——

杨先生痛说给孩子诊病遭遇——

看个"咳嗽"要掏1065元

本报讯 （记者 李红鹰 实习生 吴 芳）7日，武昌杨先生带着2岁的女儿到市儿童医院看病，没想到看了个"咳嗽"就要花1000多元。因此，他于昨日投诉到本报新闻110。

据称，杨先生被导医引到专治哮喘的陈教授诊室，陈问了几句，让他先带女儿去验血，发现孩子对常见的31种物质的过敏反应均呈阳性。

陈教授根据孩子患过湿疹，判定孩子是过敏性体质，便在病历和处方单上分别开了处方。杨先生见药开得很多，病历上字又看不懂，便问孩子得的什么病，陈教授说："按我开的药吃就行了。"

一划价，药费加治疗费765元，加上验血费300元，共1065元！有医务人员小声提醒杨先生："你的药开多了。"杨先生返回诊室问陈教授，陈教授称这是一个疗程的药。

杨先生回家后发现，一种叫"贝亚宁"的药上写着：过敏性体质慎用。杨不解：既然孩子是过敏性体质，为什么还要给孩子开这种药呢？细看病历又意外发现：陈教授开给药房的处方里写的是"贝亚宁6盒、臣功华芬愈美颗3盒、力欣奇4盒……"；而病历上没有"贝亚宁"和"臣功华芬愈美颗"这两味药，"力欣奇"也只写有2盒。再深入解读药品说明书：6盒"贝亚宁"可用5个半月！

面对杨先生质疑，陈教授昨日解释："贝亚宁"是一种免疫调节剂，虽然是"过敏性体质慎用"，但她是在给孩子开了脱敏药的前提下开出这种药的。至于为何病历上处方药品数量比购药处方单上少，陈的原话是：为患者家长的经济承受能力做考虑。

该院负责人就此表示：陈教授的行为肯定是有差错的，院方会根据院内质量管理条例对其进行处理。

最后，应杨先生要求，院方将杨手上的价值210元的"贝亚宁"退掉。

（来源：2002年8月10日《武汉晚报》）

这条消息的标题和导语，都对杨先生带女儿看了个"咳嗽"就要花1000多元这一新闻事实作了概要报道。看了这个导语后，引发了读者想要了解详情的欲望，他们急于知道：为什么看个"咳嗽"就要花1000多元？看病过程是怎样的？这里存在什么问题？等等，要求新闻给以解答。于是在主体中，记者较为详尽地报道了事情的整个过程，满足了读者了解新闻详细内容的欲求。

（二）主体的写作要求

1. 围绕主题、扣紧导语

主体是导语的展开和深化，主体要按照导语规定的方向行文，要紧扣导语中所确立的主题来选用材料。若与主题无关或关系不大的材料，即便再具体、再生动、再感人也应割舍。一条消息的导语和主体，必须是互相支持、互相扶助的，如梅茨所说："导语中的任何陈述均须由下面段落中的事实予以支持。"如果导语和主体在题材和观点上出现互相脱离、互相抵触的现象，就成为跑题新闻，新闻跑题是新闻表达的重大失误。

例如：

齐达内荣获世界杯金球奖　一代大师赢得完美结局

北京时间7月10日　国际足联于今日宣布，在刚刚结束的世界杯决赛中，被红牌罚下场的法国球员齐达内被评选为2006德国世界杯最佳球员。国际足联并未因齐达内此前的愚蠢行为而否定这位大师在本届世界杯的完美表现，而是把万众瞩目的金球奖，授予法国的这位功勋老将。

在所有的候选人中，齐达内得票最多为2012张，意大利队长卡纳瓦罗以1977张获得第二，而意大利另一位核心，中场灵魂皮尔洛得到715票，名列第三。世界杯金球奖是颁发给历届世界杯足球赛决赛阶段表现最优秀的球员的奖项，从1982年开始评选，曾获得过此殊荣的球员有：1982年西班牙保罗·罗西（意大利），1986年墨西哥迭戈·马拉多纳（阿根廷），1990年意大利萨尔瓦托·斯基拉奇（意大利），1994年美国罗马里奥（巴西），1998年法国罗纳尔多（巴西），2002年韩国/日本奥利弗·卡恩（德国）。

本届世界杯是齐达内的谢幕演出，在同意大利的决赛中，因为和意大利队的马特拉齐在一次拼抢后，两个人发生了口角，随后齐达内用头狠狠地将对方撞倒在地，主裁判在与助理裁判和第四官员商量后，果断地将齐达内罚出了场，虽然没有人知道马特拉齐到底说了什么，但一向温文尔雅的齐祖的这一举动还是震惊了全世界的球迷。虽然一代艺术大师用这样一种方式遗憾地告别了绿茵场，但依然得到了广大球迷的爱戴和专家们一致的认可，获得世界杯的金球奖，是为他送别的最好礼物。

附本届德国世界杯的其他奖项：巴西队和西班牙队分享了本届世界杯公平竞争奖；葡萄牙队被球迷评为最受欢迎（最具娱乐性）球队；德国球员克洛斯以五粒进球得金靴；仅失两球的大利门将布冯当选最佳守门员；波多尔斯基则获得最佳新秀的荣誉。

这条消息的标题和导语表达的核心事实是齐达内荣获世界杯金球奖并光荣退役。但主体部分并未按照导语设定的方向行文。主体第一段报道了荣获世界杯金球奖候选人的名单和得票统计，主体第二段主要报道了齐达内在本届世界杯足球比赛中的不良表现，最后还附加了一个“本届德国世界杯的其他奖项”材料。这样的新闻让读者找不到一个观测点，不知道作者表达的主题到底是什么？所以，消息一定要围绕一个主题来写，无论有多丰富的材料，都只能围绕这个主题选择材料、使用材料。否则，写作就会迷失方向，受众就会一头雾水。

2. 叙事具体、内容充实

消息是简明扼要的，它要求篇幅短小、语言简洁。所以，有些记者为了追求“简洁”而把消息写得太概括、太抽象，干枯无味。消息虽不似通讯细致、深入地报道事实，但它依然要求传达出较具体的新闻信息，以使受众对新闻人物和事件有较完整而真切的了解。

例如：

温家宝汶川板房过除夕

据新华社电 （记者赵承 苑坚）国务院总理温家宝1月24日至25日来到四川地震受灾最为严重的北川、德阳、汶川等地，和灾区人民一起过年。

24日下午，温家宝来到北川县擂鼓镇猫儿石村。这是一个羌族聚居村，温家宝给村民们拜年。

温家宝在汶川映秀镇板房安置小区吴志远等几家合用的厨房炒菜

新华社记者 姚大伟摄

当晚，温家宝来到北川中学。在学校食堂，温家宝和100多名学生吃了晚饭。饭前，温家宝和同学们一起为遇难学生默哀，大家还一起唱了《歌唱祖国》。

七次到北川中学的总理说：“从地震灾难中抢救学生，到抚平孩子们创伤的心灵，我们一直和你们在一起。地震过去8个多月了，大家虽然还没有完全从悲痛中走出来，但已经有了充满希望的笑脸，开始人生征途上新的迈进。你们要坚强站立，努力学习、努力奋斗、努力做人。做一个于国家和人民有益的人。太阳总会出来，冬天总会过去。你们未来的路很长，可能还会崎岖不平，但必定通向光明。”

离开北川中学，温家宝来到北川县城遗址，在“5·12”地震纪念碑前向大地震中遇难的同胞们敬献了花圈。

大年三十一大早，温家宝来到德阳市德新镇新玉村，向搬进新房的村民们拜年，和大家一起观看耍狮子，与村民们打乒乓球。

温家宝来到在震灾中损失惨重的东方汽轮机有限公司。公司负责人说，公司新基地将于2010年5月12日前全部建成。温家宝对工人们说：“在遭受严重地震灾害，又遇到国际金融危机的情况下，东汽震不倒、压不垮，一个新东汽正在地震灾区崛起。这向世界传递一个信息，要对中国的工业有信心，对中国的经济有信心，对中国的发展有信心。我们已经战胜了巨大的自然灾害，也完全有信心、有能力应对国际金融危机的影响，保持经济平稳较快发展。胜利必将属于中国人民。”

温家宝在职工食堂和坚守岗位的工人们一起吃午饭，并走到每个人面前，向他们拜年。

下午，在映秀镇，温家宝走进秀坪社区板房安置小区。这里有近1000名受灾群众，他们要在板房里过春节。总理挨家挨户向大家拜年。在板房内，总理与大家围坐在一起喜气洋洋吃年夜饭。

大年三十晚上，在映秀镇的灾民安置板房，温家宝还亮了一回厨艺，炒了一道回锅肉。

在秀坪社区板房安置小区，温家宝走进吴志远几家合用的厨房。他看到大家正在准备年夜饭，就系上围裙、拿起锅铲，炒出一道香喷喷的回锅肉。

吴志远说，这里有三家人，包括藏族、羌族和汉族，大家合在一起过春节图个热闹。温家宝说，算我一家，是四家人。其实，大家都是一家人。

饭菜端上来，总理忙着给大家夹菜。他让每一家的代表说一句话，大家在欢快的话语中表达着美好的祝愿。轮到总理了，他对大家说：“映秀在地震中受到了很大的伤害，但你们表现得很勇敢。今天，这里已经发生了很大的变化。今年你们在板房里过节，明年就可以搬进新居过年。我们要加快重建、科学重建，让所有地震灾区面貌比以前更美好，让群众的生活更美好！”

（来源：2009年1月27日《新京报》，限于篇幅，文字稍有删节）

汶川特大地震后的第一个春节，温家宝总理惦记着灾区的群众。在2009年在1月24日至25日，他到四川灾区和灾区人民一起过年。这条消息在有限的篇幅里，报道了总理第七次来到北川中学关爱和鼓励同学们、到东汽公司拜年，特别报道了大年三十晚上，在映秀镇的灾民安置板房，温家宝还炒了一道回锅肉。这条新闻叙事具体、内容充实、材料典型。

3. 叙述生动，行文灵活

消息篇幅短小，体式规范性强，在写作手法上具有一定的模式化，但消息同样不能缺乏新闻的表现力，这就要求写作消息时，要尽量避免平铺直叙，叙述要生动，行文也要灵活创新。在消息中加强形象描写，用生动的形象来说明抽象的事物，往往会收到好的效果。

例如：刊登在《中国铁道建筑报》2002年8月17日上的消息《请过路吧，亲爱的藏羚羊》，在第13届中国新闻奖评选中，被评为消息二等奖。

欢迎“孕妇”来，不舞彩旗；喜送“母子”去，不敲锣鼓

这段青藏铁路又成“无人区”

请过路吧　亲爱的藏羚羊

本报格尔木讯（记者　朱海燕）　昨晚，约有500只藏羚羊带着刚满月的儿女们，通过可可西里青藏铁路建设工地，向黄河源头的扎陵湖、鄂陵湖迁徙。

为不惊扰这些可爱的精灵，可可西里至五道梁一线，铁路夜间停止施工，拔走彩旗，灯光休眠，机器熄火；作为高原生命线的青藏公路，过往车辆在夜间停驶3个小时，这里又呈现一种远古洪荒的宁静，只有高原的夜风为这群母子结成的队伍送行。

潜伏下来的观察哨称：跨越铁路线，母藏羚羊若无其事，像跨过自己家的门槛一样；小羊羔紧依着母羊，流露出一种莫名其妙的惊喜。

每年6至8月，藏羚羊集结成群，长途跋涉，前往可可西里腹地的卓乃湖、太阳湖一带产崽，去完成一年一度的延续种群的历史使命。小羔羊满月后，再由母羊呵护着返回原栖息地。

今年6月20日前后，两万多只雌性藏羚羊北上产崽，铁路夜间停止施工10天，为它们开辟通道。一个多月里，两万只小羔羊诞生在那块神秘的“天然产床”上。估计，从8月4日到8月15日，将有4万只大小藏羚羊跨过铁路安然回迁。

藏羚羊是国家一级保护动物，有“羊绒之王”之称，因此，也带来杀身之祸。近10多年，偷猎者大量涌入，每年有上万只藏羚羊遭到捕杀。1994年，

保护区工委书记索南达杰，为保护藏羚羊，在太阳湖与 18 位偷猎者搏斗壮烈牺牲。

青藏铁路开工后，环保理念渗透到建设者的血脉之中，青藏高原成为他们心目中环保的圣地。他们精心爱护每寸绿草，善待每一种动物。一年来，他们将 5 只失去母爱的小藏羚羊送到自然保护区机关，可爱的小宝贝得到妥善的保护。在他们的精神昭示下，没有一只藏羚羊在捕杀的枪声里倒下。

这片拥有野生动物 230 多种，国家重点保护的一、二级动物有 20 多种的土地，正在恢复野生动物天堂的动人景象。

可可西里自然保护区区委书记才嘎说，铁路建设的一年间，藏羚羊增添了两万多只，到铁路建成之日，将由现在的 7 万只增至 15 万只。

据悉，青藏铁路在设计中专门设立了动物通道。铁路建成后，不影响野生动物正常生活和自由迁徙。

（原载《中国铁道建筑报》2002 年 8 月 17 日）

这条消息赋予藏羚羊人的思想感情和形象，层次清楚，起承转合自然，文字生动形象，让受众如临其境。

二、消息的背景

麦尔文·曼彻尔说：“不使用背景材料，几乎没有什么报道是全面的。忽视这个忠告的记者，他们决不能给读者和听众提供充分的情况。”任何新闻都不是孤立存在的，都是在一定的环境和历史条件下产生的，这些因素和条件并不是新近发生的事实，它们本身并不是“新闻”，但它们是新闻事实赖以产生的制约因素和相关条件，我们在写作中要对这些因素和条件作必要的交代和介绍。这些与新闻人物或事件形成有机联系的一定的环境因素和历史条件就是新闻背景。

（一）新闻背景的类型与作用

按照不同的标准，背景可以划分出很多种类。通常依据写作手法的不同，把背景分为三种类型，分别是衬托对比性背景材料、说明性背景材料、注释性背景材料。

1. 衬托对比性背景

新闻的意义常常寓于当前情况与过去情况，此一事物与彼一事物的比较之中，将与新闻事实密切相关的过去的情况或彼一事物的情况写入新闻，以显示新闻的意义，这样的材料即为衬托对比性的背景。缺乏衬托对比性背景就会使新闻缺乏深度，局限受众视野。衬托对比性背景的作用是使主题在较大的范围内得到更全面深刻的发掘和表现。

中国地铁列车今天穿过天安门广场

本报北京天安门9月28日15时15分讯（记者李丹　雷风行）　5分钟前，一列银灰色的地铁列车，在仅距地面2.8米的地下，首次穿过世界最大的广场——天安门广场。

这是首都向她的共和国母亲50大寿献上的一份最珍贵的礼物。

今天通车试运营的地下铁道西起距天安门3公里的复兴门，东至距天安门8公里的八王坟，全长13.5公里线路坐落在神州第一街长安街超浅埋层之下。

为此，承担西单、天安门、王府井等首都心脏地段地铁施工设计重担的铁道部隧道工程局、铁道部第十六工程局和铁道部第三勘测设计院的建设者们苦苦奋斗了十个春秋。参加世界建筑师大会的各国专家参观后曾惊叹“中国又创造了一个奇迹”。

国务院副总理温家宝、日本国驻中国大使谷野作太郎等中外贵宾与地铁建设的功臣们，作为通车后的首批乘客，一起登上了国产新型电动地铁客车。从长安街东部的八王坟到天安门，列车运行刚好17分钟。

30年前的国庆节，北京建成了从苹果园到北京站全长23.6公里的地铁一号线，结束了中国无地铁的历史。

15年前的国庆节前夕，北京又开通运营了16.1公里的地铁第二期环线。

早在5年前，北京地铁的年客运量就已突破5亿，而现在，平均每天乘坐地铁的旅客已达140万。

北京地铁虽然在当今世界43个国家117个有地铁的城市中，开通年代和运营里程均排在30位以后，但却创下了满载率和单车运营公里两项“世界之最”。

投资75.7亿元人民币的地铁“复八段”的今日开通，使北京地铁通车总里程由原来的41.6公里增加到55.1公里，超过了香港的43.2公里，成为中国六个城市地铁之最。同时也使中国城市地铁的总里程逼近150公里。

目前，中国除北京、天津、香港、台北、上海、广州已开通地铁外，青岛、南京、重庆、深圳、高雄等城市也正在或计划建设地铁。

自1863年伦敦建成世界上第一条地铁到136年后的今天，全世界的地铁长度已接近6000公里。

（原载《人民铁道报》1999年9月29日）

这是获得第10届中国新闻奖消息类一等奖的作品。在这条篇幅有限的消息中，新闻背景资料却有不少，如：“30年前的国庆节，北京建成了从苹果园到北京站全长23.6公里的地铁一号线，结束了中国无地铁的历史。”“15年前的国庆节前夕，北京又开通运营了16.1公里的地铁第二期环线。”“早在 5 年前，北京地铁的年客运量就已突破 5 亿，而现在，平均每天乘坐地铁的旅客已达 140 万。”这些背景资料通过事实的历史形态的介绍，与新闻事实形成明显对照和衬托，从而增强了报道主题的深度和广度，使报道更加丰满、充实、深入。

2. 说明性新闻背景

对新闻事实产生的相关的政治背景、地理背景、历史背景、思想状况或物质条件等情况进行交代，以及对新闻事件的来龙去脉做出阐述的那些文字，就是说明性材料。说明性新闻背景的作用是说明事物产生的各种因素，揭示事物发生或变化的意义。

150 年第一次，泰晤士河出现海豹

〔**路透社伦敦 5 月 1 日电**〕 最近，一只海豹沿着泰晤士河逆流而上，游过了议会上下两院所在地。此事引起极大的轰动，电视台向全国播放了海豹吞食河鱼的镜头，报纸也作了报道。

这是 150 年来人们第一次看到海豹出现在这条一度有毒的历史名河中。

人们对此兴高采烈，认为这条污染了几百年的河流治理了 20 年之后，终于实现了世界上同类工作中最为成功的一项工作。

泰晤士河管理局把死去的泰晤士河变成了令人喜爱的河，吸引来成千上万名钓鱼和游泳爱好者，许多人原先曾说，这项任务是无法完成的。

在 50 年代中期，这条河从生物学的角度上说是死亡了。它的含氧量为零。今天，这条河处于最宜生存状态，氧气含量达到 98%，适宜于 100 种鱼生存。

泰晤士河大规模污染是从 18 世纪末开始的。

在 19 世纪，人口愈来愈多，工业污染更为严重，加上伦敦沼泽地排放积水以建造码头，结果使这条河成了一条肮脏、毫无生气的臭河。

从 1849 年到 1854 年之间，几次发生霍乱，约有 4 万人死亡。1856 年是特别糟糕的一年，当时以“臭气熏天年”而著称，泰晤士河的气味腐臭难闻，以至于面临泰晤士河的议会大厦的窗子都不得不悬挂用消毒水浸泡过的窗帘。

伦敦人开玩笑说，掉进泰晤士河的人还没有被淹死就被毒死了。

1964 年开始了首次大规模的整沿河流工作，当时通过了立法，委托伦敦港当局控制排放工业污水，这些工业污水占污染的 30%。

一项调查表明：1200 万人口和数千家工厂每天向河中排污水 418 万立方。专家制订了计划，重建和延长伦敦的下水道。

整个泰晤士河流域现在同 453 个污水处理厂连接在一起，每天处理 9.4 亿加仑污水，变污水为清洁水。

垂钓爱好者争相捕捞到泰晤士河来产卵的大鲑鱼，当局已难以控制甲壳动物的繁殖，甚至连海马也回到泰晤士河。

泰晤士河管理局现在承担了泰晤士河的控制污染、保持水中含量和废水循环，使之成为饮用水等全部任务。管理局已在为技术援助和培训提供国际性咨询服务。它已向24个国家提出建议，同时还参加了另20个国家的研究项目。

（来源：王蕾编著：《外国优秀新闻作品评析》）

这篇报道用大量篇幅介绍了新闻的背景材料，这些说明性的背景材料叙述了150年来泰晤士河的污染情况，在背景材料中用具体的调查数据说明18世纪以来这条河的污染的严重程度，以及有关当局20年来为治理泰晤士河所做出的努力。让受众对“150年来泰晤士河第一次出现海豹”这一新闻事实的来龙去脉有了全面的了解，同时对这一事实的深远意义有了更深刻的认识。

3. 注释性新闻背景

因为消息来源于生活的各个层面，所以，其内容难免会涉及一些受众不甚懂得的知识，这时，就需要新闻背景来解释。如果不作注释，就会给读者造成阅读的障碍。对概念、术语、著名历史事件和人物、有关科学知识进行解释的文字，就是注释性新闻背景。注释性新闻背景的作用在于为受众解疑释惑，排除阅读障碍，增长知识和见闻。

例如：

关注“非典型肺炎”

非典型肺炎病原是衣原体？

广东专家对此持保留意见，认为病毒引起的可能性极大

本报讯（记者　段功伟）　昨天，新华社发布消息，称经中国疾病预防控制中心和广东省疾病预防控制中心的共同努力，引起广东省部分地区非典型肺炎的病原基本可确定为衣原体，但广东的绝大多数专家对此持保留意见，他们认为是病毒性肺炎的可能性很大。

为什么将本次非典型肺炎的病原基本确定为衣原体呢？新华社报道说，中国疾病预防控制中心病毒预防控制所报告，通过电镜观察发现两份死于本次肺炎病人的尸检肺标本上有典型的衣原体的包含体，肺细胞浆内衣原体颗粒十分典型。

报道说，衣原体是一种在真核细胞内寄生的原核微生物。某些衣原体曾经被归为病毒，可通过呼吸道分泌物，气溶胶，直接与病人接触，以及与病禽或鸟类接触而传播，临床表现为肺炎和支气管炎。衣原体引起的肺炎采用针对性强的抗生素治疗非常有效，但必须是全程，足量的规范化治疗。同时对病人加强护理和休息，供给营养丰富，易于消化吸收的食物及充足水分。

报道称，该病是完全可以预防的。……

（原载《南方日报》2003年2月19日　有删节）

关于衣原体的争论，是抗击非典斗争中一起重大事件。南方日报在全国众多媒体中第一次如实报道广东专家的观点。它获得了第 14 届新闻奖消息类一等奖。就这条意义重大的新闻的一个核心概念——衣原体，对于大多受众来说是陌生的，所以，消息用一个自然段的篇幅对“衣原体”及其相关知识作了解释，以助于受众对新闻的理解。

（二）背景的写作要求

1. 新闻背景要紧扣报道主题

背景的主要功能是衬托主题、突出主题、深化主题，所以它必须紧扣主题。如果背景脱离了主题的制约，不仅没有存在的必要，而且它的存在会起到分散主题的反作用。

2. 新闻背景的介绍要适度

背景为说明新闻事实而存在，是从属者。因此，新闻背景材料的组织要服从于新闻事实，服从消息所表达的中心思想。该多则多，该少则少。背景要讲究精炼，文字不宜太多，否则就会喧宾夺主。

3. 新闻背景材料可以灵活穿插

消息的重要组成部分，一般都有固定的位置。只有背景，没有固定的位置，可以出现在导语、主体、结尾的任何一个合理的地方。由于主体的篇幅最长，具有更强的容纳性，所以背景出现在主体中的情况是最常见的。另外，新闻背景可以独立成段，也可分散灵活穿插于文中。

（1）可以出现在导语中

如果背景能够衬托新闻事实的新意，增加报道的魅力，将它放在导语中，会让报道一开始就牢牢地吸引住受众。但在新闻实践中，背景出现在导语中的情况比较少见。

（2）可以出现在主体的任何部位

（3）可以出现在结尾

背景出现在最后，通常是为了对新闻事实的某些方面起补充说明的作用。例如：

奥巴马去年赚了 270 万美元

根据白宫 15 日公布的数据，美国总统奥巴马和第一夫人米歇尔去年收入约为 270 万美元，大大高于美国家庭平均的 5 万美元年收入，不过和 2007 年 420 万美元的收入相比还是减少不少，奥巴马收入主要来自于其自传作品《无畏的希望》的版税。

奥巴马著有两本书，分别是《父亲的梦想》和《无畏的希望》，后者卖得特别火，两本书去年一共为奥巴马带来250万美元的版税收入。此外，由于去年奥巴马还没有就职，因此还没有40万美元的总统年薪，但他还是联邦参议员，这一职位给他带来了约14万美元的年收入。第一夫人米歇尔之前在芝加哥大学医院工作，去年领到的薪水有6万多美元。所以，两人去年的收入约为270万美元。另外，去年奥巴马夫妇交的所得税约有85万美元，占整个收入的3成左右。除了交税之外，奥巴马去年还捐了17万美元给慈善机构，占家庭年收入的6%左右，这个比例要比美国家庭的平均数高出两三倍。

和奥巴马相比，副总统拜登的年收入要少不少，他和妻子吉尔去年才赚了27万美元。拜登是美国政界的"穷人"，去年的收入也就是担任参议员的工资，吉尔则在一家社区学院工作，收入也不多。另外，拜登也有自己的回忆录《坚持的承诺》，这为他带来了一定的版税收入。

（来源：2009年4月16日《新闻晚报》　作者：王兴栋）

（4）可以分散穿插在全篇各处

例如：

丹麦王室图书馆失窃案有望告破

【美联社哥本哈根2003年12月10日电】 丹麦警方今天说，30多年前发生的丹麦王室图书馆失窃案终于有望告破。

从20世纪60年代末到70年代末，丹麦王室图书馆损失了大约3200本从16世纪到18世纪的珍贵文献，其中包括哲学家康德、《乌托邦》作者托马斯·莫尔和英国诗人约翰·弥尔顿的著作，还有马丁·路德的数百份出版物。

丹麦王室图书馆负责人埃兰·科尔丁·尼尔森说："这无疑是丹麦有史以来最大的文物失窃案之一。"

他说，这么多年来，王室图书馆和丹麦警方一直找不到任何线索。几个月前，案件终于出现了突破口。一批估价二三百万克朗（约合32.3～48.8万美元）的珍贵文物被送到一位拍卖商手中。

皇家图书馆得到消息后马上采取行功，查出这批古书是失窃的馆藏，并与丹麦警方取得联系。

哥本哈根警局发言人亨里克·斯温德特说，警方已经在丹麦等地找到1600本失窃古书和其他文物。

四名嫌犯现已被警方逮捕。目前还不清楚已出手古书的数量、销售地点及买家的身份。根据法院的命令，斯温德特也不能透露嫌犯的姓名、羁押时间或地点。

媒体消息称，被逮捕的嫌犯中包括一名前王室图书馆员工的寡妻、她的儿子和儿媳。

据说，这名68岁的寡妇是在试图通过一个拍卖出手某些文献时被逮捕的。她丈夫去年去世，生前是语言学家，在王室图书馆的东方书库工作过几十年。

丹麦王室图书馆自1648年建馆后一直是国立图书馆和博物馆；1999年改建为一座由烟灰色玻璃与钢质框架构成的滨海大厦，有“黑钻石”的美誉。

（来源：程道才编著：《西方新闻写作概论》）

这条消息共有11个自然段，其中第2、9、10段都属于新闻背景材料，这些背景材料如同天女散花般穿插在全篇各处，与新闻事实材料融为一体，使得读者更深入地了解事实。

至于新闻背景出现在哪里最为合理，要看具体情况而定。

4. 新闻背景表达要生动

背景要写得生动，甚至有情趣，受众才更愿意接受。生动来自于背景本身的新鲜感，也来自于表达技巧，所以，写作时要善于用描述情节、刻画场面、渲染气氛、引用典故等手法，使得背景更加生动形象。

奥巴马一家迎来“白宫第一狗”

东方网4月13日消息：据英国《每日邮报》报道，美国总统奥巴马一家12日在白宫迎来了新的“白宫第一狗”。

奥巴马一手抱着女儿萨莎，另一手去抚摸六个月大的葡萄牙水猎犬“波”。第一夫人米歇尔和大女儿马莉娅则在一边观看。“波”是爱德华·肯尼迪参议员及其夫人维多利亚送给奥巴马女儿的礼物。这只狗是在德州一家犬舍培育的，被一位买家退回。一位消息来源称：“这只狗六个月大，是一只公狗，有非常密的黑色卷毛。它的前主人称，他们无法对付这样喧闹的动物。它原先的名字叫查理，但第一家庭将给它重新起名。”

奥巴马在总统选举获胜的晚上曾称，他将给他的两个女儿买一条狗，作为对她们支持他竞选总统的奖励。美国人在此之后一直非常关注奥巴马一家将选择哪种犬为“白宫第一狗。”奥巴马夫妇选择了葡萄牙水猎犬，因为奥巴马的大女儿马莉娅有过敏症，而葡萄牙水猎犬是一种不易引起过敏的狗。它的卷毛与贵宾犬的毛相似，需要每隔数个月进行打理，尤其是眼睛附近的区域。葡萄牙水犬原产地为葡萄牙，是葡萄牙阿尔加维地区渔民饲养的品种，是优秀的游泳者和潜水者，具有特殊的才干和毅力。它常从事把鱼赶入渔网、在海中寻回失落的渔具、在小船间或小船与陆地间传递消息。是忠诚的伴侣和警惕的卫士。它是非常实用的工作犬，英勇无畏，兢兢业业，可以全天候工作。

米歇尔2月份在接受美国《人物》杂志采访时称，奥巴马一家已选定了葡萄牙水猎犬为白宫“第一狗”的种类，“第一狗”将于四月复活节后来到白宫。

77岁的肯尼迪参议员拥有三只葡萄牙水猎犬，他说服了奥巴马夫妇，葡萄牙水猎犬非常适合充当“白宫第一狗。”消息来源称：“参议员肯尼迪从同一家犬舍获得了他的狗，它们都很健康、强壮、心地善良。它们和儿童相处得非常好，但需要许多运动，这一点很好，因为奥巴马非常喜欢健身。”

美国西敏寺狗舍俱乐部名犬展的戴维·弗雷称：“人们对第一家庭的宠物抱着浓厚的兴趣，我对此并不感到奇怪。因为这能引发所有人的共鸣。”前白宫宠物都成为小明星，前总统布什的爱犬“巴尼”是一只备受瞩目的苏格兰梗犬，它甚至拥有自己的网站。

（来源：中国网2009年4月13日作者：周翔）

这条消息很亲切很有情趣，而穿插在消息中的关于“白宫第一狗”的相关背景材料写得更是生动活泼，趣味盎然。

三、消息的结尾

（一）结尾是和受众告别的地方

消息是一种“虎头蛇尾”的文体，结尾并非是所有消息都必须具备的一个独立的组成部分。短消息结构极其单纯，特别是简讯有时只有一两句话，表述完新闻事实便就此收住，戛然而止，可以不必有结尾；在倒金字塔结构中，材料按其重要性依次排列，到结尾处就是最次要的了，也就无所谓结尾的问题了。例如：

北约野蛮轰炸我驻南使馆

《人民日报》贝尔格莱德1999年5月8日电 记者吕岩松报道 当地时间7日午夜（北京时间8日早5时45分），以美国为首的北约至少使用3枚导弹悍然袭击我驻南斯拉夫大使馆。到目前为止，至少造成3人死亡，1人失踪，20多人受伤，馆舍严重毁坏。

当地时间7日晚，北约对南斯拉夫首都贝尔格莱德市区，进行了空袭以来最为猛烈的一次轰炸。晚9时始，贝尔格莱德市区全部停电。子夜时分，至少3枚导弹从不同方位直接命中我使馆大楼。导弹从主楼五层楼顶一直穿入地下室，使馆内浓烟滚滚，主楼附近的大使官邸的房顶也被掀落。

当时，我大使馆内约有30名使馆工作人员和我驻南记者。新华社女记者邵云环、光明日报记者许杏虎和夫人朱颖不幸遇难。据悉，这是外国驻南外交机构第一次被炸。

爆炸发生后，中国驻南联盟大使潘占林一直在现场指挥抢救。许多华侨对使馆给予了极大帮助。潘大使在被炸毁的使馆废墟前，愤怒地指出："这是对中华人民共和国的攻击。"

南联盟外长约万诺维奇说："使馆是中华人民共和国的领土，北约炸弹是对外交的轰炸。"

当地时间8日下午，中国在贝尔格莱德的数百名华人举行抗议游行，数千南斯拉夫人参加了游行。

没有结尾的短消息固然存在，但不是所有的消息都没有结尾。英国新闻学者安德鲁·博伊德认为："任何一个节目或新闻给人的长期印象通常都是最开始或最后几个词留下的。"故而他建议："像有力的开头一样，结尾应该加强语气，避免虎头蛇尾。新闻报道做结尾宁可砰然作响不可低声呜咽。有力、确定、语气强烈的结尾胜过软弱无力的结尾。"

结尾是跟受众告别的地方，如果草草收束，不了了之，将会破坏文章的整体价值。

消息结尾，是指为了深化新闻主题、强化新闻价值或扩大消息的信息容量，记者根据新闻内容，精心设计的消息的收结部分。它通常是消息的最后一段或最后一句话。

我国元代的作家乔梦符，曾对写作提出"凤头、猪肚、豹尾"的要求，元末陶宗仪把它解释为"起要美丽，中要浩荡，结要响亮。"（《南村辍耕录》）。明朝谢榛在《四溟诗话》中说："凡起句当如爆竹，骤响易彻；结句当如撞钟，清音有余。"其中对结尾的要求同样适合于消息的写作。写好新闻结尾，不仅可以使新闻在形式上更为完美，而且可以画龙点睛，使新闻的主题得到进一步的深化和升华，使得受众读来意犹未尽，回味悠长。

（二）结尾的表现形式

1. 评论式

在消息收结的地方对新闻事实进行简要的评论，以突出新闻事实的意义，凝练和升华新闻主题，引领读者更深刻地感悟新闻事实中蕴含的主题思想。具体表达时，要尽量避免记者直接公开地发表议论，可以是借别人之口进行评议，或者转述有关的评价。

例如：获第15届中国新闻奖消息类一等奖的作品《中国国家主席与艾滋病人握手》报道了在2004年"世界艾滋病日"前夕，国家主席胡锦涛走进北京一家医院与艾滋病人握手、交谈，用实际行动推进中国抗击艾滋病魔的斗争。报道的结尾是：

世界卫生组织中国艾滋病项目协调官赵鹏飞指出："胡锦涛主席看望艾滋

病人并和他们亲切握手，将使各级党委、政府一把手亲自抓艾滋病防治工作成为必然。”

通过这样的评论，受众可以进一步认识到胡锦涛主席作为最高国家领导人与艾滋病人握手这一事实，深刻地表明了中国政府在艾滋病这一过去高度“敏感”的问题上，有了历史性的态度转变。

2. 总结式

总结式是在新闻的结尾处对新闻主体交代的新闻事实或新闻事实所表达出的思想、道理进行总结、归纳，以给读者一个完整的印象。例如：获得第七届中国新闻奖消息类三等奖的作品《王封矿四千余职工实现“整体转移”》的结尾：

回首当初，王封矿面临的是矿井报废、4200名职工安置的严峻现实，而今天他们已实现了“整体转移”，产品有5大系列40多个种，预计产值可达1.5亿元左右，且有很可观的利润。曾经培育了全国劳模丁百元的王封矿，现已改名为焦作王封集团有限公司，他们的总经理张少卿日前对我们感慨地说，企业要活得有滋有味，必须痛下决心，真正实现两个根本性转变。

总结式写法在概括整体面貌、明确新闻的意义和目的方面，有着不可替代的作用。

3. 启发式

在新闻事实已表达清楚的基础上，再引导人们进一步联系现实、揭示某种社会现象，引导受众进行深层次的思考的结尾写法，就是启发式。也有称这种写法是“希望式”，即提出希望和要求，启发和激励人们的思考和想象。

例如：获第8届中国新闻奖消息类一等奖作品《别了，“不列颠尼亚”》报道：1997年7月1日，香港回归。接载查尔斯王子和末代总督彭定康回国的英国皇家游轮“不列颠尼亚号”驶离维多利亚港湾，消失在南海的夜幕中。它的结尾是：

从1841年1月26日英国远征军第一次将米字旗插上港岛，到1997年7月1日五星红旗在香港升起，一共过去了156年5个月零4天。大英帝国从海上来，又从海上去。

这个精彩的结尾是对历史趋势的总结，也是对历史规律的理性认识，成为整个报道的点睛之笔。激发了受众对于历史这一刻的民族自豪感。

4. 展望式

在新闻事实表达完毕之后，对其发展方向和结果做出预测。2008 年 11 月 6 日《人民日报》刊登的消息《奥巴马担子不轻》，写了这样一个结尾：

俗话说，许愿容易兑现难。也许，在当选的兴奋过后，奥巴马考虑的已经是如何面对民众对他的期许，拿出足够的政治智慧和才干解决当下诸多棘手问题，这还真不是件容易的事。

美国民主党总统候选人巴拉克·奥巴马击败了共和党对手麦凯恩，成为美国历史上第一位黑人总统。作为非洲裔美国人，应该说这一胜利来之不易。但是，等待新总统的不只是支持者的热情，还有众多的棘手难题。消息的结尾预测奥巴马将要走的路还很漫长。

当然展望式结尾通常是描绘乐观的前景。例如：获得第 5 届中国新闻奖消息类二等奖作品《陆家嘴金贸区一派沸腾》结尾：

再从天上看地面，南有盘旋的南浦大桥，北是弯曲的杨浦大桥，中间一颗闪闪发光的东方明珠，陆家嘴地区构成了一派“双龙戏珠”的沸腾景象。有位外国商人参观后预言：“这里将是 21 世纪的国际资本市场！”

5. 引用式

美国政治撰稿人巴尼·克雷布斯说：“我总是把一条好的引语留到最后一段，奖给那些为数很少的一直读下来的忠实读者。”（《美国名记者谈采访工作经验》）

在消息的结尾引用相关人物的话来作总结，也是消息常用的结尾方式之一。

例如：

1991 年，在入侵科威特一周年之际，伊拉克人都在悄悄地遮掩这场曾经搅得天翻地覆的事件。路透社记者在这条消息的结尾写道：“巴格达街头到处都是萨达姆·侯赛因各种着装的画像，有人戏称：这个 400 万人口的城市有 800 万张面孔。”借口传话，巧妙地暗示了巴格达市民的精神状态和萨达姆统治这个国家的办法，一针见血，堪称神来之笔。[72]

6. 补充式

在将要收结的时候，又对新闻事实作适当的补充。这些补充的内容，一般不是核心新闻事件 ，但必须与核心新闻事件有紧密联系。

例如：2005 年 9 月 23 日《江门日报》刊发的新闻《污水“漂白”

后可养鱼》报道了记者在市文昌沙水质净化厂目睹的生活污水的处理过程，在消息的结尾记者写道：

市物价部门也曾透露，目前市区污水处理厂处理1立方米污水的总成本达到1.46元，0.55元/立方米的污水处理费远远不能满足实际需要，年资金缺口约5000万元，再加上计划中要兴建文昌沙二期、江海污水处理厂，目前还需要上亿元资金。

这样的补充常使消息宕开一笔、再起波澜。

美联社记者马利根说："一篇报道既要有好的导语，也要有一个有力的结尾。事实上，我常常在最后一段下的工夫比在第一段下的工夫大，因为我希望那真正动人的最后一行话将使编辑高抬贵手，不致砍杀我努力的整个成果……一条使人激动的引语、一段概括性的趣闻、一件将最后一次打动读者的情感，即引起读者悲伤或大笑的有趣材料，可以使一篇报道生辉。这样，这篇报道看起来就是一个统一体、一个完全的整体。"

（《美国名记者谈采访工作经验》）

新闻的结尾方式也不仅仅这么几种，要写好结尾，需要在实践中多历练和创新，实际上整个新闻的发现与表达何尝不是如此，需要实践、实践、再实践。

参考文献

[1] 李希光：新闻自由与新闻公正[DB/OL]. http://www.media.tsinghua.edu.cn/ata/2006/0226/rticle_181.html

[2] 余家宏. 新闻学词典[M]. 杭州：浙江人民出版社，1988.

[3] 傅国涌. 笔底波澜[M]. 桂林：广西师范大学出版社，2006.

[4] 喻国明. 《新闻人才的专业主义“标准像”》，载《新闻实践》2003（03）。

[5] 曾嘉：《论新闻编辑在文化传播中的把关作用》来源：中国新闻研究中心 2003-07-28

[6] 王化云. 一叶落而知天下秋[J]. 新闻爱好者：2004（02）.

[7] 邵薇. “以我的方式写作“——法拉奇”个性新闻“考察[J]. 现代传播：2002，02.

[8] 董小慈. 中国女记者记录重大历史瞬间[N]. 文摘报：2003-11-11

[9] 王春泉. 现代新闻写作[M]. 西安：西安出版社，1999.

[10] 李希光. 新闻的力量来自哪里?——以“两会”报道的创新为例[J]. 新闻记者：2002（07）.

[11] 沈正赋. 灾难新闻报道中的人文主义关怀[J]. 声屏世界. 2002（09）.

[12] 何岱峻. 也谈新闻批评的艺术[N]. 中华新闻报：2008.09.17.

[13] 陈龙，陈霖. 新闻作品评析概论[M]. 长沙：中南大学出版社，2005.

[14] 李鸿谷：伊拉克战争的 CCTV 突破[J]. 三联生活周刊，2003，05（28）.

[15] [美]杰克・海敦. 怎样当好新闻记者[M]. 伍任译. 北京：新华出版社，1980.

[16] 如何判断事实的新闻价值[DB/OL]. [2008-12-17]. http:www.da88.net.

[17] 王泽华. 中国古代新闻如何传播[N]. 人民日报・海外版，2005-05-26.

[18] 陈力峰，王际凯. 亦喜亦忧的“新闻线人”[J]. 青年记者，2007（10）.

[19] 彭树杰. 汶川大地震新华社前方报道指挥部工作手记[DB/OL]. http://media.peple.com.cn/GB/406281/7529572.html.

[20] 潘天翠. 情系中国魂　网尽天下事[J]. 网络传播，2007（12）.

[21] 李松. 京城另类职业“新闻线人”[DB/OL]. [2004-07-20]. http:news.xinhuanet.com/focus/2004-07/20/content-1598705.htm.

[22] 李冬明. 从整合到深度整合——都市类报纸新闻热线信息资源开发有待深化[J]. 新闻传播，2005（11）.

[23] 陈正荣. 电视第三次浪潮——解析“南京现象”[M]. 北京：中国传媒大学出版社，2006.

[24] 王再承. 传媒论坛：传媒新闻线索来源方式及要义[J]. 城市党报研究，2005（2）.

[25] 马胜荣，薛群. 描述世界国际新闻采访与写作[M]. 北京：新华出版社，

[26] 陈媛媛. 发现新闻背后的“隐性信息”[M]. 新闻前哨》，2004（02）.

[27] 蔡晓滨 2005 年在中国海洋大学的学术讲座，《新闻报道中细节的运用和发现》（未公开发表）

[28] 麦尔文・曼彻尔. 新闻报道与写作[M]. 艾丰等译. 北京：广播出版社，1981.

[29] 戚鸣. 实用新闻采访[M]. 北京：新华出版社，2004.
[30] 顾咪咪. 杨卫华：向生命敬礼！[N]. 解放日报，2008-07-04.
[31] 资料由《青岛晚报》记者姜宝虎本人提供.
[32] 邱沛篁. 新闻采访论[M]. 成都：四川大学出版社，2001.
[33] [英]萨利・亚当斯，文弗・希克斯. 新闻采访：第一线采访手边书[M]. 上海：三联书店，2004.
[34] 周克冰. 中外经典采访个案解读[M]. 北京：北京广播电视学院出版社，2003 年.
[35] 苏再丰. 采访前应做哪些准备工作[DB/OL]. http://www.rgd.com.cn/rgd/xxyd/nfgbyj/cbzx171798.shtml
[36] 简光州. 我为什么要公布问题奶粉“三鹿”的名字[N]. 东方早报，2008-10-17.
[37] 王芳. 准备在于细节[J]. 中国记者，2008（08）.
[38] 台媒赞央视转播创造电视历[DB/OL]. [2008-05-08]. http:www. chinanews.com.cn.
[39] 林如鹏. 新闻采访学[M]. 广州：暨南大学出版社，1998.
[40] 孙克文. 焦点外的时空[M]. 北京：三联出版社，198 页。
[41] 郑曦原. 帝国的回忆——纽约时报晚清观察记[M]. 北京：三联书店，2001.
[42] 奥里亚娜・法拉奇. 风云人物采访记[M]. 阿珊译. 北京：新华出版社，1983.
[43] 申荷永. 社会心理学：原理与应用[M]. 广州：暨南大学出版社，1999.
[44] 宋昭勋. 非言语信息采访[N]. 当代传播，1999（03）.
[45] 王蕾. 外国优秀新闻作品评析[M]. 北京：中国广播电视出版社，2000.
[46] 闫倩. 让读者“看”到新闻事实[N]. 新闻传播，2006（01）.
[47] 洪静仪. 新闻采访中非语言要素的运用[N]. 传媒观察，2006（02）.
[48] 白岩松. 我们在直播一场悲剧[J]. 南方周末，2003-03-27.
[49] 黎信，蓝鸿问. 外国新闻通讯评选[M]. 北京：长征出版社，1984.
[50] 黄旦. 新闻传播学[M]. 杭州：杭州大学出版社，1997.
[51] 毛泽东. 毛泽东文集[M]. 北京：人民出版社，1993.
[52] 戴雪莉. 新闻的真实性与倾向性[DB/OL]. [2002-09-15]. http//www.cddc.net/shownews.asp?newsid=2868.
[53] 沈爱国. 消息表达学[M]. 杭州：浙江大学出版社，1996.
[54] 孙春旻. 新闻写作——现用现查[M]. 北京：中国盲文出版社，2002.
[55] 萧三郎. “客观性原理”与普利策奖新闻作品特色[DB/OL]. http://victorwoo.com/admedia/show.asp?id=1944
[56] 刘保全. 中国新闻奖精品欣赏[M]. 北京：新华出版社，2006.
[57] 艾丰. 新闻写作方法论[M]. 北京：人民日报出版社，1996.
[58] 李元授，白丁. 新闻语言学[M]. 北京：新华出版社，2001.
[59] 高尔基. 高尔基论新闻和科学[M]. 北京：新华出版社，1981.
[60] 刘明华，张征选. 新闻作品选读[M]. 北京：中国人民大学出版社，2003.
[61] 穆青. 新闻散论[M]. 北京：新华出版社，1996.
[62] 胡德桂. 新闻语言通俗化的方法[DB/OL]. 2003-02-19.
[63] 刘君. 从“华尔街日报体”看特稿写作[J]. 中国记者，2005（08）.

[64] 肖隆福. 小故事大主题:“华尔街日报”文体的特色解读. 浙江在线，2004-5-10.
[65] 赵智敏. 采写“华尔街日报”体新闻应具备的五种意识，新闻爱好者(上半月)，2006（01）.
[66] 张允若. 一篇“华尔街日报体”的报道. http://www.xici.net/b244699/ d16549483.htm
[67] 刘志宣. 新闻写作技艺[M]. 上海：复旦大学出版社，2005.
[68] 沈苏儒. 对外报道教程[M]. 北京：五洲传播出版社，2004.
[69] 李希光：从埋葬新闻到埋葬中国声音[DB/OL]. [2006-02-06]. 清华大学国际传播研究中心. 2006-02-26.
[70] 卿志军，刘丽琼. 观众注意心理与民生新闻导语的创新[J]. 新闻窗，2006(06).
[71] 刘明华. 新闻写作教程[M]. 北京：中国人民大学出版社，2002.
[72] 黄宏俊. 怎样写好新闻的结尾[J]. 新闻三昧，2006（06）.

后　记

——完成一个约定

现在正是青岛最美的季节，校园里的樱花灿然开放着，亦如我的学生纯洁的眼眸般宁静而亲切。当写完书稿最后一行字的时候，我知道我不仅仅完成了北京大学出版社的托付，更重要的是完成了和学生的一个约定。那是我的一个 2002 级学生，有一天，我收到了他写给我的一封信，他说："欧阳老师，我正在为考研作准备，我翻遍了所有的新闻相关资料，我认为您的教案是最好的，您应该出书。"我当然知道，以我的学养和阅历，万万不能"最好"，但这是学生对我的鼓励，这个鼓励很诚实也很温情。后来，这个孩子考上了中国人民大学的研究生，临走的时候，他郑重地对我说："老师，你别忘了出书，这是我们的一个约定。"这就是我的学生，是他们成就了我的梦想，为我打开了一扇窗，由此我获得了更多的知识、自由和温暖；是他们让我有更多的理由和力量自觉地坚守新闻的理想和学术品格。

十多年前，当我踏入新闻界的时候，并不知道我会与新闻教育建立起绵长而曲折的联系，也不知道我已经踏上了与一些年轻的生命相逢的路途。这条路我走了十年，它让我付出了全部的青春年华，它也让我无奈过、辛酸过、甚至绝望过，但我却对它葆有不可抑制的热忱，因为它同时给了我热爱、理解、思考新闻的能力，它让我流着汗、流着泪在摸爬滚打中学习新闻，它最终将我蜕变成了新闻教育者。也曾想，我也许可以走另一条路来到我的学生面前，比如一直躲在象牙塔里考试、上学，读学位，这条路不用风吹雨打，而且似乎更加冠冕堂皇。可是，那样我会错过多少路上的风景？失去多少人生的历练？那样我又有多少理由和底气教导学生什么是新闻？怎样去做记者？所以，命运让我别无选择，让我以这样的方式抵达了新闻课堂，让我把全部的积累和感悟，精神和力量递交给我的学生。那一刻，学生给予我的回应是迅速的、清澈的、温暖的。我们彼此呼唤，共同建立着文化传递所必需的独立精神和超逸情怀。

时常会想起一首老歌，歌名是《那些花儿》。老歌牵扯出的总是过去的岁月，陈年的往事，而这首歌却常常将我带到未来的某个时候，这是一种奇妙的感觉。那时候，我还是一个在路上匆忙行走的记者，总也不明白“那些花儿”是谁？是谁“在我生命每个角落静静为我开着”，那些花儿遥远而不明确，但却真实而温暖。多年以后，当我站在讲台上，面对我的学生的时候，“让我想起我的那些花儿”，在心底纠缠了多年的一个疑问突然有了答案。“那些花儿”啊，就在我的眼前，静静开放着。我穿越了漫长的时空终于来到了他们的面前。这便是宿命，便是永远也说不清的机缘。

感谢北京大学出版社出版这本书，成全了我与学生的约定。感谢北京大学出版社的桂春老师为本书的出版所做的一切；感谢我的助教庄会晓为本书绘图；感谢我的学生武传英为本书作文字校对。特别感谢我的老师青岛日报集团总编辑蔡晓滨先生多年来对我的支持和帮助；感谢我的朋友青岛晚报首席记者姜宝虎为本书提供的采访实例。本书在撰写过程中参考和引用了诸多专业文献和媒体报道，在此一并致以谢意。

与我相约的那个孩子已经研究生毕业了，我不知道他现在在哪里，但我相信他一定会看到这本书。

谨以此书献给我亲爱的学生们。

2009年5月6日子夜